江苏沿海农田水利实用技术集成

JIANGSU YANHAI NONGTIAN SHUILI SHIYONG JISHU JICHENG

主 编：王 俊 杨 星

参 编：翁松干 侯 苗 张馨元 王同顺

河海大学出版社

HOHAI UNIVERSITY PRESS

·南京·

内容提要

本书针对江苏沿海地区农田水利出现的问题提出了相应的解决办法，主要有土壤改良、水土保持、节水灌溉、防洪排涝、工程监管、控源截污、模拟设备等方面，这对完善江苏沿海地区的农田水利建设具有积极意义。

图书在版编目(CIP)数据

江苏沿海农田水利实用技术集成 / 王俊，杨星主编. -- 南京：河海大学出版社，2019.12

ISBN 978-7-5630-6316-1

Ⅰ. ①江… Ⅱ. ①王… ②杨… Ⅲ. ①沿海—地区—农田水利建设—研究—江苏 Ⅳ. ①F327.53

中国版本图书馆 CIP 数据核字(2019)第 296385 号

书　　名 江苏沿海农田水利实用技术集成
书　　号 ISBN 978-7-5630-6316-1
责任编辑 彭志诚
特约校对 薛艳萍
封面设计 严　波　刘　畅
出版发行 河海大学出版社
地　　址 南京市西康路1号(邮编:210098)
电　　话 (025)83737852(总编室)　(025)83722833(营销部)
经　　销 江苏省新华发行集团有限公司
排　　版 南京布克文化发展有限公司
印　　刷 虎彩印艺股份有限公司
开　　本 787毫米×1092毫米　1/16
印　　张 17.25
字　　数 350千字
版　　次 2019年12月第1版
印　　次 2019年12月第1次印刷
定　　价 80.00元

前言

2017年10月，习近平总书记在党的十九大报告中开创性地提出了“实施乡村振兴战略”，强调农业农村农民问题是关系国计民生的根本性问题。2019年中央一号文件将“坚持农业农村优先发展”确定为当前“三农”工作的总方针。在江苏沿海地区存在淡水资源不足、土壤脱盐和控盐难度大、现状灌排系统占地多效率较低等问题，已成为制约该地区现代农业发展的桎梏。为此，《江苏沿海农田水利实用技术集成》从土壤改良、水土保持、节水灌溉、防洪排涝、工程安全、控源截污、试验基地建设等7个方面，进行了相关技术的凝炼。本书由王俊、杨星、翁松干、侯苗、张馨元、王同顺等同志编写完成。

王俊执笔部分：第1章绪论，第2章土壤改良技术中的高钠盐粉砂土边坡侵蚀和防护技术（2.1节），粉砂土区浅沟＋暗管排水技术（2.2节），浅埋秸秆层脱盐与防盐技术（2.3节），土壤固化与生物脱盐技术（2.4节），沿海垦区土壤脱盐化学改良剂优选（2.5节），第3章水土保持实用技术中的基于试验技术的保土措施研究（3.2节），第4章节水灌溉技术中的微灌（滴灌、喷灌）及控灌技术（4.1节），第7章控源截污实用技术中的盐碱滩涂养殖废水稻田再利用对水质的影响评价（7.4节），河湖生态疏浚工程施工技术（7.5节）。

杨星执笔部分：第3章水土保持实用技术中的江苏河道岸坡草本植物现场调查（3.1节），第5章防洪排涝实用技术中的洪涝水文致灾因子联合遭遇概率分析（5.2节），桥梁叠加影响下的河道水面线计算方法（5.3节），洪水影响评价方法——以渔光互补项目为例（5.4节），第6章工程安全实用技术中的干湿交替作用下混凝土耐久性影响试验装置（6.2节），北斗卫星GNSS水闸泵站自动变形监测技术（6.5节），第7章控源截污实用技术中的生态护岸面源污染物截污效率计算模型（7.1节），基于模型试验的护岸结构截污能力检测（7.2节）。

翁松干执笔部分：第3章水土保持实用技术中的基于航片的土地利用类型变化监测（3.5节），第5章防洪排涝实用技术中的江苏沿海地区总体洪涝特征分析

(5.1 节)，第 6 章工程安全实用技术中的混凝土腐蚀环境作用等级划分方法(6.1 节)，农田水利设施三维实景管理平台建设技术(6.6 节)，第 7 章控源截污实用技术中的水利工程环境生态问题调查评价方法(7.3 节)。

侯苗执笔部分：第 4 章节水灌溉技术中的农场水资源供需平衡分析技术(4.2 节)，高标准农田建设及节水效益(4.3 节)，江苏省的农业水价综合改革(4.5 节)，第 6 章工程安全实用技术中的水闸闸室结构位移与应力有限元分析(6.3 节)，风荷载作用下的粮食筒仓安全性有限元分析(6.4 节)。

张馨元执笔部分：第 3 章水土保持实用技术中的水土保持编制方法(3.3 节)，水土保持动态监测(3.4 节)，第 4 章节水灌溉技术中的江苏省的农业用水计量方法(4.4 节)。

王同顺执笔部分：第 8 章专业类试验基地简介中的东台试验基地仪器设备(8.1 节)，拟优先开展的研究方向(8.2 节)，课题的实施与管理(8.3 节)。

本书凝聚了数十项课题的研究成果，主要包括：江苏沿海地区水安全保障关键技术研究与应用(2012001)、江苏省农业灌溉用水计量设施建设与管理研究(2019043)、沿海垦区农田暗管排水与轮作措施协同控盐模式研究(2019040)、江苏省科技厅自主立项科研项目(BM2018028)、江苏沿海沙土区水土保持集成技术示范应用及推广(2014017)、江苏沿海新围垦区节水灌溉新技术示范推广(2011049)、盐碱滩涂养殖废水稻田净化与再利用技术(2016025)、基于物联网的现代农业节水灌溉综合管理系统(TG1207)、河湖生态疏浚工程施工技术规范(2014037—4)、河道涉水建筑物防洪影响研究与应用(2009043)、基于生态护岸的降雨径流污染处理系统研究与应用(2012064)、江苏省水稻规模节水灌溉工程技术研究与应用(2016007)、农田灌溉精准试验及灌溉控制指标优化研究(2017075)、黄河故道地区农业高效节水关键技术研究和应用(2018049)、江苏省沙土地区河道生态防护技术研究与应用(2014002)、沿海垦区土壤改良排水脱盐关键技术研究与应用(2016008)等，在此特别感谢上述项目课题组全体成员的鼎力支持与无私奉献。

由于编者水平有限，书中难免有不当之处，敬请各位读者批评指正。

王　俊

2019 年 9 月

目录

1 绪 论

1.1 农田水利技术研究的意义

水利是农业的命脉，是农业基础设施建设的重点，是国家粮食安全、农业现代化发展的重要保障。2011 年中央一号文件《中共中央国务院关于加快水利改革发展的决定》，从全局出发，将农田水利建设提升到国家粮食安全的战略高度，志在打好水利扶贫攻坚战。2016 年 7 月，国务院颁布实施了《中华人民共和国农田水利条例》，明确了农田水利发展要坚持政府主导、科学规划、因地制宜、节水高效、建管并重的原则，对农田水利的性质、发展方向、管理体制等作了进一步规范。2017 年 10 月，习近平总书记在党的十九大报告中开创性地提出“实施乡村振兴战略”，强调农业农村农民问题是关系国计民生的根本性问题。2019 年中央一号文件将“坚持农业农村优先发展”确定为当前“三农”工作的总方针，要求全党及各级政府牢固树立农业农村优先发展的政策导向，千方百计将总方针落到实处。

江苏沿海地区包括连云港、盐城和南通三市，海岸线长 954 km，陆地面积 2.98 万 km^2，人口超过 1 900 万。该地区南部毗邻我国最大的经济中心上海，北部连云港是陇海-兰新地区的重要出海门户，东临黄海，与日本、韩国隔海相望，是丝绸之路经济带和 21 世纪海上丝绸之路的交汇点，中国东部地区重要的经济增长极。江苏沿海地区自然条件优越，土地后备资源丰富，区位优势明显，农业发展潜力巨大，是我国重要的农业主产区。2009 年 6 月，国务院常务会议审议通过《江苏沿海地区发展规划》，从国家战略层面提出：大力发展现代农业，稳定粮食生产，加快建设农产品加工产业基地。2014 年，习近平总书记在我省考察时明确指出，要深化农业基础设施建设，全面兴修水利。践行总书记指示，谱写高质量发展篇章，《江苏省“十三五”水利规划》要求进一步加快发展沿海地区农村水利建设，大幅增加农村水利投入。

得益于江苏省委省政府的高度重视、农田水利发展思路的变革创新以及江苏经济社会的持续快速发展，江苏农田水利现代化建设不断推进，农田水利事业蒸蒸日上，取得了一定的成绩。"十二五"末，全省农田有效灌溉面积达到 6 039 万亩*，旱涝保收农田面积达到 5 365 万亩，节水灌溉工程控制面积达到 3 402 万亩，分别占耕地面积的 88.8%、78.9%、50%，有效改善了农业生产条件，为农业的可持续发展奠定了坚实的基础。加强农村河道综合整治，疏浚土方 15.07 亿 m^3，改善了农业引排条件与水环境。继续实施农村饮水安全工程，解决了 1 667 万农村居民饮水安全问题。继续实施区域调配水工程，提高缺水地区供水能力。"十三五"时期，水利规划总投资预计达 1 244 亿元，将基本建成现代化的水安全保障体系，进一步提高防洪保安能力、水资源供给与保护能力、水生态修复能力与依法治水管水能力。

在农业发展已经取得的显著成绩面前，我们也要看到，人多水少、水资源时空分布不均、水资源供需矛盾突出仍然是江苏省沿海地区的基本水情，江苏沿海地区水利基础设施仍然比较薄弱，水安全保障标准不高，与江苏沿海农业大发展的要求仍然不相适应，例如：江苏沿海一些地方旱季缺水严重；防洪排涝标准偏低；众多的中小河流亟待治理；一些地方水土流失相当严重；很多水利设施老化失修，不配套，效益差等，由此引发的农田水利建设滞后仍然是影响江苏农业稳定发展和粮食安全的最大硬伤。必须加大力量，着力保障江苏沿海农业发展的淡水资源供给，全面提升农业生产的防洪排涝和防台防潮能力，发挥江苏沿海滩涂资源丰富的优势，强化污染治理，保障水源安全等，以确保我省农业高质量稳定增长和农村经济的持续繁荣，确保人民生活得到显著改善，江苏沿海地区农业发展因此也面临新的、巨大挑战。

第一，水资源短缺、供需矛盾突出。主因包括：水资源时空分布不均；过境水量丰沛但湖库调蓄能力不足，水系联系复杂；多年年平均降水量与蒸发量相当，洗盐洗碱淡水需求量大，本地淡水资源补给不足；河湖水体富营养化和水体咸化风险严重。第二，灾害形成机理复杂、洪涝灾害风险高。主因包括：沿海地区地势低洼，洪、涝、旱、渍、风暴潮、台风、海平面上升等灾害易发频发甚至叠加影响；江苏沿海闸下淤积问题严重，水利工程老化病害问题突出，制约了工程防洪排涝效益的发挥。第三，滩涂保护利用技术难度大、安全风险高、挑战问题多。主因包括：新一轮滩涂保护利用由潮上带转为潮间带，水利基础设施建设面临的水文地质条件更为复杂和恶劣；新一轮滩涂保护利用存在的水环境扰动、淡水资源保障、防洪排涝降

---

* 1 亩＝666.7 m^2

渍、土壤脱盐控盐等问题，既无可直接套用的规范，常规技术也难以直接借鉴，更缺乏实践经验。

综上，农田水利作为地区社会经济发展与生态、环境建设的重要基础设施，本身如何发展以实现其支撑和服务能力，便成为沿海农业发展需要研究和解决的重要问题之一。因此，依靠农田水利技术，大力推进农田水利工程建设，调节、改善农田水分状况和地区水利条件，提高农业发展抵御自然灾害的能力，防治土地盐碱化和水土流失，改善土壤生态环境，加强农业废水的改造和利用，意义重大而迫切。本书拟从土壤改良、水土保持、节水灌溉、防洪排涝、工程监管、控源截污、模拟设备等7个与农业发展密切相关的水利技术层面入手，进行一些实用技术的凝练，为江苏沿海地区的农业发展和农业综合生产能力的有效提高，提供强有力的技术支撑。另外，该书对于指导其他沿海地区农业水利建设也具有十分重要的指导意义，具有广泛的推广应用价值。

1.2 农业水利发展面临的问题

农田水利的根本任务，就是要坚持不懈地持续建设，使农业生产条件和生态环境有较大的改善。以下将从江苏沿海地区防洪减灾、水资源保障及配置、垦区农田土壤改良、水工结构安全保障等4个方面，剖析江苏沿海地区农业水利发展面临的问题。

1.2.1 洪涝灾害易发且频发

江苏海岸是全国潮滩最集中分布区，其面积约占全国潮滩面积的1/4，沿海地区地势低平，且暴雨频率高、强度大，又常遇台风风暴潮侵袭，加上长江、淮河、沂沭泗河流域洪水穿境入海，导致该地区“洪、涝、潮、台”灾害易发频发，统计表明[1]：2000—2013年，江苏省因海洋灾害造成的安全事故50多起，死亡失踪216人，直接经济损失高达67.489亿元。其中，2000年的海洋灾害造成直接经济损失约56亿元，主要致灾原因为0012号台风和0014号台风风暴潮灾害。因此，江苏沿海地区防洪减灾工程体系建设的首要目标是为沿海地区的内陆流域防洪和外海防潮防台提供安全保障。考虑到江苏沿海潮汐、海流、风暴潮和气候变化的研究对江苏海岸防护和防灾减灾具有重要的意义，现状的主要研究也借此展开。

海平面上升是全球变暖和沿海地区人类活动加剧的必然结果，其灾害效应直接影响沿海地区经济社会的持续发展。都金康[2]，杨桂山[3]，李加林[4]，王伟[5]等分析了海平面上升对江苏沿岸海洋环境或水利工程的影响，主要研究结果显示：未来海平面上升将导致江苏沿海水利工程风险性显著增大，表现为工程遭受破坏程度的增强和受到破坏次数的指数性增多。海面上升还严重影响苏北沿海水利工程效用的发挥，表现为海堤防护标准的降低，抗御风暴潮能力的减弱，以及沿海挡潮闸排水能力的降低，加剧这一地区的洪涝灾害。

江苏沿海地区岸段开敞、平直、坡度较缓，加之气候条件的双重作用而成为台风风暴潮灾害的频发地区，现状研究主要围绕江苏沿海台风风暴潮灾害成因、成灾方式、对沿海经济社会造成的影响、以及防灾减灾措施等方面展开。孙佳[6]等基于东海沿岸 4 个验潮站的风场、潮位观测资料以及 Unisys Weather 的 312 次台风路径观测资料，对东海沿岸台风的路径、发生频率以及风暴潮增水特征进行了分析。梁晓红[7]等选取 1949—2015 年期间江苏海域发生的增水超过 1 m 或者有人员伤亡的台风风暴潮灾害，分析了台风对江苏沿海风暴潮的影响特征。李小敏[8]、徐宿东[9]、罗锋[10]等借助数学手段，建立了江苏省沿海风暴潮数值模型。陆丽云[11]、于文金[12]、游珍[13]等主要研究了风暴潮影响下的江苏沿海经济损失及防灾减灾措施。

江苏海岸线从赣榆绣针河口到长江入海口，全长 954 km，包括主海岸线775 km，侵蚀性海岸 329 km，保护面积 2.3 万 km^2。海堤是沿海地区防潮抗台的主要屏障，是实施沿海农业大发展的最重要安全保障。根据 1998 年江苏省海堤达标规划，全省海堤全长 774.5 km，其中连云港市境内海堤全长 141.6 km，盐城市境内海堤全长 420.1 km，南通市境内海堤全长 212.8 km，要求在 2008 年前建成达标海堤，使江苏海岸整体上达到抗御 50 年一遇高潮加 10 级风浪的标准。现状江苏省沿海海堤研究主要集中在海堤工程设计标准、海堤工程施工技术、海堤防护工程措施以及海堤工程管理等 4 个方面[14-23]。这些研究成果对于提升筑堤标准和施工质量，提高堤防的防护能力，确保海堤工程安全，最大限度地发挥工程效益等具有十分重要的意义。

挡潮闸也是江苏省沿海地区重要的防洪排涝水工建筑物，主要目的是防潮抗台、御卤蓄淡、防止土地盐碱化及排涝泄洪，有的为了便于通航还同时建有船闸。但是江苏入海河口闸下港道淤积现状较为严重，防洪排涝能力较弱。根据 2005 年的统计资料[17]，在江苏沿海修建的 58 座排水流量大于 100 m^3/s 的挡潮闸，除 18 座(位于侵蚀岸段的)淤积较小外，大部分发生淤积。其中一般淤积的 20 座，占总数的 34%，严重淤积的 15 座，占总数的 26%，基本淤积的 5 座，占总数的 9%，情况十分严重。现状江苏省潮汐河口闸下淤积的研究主要集中在影响因素分析、淤积平衡断面计算和闸下淤积预测等方面[24-31]，这些研究成果对河口建闸可行性研究、建闸后的减淤防淤治理等，具有十分重要的意义。

1.2.2 水资源短缺问题突出

江苏沿海地区水资源短缺，是江苏沿海农业发展的主要制约因素。据统计[32]，江苏沿海地区多年平均水资源总量 93.8 亿 m^3，一般干旱年(75%保证率)64.3 亿 m^3，特殊干旱年(95%保证率)只有 27.3 亿 m^3。而近些年用水量为120 亿～130 亿 m^3，其中，2007 年江苏沿海地区总用水量 123.6 亿 m^3，包括生产用水 115.9 亿 m^3，生活用水 7.2 亿 m^3，缺口约 25%。江苏沿海淡水资源主要来源于雨水补给、江河径流引水，其短缺的关键包括：①降雨时空分布不均，70%左右的年内降水集中在汛期(5—9 月)，且年际变化较大，丰枯比值高；②过境水丰沛，但调蓄能力不足，因调蓄性湖泊、水库较少而导致当地水资源调蓄能力不足，大量降水径流不能"截""蓄"利用而白白流失；③区域水系复杂，水事协调任务繁重，水资源配置与调度困难；④经济社会发展导致的水污染、水生态问题严重。现状研究主要是围绕以上 4 个方面展开。

尹庆民[33]等从江苏省沿海 3 市水资源总量的规律入手，分析经济增长与水资源需求量之间的分布规律，建立了江苏沿海水资源供给量的 Logistic 预测模型，以此探究江苏沿海地区水资源供需方面存在的问题。蒋咏[34]、杨树滩[35-36]等分析江苏省沿海地区现状水资源保障能力，提出沿海水资源保障措施及水资源优化配置格局。马倩[37]等分析研究了江苏沿海地区本地主要水体及外来补给水源水资源质量状况，指出江苏沿海发展过程中区域水环境面临的压力和存在的问题，重点研究了水功能区强化管理、水污染物控制、入河排污口优化设置、供水工程合理布局、清水通道管线维护、饮用水源地安全保障等对策措施。陈序[38]等设计了沿海围垦区水资源一体化管理决策支持系统，为沿海围垦区水资源的高效、可持续开发利用提供技术支撑。

江苏省水利厅在江苏沿海地区水资源管理及相关涉水规划中发挥着极其重要的作用，已有的工作成果，包括《江苏省水资源综合规划》(2003.3—2011.5)、《江苏省水资源开发利用现状调查评价》(2003.3—2005.5)、《江苏省水资源承载能力与配置研究》(2004.8—2006.9)、《江苏省需水量预测》(2004.8—2006.5)、《江苏省淮河流域片水资源配置》(2004.8—2007.3)、《江苏省节水型社会建设对策研究》(2005.12—2008.3)、《江苏省南水北调用水户水量配置研究》(2008.7—2009.12)、《水资源保障能力及配置方案研究》(2006.11—2008.7)、《江苏省骨干水系规划》(2006.7—2010.3)等，对配套完善沿海地区供水规划布局，提高沿海地区水资源利用效率，建立沿海地区水资源可持续利用的管理体系，起到了显著的引导、推进作用。

1.2.3 土壤脱盐控盐难度大

根据《江苏省沿海地区综合开发战略研究》，江苏沿海滩涂拟建设成为我国农业现代化发展基地，其滩涂开发利用方向，主要以农、林、牧、水产用地为主，其中农业开发利用的土地面积占60%左右，主要安排发展水产业、种植业、林(经济林、工业用林)草(饲草)业、能源及灌(木)等。生态保护用地占20%左右，主要用于扩大自然保护区、天然湿地、水域和建设沿海防风林、护岸林草，维护海岸生态平衡。建设用地的土地面积20%左右，主要是用于城镇、港口和临港产业。但江苏沿海围垦区存在的淡水资源不足、土壤脱盐和控盐难度大、现状灌排系统占地多效率较低的问题，成为制约垦区现代农业发展的桎梏，一些学者因此进行了江苏沿海垦区滩涂土壤资源的退盐和改良相关研究，其采用的主要方法有物理改良方法、水利改良方法、化学改良方法、生物改良方法、微生物改良方法以及新材料新方法运用等，但目前发展比较成熟的是水利改良方法和化学改良方法。

水利改良方法主要通过灌排配套、蓄淡压盐、灌水洗盐和地下排盐等方法进行盐碱地的改良。朱海波[39]等设计了不同间距和埋深的暗管排水系统，在灌水洗盐和降雨洗盐2种方式下，开展了暗管排水效果以及排水含盐量变化规律的试验研究，结果表明：埋深相同、暗管间距越小或间距相同、暗管埋深越大，排水量占灌(降)水量的比例越大，地下水降落速度也越快；暗管埋深对暗管初始排水的盐度、电导率也有一定的影响，间距相同，暗管埋深越大，初始排水的盐度、电导率也越大。周明耀[40]针对江苏沿海地区研制的沿海滩涂盐碱地地下排水装置，设有淋盐竖井、排水体、水流汇集吸水暗管和排水明沟等结构，施工安装方便，成本便宜，具有改良周期短、见效快、成本低的特点，适用于沿海滩涂垦区重盐土的改良。

化学改良技术的研究与应用从20世纪50年代开始就受到了高度重视，传统的化学改良方法一般是施用石膏等化学改良剂增加可溶性Ca^{2+}，通过离子代换作用把土壤中有害的Na^{+}代换出来，结合灌溉使之淋洗，达到盐碱土改良的目的。随着科技的发展，出现了一些化学营养调理剂，如盐碱丰、康地宝、禾康盐碱清除剂等，其作用的机理是直接向碱性土壤中提供Ca^{2+}或通过提高土中难溶性碳酸钙的溶解度，间接增加Ca^{2+}置换Na^{+}，使得盐碱土改良所需时间缩短。南江宽[41]等针对江苏滨海盐渍土的特点，采用5种土壤改良剂，通过田间试验分析了不同处理土壤盐碱指标的变化状况，结果表明：禾康、康地宝、腐殖酸处理后，土壤盐分含量、pH、总碱度和钠吸附比较对照都有所降低，其中腐殖酸处理降低量最多；金满田生物菌剂处理后土壤盐分、pH、总碱度和钠吸附比与对照相比差异不明显。潘德峰[42]等类似的研究结果也表明：化学改良剂对土壤盐分的改良效果显著，且添加化学改良剂能加速土壤脱盐。

以上研究，为江苏沿海滩涂新垦区盐渍土改良提供了技术支撑，但江苏沿海围垦规模巨大，且面临淡水资源不足、已有水资源和土壤含盐量较高、农田水利基础设施差、沟渠易坍塌、灌排与围垦工程建设配合差等诸多问题，尚需要更加完善或系统的技术体系来进行疏导解决。首先，根据盐城、南通等地近100年来的农业发展趋势及未来对粮食安全的考虑分析，随着土壤逐步脱盐，种植业，尤其规模种植，将是未来农业发展的主要方向。因此，滩涂区灌排系统的规划布局，必须适应未来规模种植的发展趋势。其次，江苏沿海初垦滩涂的土壤含盐量高，除部分大米草、互花米草外，不适宜农作物的生长，需要洗盐。淋洗脱盐是土壤改良的关键，需要更加完善的灌排系统支撑。再次，化学改良剂在江苏沿海垦区应用较少，其改良效果，也有待进一步地进行探讨或研究。

1.2.4 水工结构病害隐患多

江苏地处江淮，濒临黄海，属亚热带向暖温带过渡地区，气温正负交替频繁，水环境复杂，水利工程混凝土易受碳化、冻融、氯离子侵蚀、化学侵蚀等劣化作用的影响，同时，受施工因素、材料因素等的干扰，沿海地区钢筋混凝土构造物往往会出现钢筋锈蚀、混凝土破坏的现象，结构的耐久性、安全性受到严重影响，造成的不良社会影响和经济损失重大。实际上，局限于认识水平的程度和防护技术的发展水平，江苏沿海早期修建的水工建设物（水闸、围堤等）普遍都存在此类安全隐患。

耐久性是建筑物抵抗自身和自然环境双重因素长期破坏作用的能力，其不仅与建筑物的正常使用有关，还影响着建筑物的结构安全。已有的研究结果显示，环境中的氯化物、硫酸盐等盐类的腐蚀是导致钢筋锈蚀、结构耐久性失效的重要原因。李欢[43]根据试验及连云港泊位码头现场监测数据，对氯化物、硫酸盐侵蚀环境下的钢筋混凝土构件中的预应力钢筋腐蚀问题进行了系统研究，提出了氯化物-硫酸盐腐蚀环境下预应力混凝土氯离子扩散模型，用于估算预应力钢筋腐蚀速率，为江苏沿海混凝土耐久性设计提供参考。沿海地区的混凝土结构长期受到荷载和氯盐侵蚀的双重作用，难免出现各种劣化现象。裂缝的产生加剧了氯离子的侵入过程，并最终影响整个结构物的耐久性。张邵峰[44]通过试验及数值模拟方法，研究了氯盐侵蚀环境下受弯开裂混凝土构件内的氯离子侵蚀过程。

提高海水环境介质中钢筋混凝土结构抗侵蚀的主要措施，一是通过优化设计与施工，最大限度地提高混凝土本身的耐久性，在使用中保持低渗透性，以限制环境侵蚀渗透混凝土，从而预防钢筋锈蚀；二是提高钢筋的抗锈蚀能力，包括钢筋涂层及在混凝土中掺加阻锈剂等[45]。朱炳喜[46]、顾文菊[47]等针对混凝土在耐久性设计、施工等方面存在的问题，从耐久性设计、原材料选择、配合比设计、施工和运行管理等方面提出沿海涵闸混凝土耐久性提升的途径和措施。蒋春祥[48]等针对盐东控制工程老化严重，特别是混凝土碳化、露筋等严重影响工程安全的实际情况,对比分析了优止水(加拿大)、施而固(中国)、环氧厚浆材料(中国)、永凝液(美国)等 4 种混凝土耐久性防护材料的防渗性能和防碳化能力。

但是,迄今为止,由于氯离子侵蚀引起的混凝土钢筋腐蚀,以及由此引发的结构混凝土保护层膨胀、开裂、剥落等,依然是沿海水工结构钢筋混凝土耐久性劣化的最重要因素之一,寻求有效的保护措施也依然是相关领域的热点和难点问题。特别是按照江苏省地方标准《水利工程混凝土耐久性技术规范》(DB32/T2333—2013)的技术要求,大中型工程设计使用年限要达到 50 年甚至 100 年以上。而实际调研显示,江苏省沿海 1990 年以后建设的涵闸工程,尽管混凝土设计强度有所提高,并提出抗渗和抗冻等要求,但仍有约 50%的混凝土预估寿命仅有 30～50 年。而此前建设的水利工程,安全隐患更加严重。根据江苏省水利厅 1964—1987 年对本省 60 座沿海涵闸混凝土耐久性调查结果显示,因氯离子侵蚀和碳化联合作用导致钢筋锈蚀的有 53 座。

1.3 本书的主要技术工作

根据对江苏沿海地区农业水利问题的总结与分析,拟从土壤改良、水土保持、节水灌溉、防洪排涝、工程安全、控源截污、试验基地等 7 个方面,凝练对应的实用技术,满足江苏沿海农业发展多层次的技术要求。

1.3.1 土壤改良实用技术

介绍的内容主要包括:①高钠盐粉砂土边坡侵蚀和防护技术;②粉砂土区浅沟+暗管排水技术;③浅埋秸秆层脱盐与防盐技术;④土壤固化与生物脱盐技术;⑤土壤脱盐化学改良剂优选技术。

1.3.2 水土保持实用技术

介绍的内容主要包括:①江苏河道岸坡草本植物现场调查;②基于试验技术的保土措施研究;③水土保持编制方法;④水土保持动态监测方法;⑤基于航片的土地利用类型变化监测。

1.3.3 节水灌溉实用技术

介绍的内容主要包括:①微灌(滴灌、喷灌)及控灌技术;②农场水资源供需平衡分析技术;③高标准农田建设及节水效益;④江苏省的农业用水计量方法;⑤江苏省的农业水价综合改革。

1.3.4 防洪排涝实用技术

介绍的内容主要包括:①江苏沿海地区总体洪涝特征分析;②洪涝水文致灾因子联合遭遇概率分析;③桥梁叠加影响下的河道水面线计算方法;④涉水建设项目洪水影响评价。

1.3.5 工程安全实用技术

介绍的内容主要包括:①混凝土腐蚀环境作用等级划分方法;②干湿交替作用下混凝土耐久性影响试验装置;③水闸闸室结构位移与应力有限元分析;④风荷载作用下的粮食筒仓安全性有限元分析;⑤北斗卫星 GNSS 水闸泵站自动变形监测技术;⑥农田水利设施三维实景管理平台建设技术。

1.3.6 控源截污实用技术

介绍的内容主要包括:①生态护岸面源污染物截污效率计算模型;②基于模型试验的护岸结构截污能力检测方法;③水利工程环境生态问题调查评价方法;④盐碱滩涂养殖废水稻田再利用对水质的影响评价;⑤河湖生态疏浚工程施工技术。

1.3.7 专业类试验基地简介

以江苏省水利科学研究院农村水利与水土保持研究所东台试验基地为例,介绍的内容主要包括:①基地仪器设备;②基地研究方向和内容;③课题的实施与管理。

2 土壤改良实用技术

针对江苏沿海垦区灌排与土壤改良面临的水体含盐量高、土壤盐碱度重、沟渠易坍塌等实际问题，本章对沟道坡面低成本防护技术进行了比较，提出了以水泥土为材料的防护技术；构建了"浅沟+暗管"排水模式，有效规避了沟道坍塌淤积，并可通过节约用地和运行成本弥补建设成本较高的不足；为了抑制盐分累积，提出基于秸秆废弃物的浅埋隔离层技术，可减少控盐对地下水位控制的依赖，并为农业废弃物利用提供了一条有效途径；对土壤固化及生物脱盐技术进行了研究，比选了垦区土壤脱盐化学改良剂，以上为江苏省沿海地区的盐渍土改良提供了技术支撑。

2.1 高钠盐粉砂土边坡侵蚀和防护技术

2.1.1 滩涂沟河道边坡稳定主要问题与分析

开挖沟河引水、实施排水控盐是江苏滩涂开发最常用的灌排模式，引水与沟渠工程目前存在的主要问题是其边坡水力侵蚀与稳定问题。根据如东、东台、海安等地滨海滩涂的调查结果：①围垦 5 年后的滩涂，沟深为 1.5 m 左右时，在边坡采用草帘护坡的情况下，农沟口宽度需要在 6 m 以上才能保持稳定，其中，川东农场围垦 15 年的滨海滩涂地沟道坡面侵蚀和淤积依然较为严重，为保证边坡稳定，边坡系数一般在 1∶3 左右，沟道宽度可达 10 m 以上，农沟的占地面积大，加上渠道、道路等建筑物，该农场的实际耕地率只有 65%左右；②坍塌严重，排水(盐)效果差，维护成本高，其中，东台琼港镇围垦 5 年的滩涂，在无防护措施的情况下，农沟每年淤积深度一般在 50 cm 以上，斗沟可达 100 cm 以上，雨季过后的排渍(盐)功能基本丧失，海安滩涂围垦区新挖斗(农)沟淤积调查结果与之类似[50]。造成以上沟道淤积的因素主要有以下方面：

(1) 土壤沙性强，结构差，植被稀少，抗侵蚀性差

以如东县掘港兆盈农场、东台弶港新晨滩涂土壤为例，其土壤类型多为砂土或粉砂土，颗粒细小，黏粒和有机质含量低，基本属于无结构土壤[51][52]，抗冲性极差。由于土壤含盐量高，在钠离子作用下，土壤遇水后很容易被离散[53]，抗蚀性很差，被雨滴溅散的粉砂土粒易堵塞土壤孔隙，使表层土壤更加密实，不仅降低土壤入渗能力，还会增加地表径流量，导致侵蚀模数很高，根据沙土、粉砂土边坡侵蚀试验，在降雨强度为 1.0～2.05 mm/min 时，沟道边坡的输沙率可高达 4～12 t/(hm^2* · min)，雨水冲刷侵蚀后会在沟坡形成细沟甚至浅沟[54][55]，为重力侵蚀提供条件。

土壤含盐量高还会导致一般植物很难生长(根据弶港镇新垦滩涂的调查，围垦后 5 年内，在无水利措施的条件下，表层 30 cm 土壤含盐量一般在 10‰～15‰，除少量盐蒿外，其他植被较少)，农田和沟道坡面表土裸露，地表糙率小，导致地表水流速增加，击溅侵蚀和径流冲刷较为严重，大量入沟泥沙还加剧了沟道的淤积。

(2) 沟道河坡长、深度较大，为水力侵蚀和重力侵蚀提供了有利条件

江苏省滨海滩涂年降雨量在 1 000 mm 左右，雨季暴雨较多，侵蚀动能高。目前的排水脱盐模式下，农沟需同时承担防盐、降渍和排涝任务。为满足防盐要求，沟道深度一般在 1.5～2.0 m。为满足沙土稳定要求：非衬砌沟道边坡系数一般需要在 1∶3 或更缓[56][57]，但实际使用过程中一般在 1∶1.5～1∶2.5 之间，较大的沟道坡长和沟深，促进了水力侵蚀和重力侵蚀发展。

2.1.2 滨海滩涂粉砂土边坡侵蚀规律

围垦初期，滩涂边坡土壤主要为盐渍粉砂土，含盐量较高、黏粒含量较低、土壤结构较差，与一般非盐土的侵蚀规律有所不同。因此围垦初期，引淡脱盐是主要任务。经过一段时间，土壤逐渐脱盐，植被开始恢复，土壤有机质有所增加，理化性质发生改变之后，土地使用方式也逐渐向种植业转移。非骨干引排工程，主要是斗沟、农沟及其田间工程的防护将成为围垦区水土资源利用的主要任务。

高钠盐粉砂土边坡侵蚀的一般规律表现为：在一定的地表条件下，降雨强度的大小，不仅直接决定着溅蚀量的高低，还是影响坡面径流量及径流侵蚀能力的重要因素。坡面产沙主要取决于坡面的降雨动能对土粒的分散和径流冲刷搬运能力。在径流形成初期，坡面侵蚀以击溅侵蚀为主，输沙率相对较低；而随着坡面径流水深的增大，坡面土壤入渗量逐渐减小，径流的冲刷动能增强。为了细化研究其侵蚀规律，分别开展了室内和野外试验。

* 1 hm^2=0.01 km^2

2.1.2.1 室内试验研究

取土区的地理坐标为北纬 32°12′～32°36′，东经 120°42′～121°22′，位于江苏南通市如东县九龙垦区内。该区地势平坦，于 2007 年围垦，未种植作物，除了零星的耐盐植物外，全为裸露的地面。取土时分层取土，然后在室内土槽内分层回填，保证和原状土尽可能接近。表 2.1-1 为坡面产流产沙试验过程中的特征参数。

(1) 在室内模拟时，各处理条件下的坡面均观测到侵蚀细沟的出现，但小雨强和小坡度条件下坡面细沟数量、宽度和深度均相对较小，其对整个降雨过程中输沙率的变化影响较小，降雨过程中坡面侵蚀速率能维持在一个相对稳定的水平。侵蚀开始的 30 min 左右，随着产流的逐渐稳定，细沟基本稳定，坡面的输沙率也趋于稳定。

(2) 坡度超过 15°(边坡系数 3.73)后，侵蚀强度急剧增加，尤其是 20°～30°之间(边坡系数 1.75～2.75)最为剧烈，而这正是大部分沟河满足重力稳定的适宜边坡。在该坡度范围内，如遭遇 100～150 mm 左右的暴雨，在无防护边坡的情况下，降雨侵蚀模数可达 30 000～50 000 t/km²，远远超过了水力剧烈侵蚀强度的下限指标。超过 25°(相当于边坡系数 2.14)，侵蚀模数反而有所降低。因此，25°可以近似作为粉砂土坡面侵蚀的临界坡度。

表 2.1-1 坡面产流产沙过程特征参数

雨强(mm/min)	坡度(°)	起流时间(min)	径流量(mm)	径流系数	侵蚀模数(t/km²)
0.82		84.0	26.9	0.27	17 086.5
1.56	20	24.1	37.8	0.37	33 975.0
2.43		14.9	80.2	0.59	58 333.5
	10	60.1	36.3	0.22	4 477.5
	15	60.1	46.1	0.29	8 185.5
1.56	20	24.1	37.8	0.37	33 975.0
	25	38.0	41.2	0.35	38 394.0
	30	37.0	17.3	0.16	15 214.5

2.1.2.2 野外现场试验

于 2012 年 5 月至 2013 年 12 月在东台市弶港镇靠近条子泥垦区和如东县兆盈农场进行了野外试验。东台市弶港镇垦区 2008 年围垦，地表含盐量在 12‰～150‰之间，没有经过排水改良，田面除少量盐蒿生长外，地表基本裸露，如东县兆盈农场土壤情况类似。野外观测试验包括三个部分：斗沟淤积深度观测、农沟淤积深度观测、农沟不同防护模式下的侵蚀与淤积观测。

(1) 东台琼港镇斗沟与农沟现场调查

斗沟：深度 2.5 m，边坡系数为 2，底宽 2.0 m，采用挖掘机开挖，坡面无防护措施。沟堤底宽 1.5 m，顶宽 0.5 m 左右。农沟：深度 1.5 m，边坡系数为 1.5，底宽 0.5 m，上口宽 5.0 m，采用挖掘机开挖，采用秸秆护坡。经过 62 d 后(其中有 2 场超过 50 mm 的暴雨)，农沟和斗沟的沟道坡面基本被摧毁，其中农沟淤积深度超过 1.0 m，占沟深的 70%以上，斗沟淤积深度约 1.5 m，占沟深的 75%左右，基本失去了排渍和脱盐能力。另外，还随机调查了 2011 年秋季开挖的农沟，农沟规格与前面信息一致，经过 10 个月的侵蚀，沟道淤积深度达到沟深的 80%(1.2 m)以上，基本失去排水和脱盐功能。

(2) 如东县兆赢农场引水河道与农沟现场调查

主要观测了 2 条农沟和 1 条斗沟(兼引水河道)。斗沟和农沟的技术参数见表 2.1-2。坡面防护模式分别采用草苫和自然护坡两种形式。其中农沟开挖于 2012 年 5 月，斗沟由于坍塌严重，2012 年 12 月重新清淤至设计断面。结果如表 2.1-2 所示。

①农沟淤积较为严重，在无防护情况下，最大淤积深度达到 86 cm，最小也达到 55 cm，严重影响了农沟的使用功能。即使在非雨季的斗沟，经过不到 5 个月的运行，淤积深度也达到 30 cm，若遇到暴雨，可能更加严重。从侵蚀形式来看，经过雨季的农沟，除面蚀外，坡面还出现了沟谷侵蚀，并造成了排水涵洞的破坏，在无防护情况下，侵蚀沟道深度可达 1.0 m。

②对于采用草苫护坡处理的农沟，坡面侵蚀以面蚀为主，但细沟侵蚀较为发育，沟深度在 25～47 cm，宽度可达 50～80 cm，并有少部分发展为沟谷侵蚀。草苫护坡具有一定的防护效果。但随着稻草的腐烂，防护效果将会降低。因此，草苫护坡需要每年更换，维护和成本较高。

③采用草苫护坡的另一个重要特点是，由于草苫能有效降低土壤裸露，坡面土壤蒸发减少，能较好阻止土壤深层盐分向地表的累积，土壤表层含盐量较低，芦苇等一些当地耐盐杂草能够较好生长，对坡面产生防护作用。而无防护的坡面，由于盐分高，植被恢复困难，而且裸露的坡面流速较高，新生的植被容易被坡面径流冲走，植被较差。

表 2.1-2　不同处理沟道参数与淤积量

处理号	防护方法	底宽(m)	沟深(m)	边坡系数	淤积量(m^3/m)	倒塌排水涵(座)	最大沟深(m)	最小沟深(m)
农沟 1	无防护	1.0	1.50	2.00	1.53	2	0.95	0.64
农沟 2	草苫防护	1.0	1.50	2.00	0.57	3	1.25	1.03

续表

处理号	防护方法	底宽(m)	沟深(m)	边坡系数	淤积量(m^3/m)	倒塌排水涵(座)	最大沟深(m)	最小沟深(m)
斗沟	无防护	2.0	2.0	2.00	0.15	0	0.56	0.41

2.1.3 滨海粉砂土边坡防护技术

利用斗沟和农沟控制地下水位降盐是经济可行的方案，但由于滩涂区土壤沙性强、结构差、易于坍塌，造成排水困难，因此必须采用经济可行的防护技术。目前江苏省沙土区采用的主要工程模式有：

(1) 混凝土边坡防护技术。该技术已经在引江河等大型河道上使用，效果良好，适于建设标准高，植被难以成活的骨干引排河道。由于滩涂土壤结构较差，加上含盐量高，一般植被难以成活，因此，混凝土网格效果可能较差，推荐采用混凝土面板防护。

(2) 三维植被网护坡技术。三维网垫是一种类似于丝瓜瓤状的植草土工网，以加入炭黑的尼龙丝加工制成，质地蓬松，其孔隙中可填加土料和草种。植草穿过网垫生长后，土-网-草形成牢固密贴于坡面的表皮，可有效地防止坡面侵蚀，适于土壤含盐量较低，生态要求较高的地区，但受限于较高的投资费用，仅适于骨干沟渠防护。

2.1.3.1 生态护坡技术

斗沟、农沟深度一般在 1.5～2.5 m，沟口宽在 4～10 m 左右，由于数量巨大，采用混凝土面板衬砌造价较高，须寻找低廉的防护措施。为此，选择三种生态护坡形式，进行试验对比，包括草垫覆盖生态护坡、草石格网式生态护坡以及遮阳网覆盖护坡。

(1) 草垫覆盖是近年来滩涂围垦区沟道坡面防护常用的一种模式。采用围垦区附近富裕的稻草、麦草等秸秆材料，编制成草苫，可以快速覆盖在坡面，防止坡面降雨击溅侵蚀，并降低流速，减轻水力侵蚀。

(2) 草石格网式生态护坡是在边坡表层土中随机布置粒径为 5～10 cm 的块石，然后再用草带铺在边坡表面，构成矩形方格网，利用木钉将草带固定于边坡土体。一方面，利用石块覆盖可以减少边坡的雨滴溅蚀作用；另一方面，随机分布的块石在坡面形成斑块状水文路径，结合草带格网的拦蓄作用，可以加大边坡径流的就地入渗量，减轻边坡的径流侵蚀；同时，埋于土体的块石和草带网格的布置增强了边坡的整体性和结构性，起到护坡固坡作用。该方法施工简单，工程造价低，并且具备生态性和景观性。

(3) 遮阳网覆盖采用商用遮阳网直接覆盖在边坡，每 5 m 用木桩和铁丝固定于坡上。遮阳网的规格为 50 g/m^2，黑色抗紫外线。

试验选择如东新垦区(围垦 5 a)高钠盐粉砂土边坡，边坡坡度为 30°，边坡土壤容重为 1.3 g/cm^3，分别进行边坡草垫生态护坡、边坡草石格网式生态护坡、遮阳网覆盖和无覆盖处理(处理说明见表 2.1-3)。采用针头式降雨器进行模拟降雨试验，降雨投影面积为长 1 500 mm、宽 500 mm。降雨高度为 3.0 m，降雨强度经标定后确定为 1.5 mm/min。每次模拟降雨时间持续 60 min，降雨过程中持续收集径流样品，每 2 min 记录其径流量。样品在 105 ℃烘箱中干燥，随后称重，以确定泥沙浓度和产沙量。表 2.1-4 和表 2.1-5 显示了降雨过程中不同防护技术坡面径流的特征参数。

表 2.1-3 坡面防护效果对比试验处理

处理	Ⅰ	Ⅱ	Ⅲ	Ⅳ
防护措施	草垫覆盖	草石格网覆盖	遮阳网覆盖	裸露
材料	稻草秸秆	秸秆、碎石	纤维	无
覆盖度(%)	90	60	95	0

表 2.1-4 坡面防护效果对比试验处理

特征参数	处理			
	草垫覆盖	草石格网覆盖	遮阳网覆盖	裸露
径流量(mL/min)	186.5d	335.7c	376.4b	480.6a
最大径流量(mL/min)	572.1d	947.8c	1 152.7b	1 658.4a
径流系数	0.043c	0.109b	0.128b	0.198a

注:同一行中不同字母代表有显著性差异。

表 2.1-5 不同植被构建技术下粉砂土坡面侵蚀特性表

特征参数	处理			
	草垫覆盖	草石格网覆盖	遮阳网覆盖	裸露
泥沙浓度均值(%)	8.9 d	16.3c	22.1 b	36.4 a
最大泥沙浓度(%)	21.2 d	27.3 c	32.5 b	49.3 a
产沙[g/(m^2 · min)]	137.5 c	269.4 b	289.1 b	684.6 a
平均侵蚀强度(t/km^2)	8 250	16 164	17 346	41 076

注:同一行中不同字母代表有显著性差异。

①不同处理坡面的径流量差异显著，三种防护技术处理均有效地减少了径流量，其中，边坡草垫生态护坡、草石格网式护坡和遮阳网覆盖技术下的坡面径流量分别比裸坡的(480.6 mL/min)减少了 61.2%、30.1%、21.7%。最大的平均径流系数也出现在裸坡，为 0.198，而草石格网式护坡和遮阳网覆盖技术下的坡面平均径流系数分别为 0.109 和 0.128，边坡草垫生态护坡下的坡面径流系数最小为 0.043，比裸坡的小 78.3%；

②不同的覆盖物增加了坡面的粗糙度，有效地减小了坡面径流的速度，从而降低了其对坡面土壤的侵蚀力。坡面粗糙度的增加，还导致径流在局部范围的湍流和旋流增加，使得径流在坡面上滞留的时间更长，从而增加了水分的渗透。另外，防护材料的吸水能力也可以有效地减小径流量。边坡草垫生态护坡的草垫由稻草条紧密地编织而成，表面粗糙，且有强的吸水性，因此其径流量最小。

③不同植被构建防护技术下坡面径流的泥沙浓度也差异显著。裸露坡面径流的泥沙浓度均值最大，为 36.4%，最大值为 49.3%；草石格网式护坡和遮阳网覆盖技术下的坡面径流的泥沙浓度均值分别为 16.3%和 22.1%，最大值分别为 27.3%和 32.5%；边坡草垫生态护坡技术下的坡面径流的泥沙浓度均值最小，为 8.9%，最大值为 21.2%。裸露坡面产沙量 684.6 g/(m^2 · min)最大，草石格网式护坡和遮阳网覆盖技术下的坡面的产沙量为裸露坡面产沙量的 39.4%和 42.2%，而边坡草垫生态护坡技术下的坡面产沙量 137.5 g/(m^2 · min)最小，为裸露坡面的 20.1%。

④覆盖物被雨水打湿后，其重量明显增大，使其可以更好地和坡面结合，导致径流滞留在坡面上的时间明显延长，在增大雨水渗透的同时，也减小了径流对于坡面土壤的剪切应力，因此土壤颗粒不容易被搬运和转移。通过对比看出，边坡草垫生态护坡控制径流侵蚀的效果最佳，且与草石格网相比，不需要块石等建筑材料，材料容易获得，施工速度快，造价低(约为后者的 50%)，是较好的防护模式。

⑤从上面的分析可以看出，在野外条件下一场 90 mm 的暴雨，在滩涂粉砂土采用不同覆盖措施的情况下，侵蚀量可达 8 250～17 346 t/km^2，而江苏省滨海滩涂多年降雨量在 1 000 mm 左右，其中汛期降雨占降雨量的 60%以上，且暴雨集中，侵蚀量较大，易造成沟道淤积。因此，对于江苏省新围垦地区，沟道边坡采用秸秆、草石格网、遮阳网等生态防护措施，难以达到稳定沟河的作用。

2.1.3.2 水泥土防护技术

在土壤中掺入一定量的外加剂，如土壤固化剂和水泥等，可使土壤得以固化，成为边坡防护材料。固化剂对于黏性土较为合适，但对于滨海滩涂粉砂土，由于土壤颗粒分散性较强，难以获得令人满意的效果。在土壤中加入适量水泥和水，经拌和得到的混合料在压实和养生后，当其强度符合规定的要求时，称为水泥土。水泥

土就地取材、造价低廉，目前已广泛应用与地基加固，路面基层、边坡护坡和衬砌注灌等工程。为了获得较高的强度，水泥土一般采用黏粒含量较高的壤土、黏土作为材料[58][59]，而以滨海滩涂高钠盐、基本无结构的粉土、粉砂土为材料制造水泥土，用于沟渠边坡防护的研究目前还不多。

储诚富等人[60]利用连云港地区的盐渍土进行了路基水泥土试验，发现15%水泥掺加量的情况下，所得水泥土的强度偏低，难以作为防护材料使用。江苏省海岸线较长，南北部滨海滩涂的土壤质地差别较大，且大部分可围垦滩涂位于盐城、南通地区，距离上述取土试验区较远，其土壤黏粒含量远远低于上述测试。针对这些问题，以滩涂随处可取的粉砂土为材料，寻找适宜的配比，生产满足沟(渠)道防护要求的较低成本水泥土防护材料成为一种经济可行的方案。另外，围垦初期的农田，道路路基较差，若采用沟渠开挖产生的剩余土方，可以减少对运输的依赖，减轻对田间道路的损坏，而这种现象在目前的农田水利建设中普遍存在。

为此，拟开发以当地高钠盐粉砂土为主要材料的水泥土，使其既能满足强度要求(农沟边坡的防护对强度要求较低，一般 4 MPa 左右即可)，又造价低廉，主要研究任务包括：通过制作不同水泥量、不同粉煤灰量、不同减水剂、不同水量的水泥土试块，进行不同时期的抗压强度测试，分析不同的成分用量对于抗压强度的影响，寻找适宜配比；优选适宜的防护结构，使非透水的水泥土防护结构满足地下排水要求；对水泥土防护结构的效果进行试验，形成高钠盐土地区水泥土沟道护坡的适宜技术模式。本研究于 2013 年 12 月至 2014 年 9 月在河海大学力学与材料学院实验室、射阳县水利试验站分别进行。

试验采用江苏鹤林牌 32.5 级普通硅酸盐水泥；粉煤灰为 1 级粉煤灰；减水剂为江苏苏博特新材料股份有限公司生产的 SBTJM®-Ⅱ 水泥土高效减水剂(标准型)，使用时配制成浓度为 10%的溶液；增稠剂为纤维素醚，使用时配制成浓度 1%的溶液；水为普通的自来水。粉砂土取自东台市弶港镇东部的条子泥围垦区，该区土壤含盐量在 17.2‰，土壤质地为粉砂土，盐分主要为钠盐。土壤基本无结构，持水性和塑性较差，遇水易流失。土样自然风干后，经过直径 2 mm 的筛网过筛后使用，其粒径大于 0.01 mm 的粗粉粒含量平均达到 83%左右，而粒径小于 0.001 mm 的胶体粒径含量平均仅为 9%左右。

试验采用三因素法，即水胶比(水灰比)、水泥用量和土胶比(水泥占胶体材料的比重)三水平试验，寻找满足强度要求下，最经济的水泥用量。选用标准 $L9(3^4)$ 正交试验表，第 1、2、4 列分别代表水胶比 A、水泥量 B、土胶比 C，第 3 列为空列 O，详见表 2.1-6。试验中，保持胶体的总质量不变，即水泥和粉煤灰的质量和不变，通过改变水、水泥和粉砂土，实现水胶比、水泥量、土胶比的变化，减水剂和增稠剂的比例不变，初步配比按照“水∶水泥∶粉煤灰∶粉砂土∶减水剂∶增稠剂＝450∶200∶200∶1 000∶5∶0.02”，再根据实际拌和早期强度测试结果，分别以初步配合比为中间值并在附近取值，以获得最佳配比。

表 2.1-6 水泥土配比正交试验表

试验编号	列号			
	A(水胶比)	B(水泥量%)	O(空列)	C(土胶比)
T1	1(1.075)	1(62.5)	1	1(2.25)
T2	1(1.075)	2(50.0)	2	2(2.50)
T3	1(1.075)	3(37.5)	3	3(2.75)
T4	2(1.125)	1(62.5)	2	3(2.75)
T5	2(1.125)	2(50.0)	3	1(2.25)
T6	2(1.125)	3(37.5)	1	2(2.50)
T7	3(1.175)	1(62.5)	3	2(2.50)
T8	3(1.175)	2(50.0)	1	3(2.75)
T9	3(1.175)	3(37.5)	2	1(2.25)

(1) 测试项目与方法

① 无侧限抗压强度

试验采用 50 mm×40 mm×40 mm 的长方体试块，使用 NJ-160A 水泥搅拌机进行搅拌，先慢速搅拌 1 min，再快速搅拌 1 min。搅拌均匀之后装入模具，放入振捣台振捣 1 min。放入养护室养护 3～4 d 后拆模，在标准养护条件(温度 20±2 ℃，湿度≥95%)下分别养护 7 d、14 d、28 d，然后采用 NYL-300D 型压力试验机进行抗压试验，抗压夹具尺寸为 40 mm×40 mm，加荷速度为 0.6 MPa/s，记录试块被破坏时的最大荷载值。

② 坍落度实验

水泥土采用搅拌机进行搅拌，充分搅拌之后装入坍落度筒。水泥土分三次填装进一个上口 100 mm、下口 200 mm、高 300 mm 喇叭状的坍落度筒中，每次填装后用捣锤沿筒壁均匀由外向内击 25 下，捣实后，抹平，然后徐徐垂直、平稳地拔起桶，水泥土因自重产生塌落现象，用桶高(300 mm)减去塌落后水泥土最高点的高度，称为坍落度，精确至 1 mm，整个坍落度试验连续进行，并在 2～3 min 内完成。

(2) 不同配比的优选

水泥土的抗压强度是水泥土最主要的评测指标之一，是选择配合比的主要参考因素。对水泥土试块 7 d、14 d、28 d 的抗压强度进行极差和方差分析，结果如表 2.1-7 至表 2.1-10 所示：

①水泥量是影响 7 d 抗压强度的主要因素，水胶比是次要因素，土胶比是第三位的影响因素。对水泥土试块 14 d 的抗压强度进行极差分析处理结论与 7 d 抗压强度试验结论完全一致。而影响 28 d 抗压强度的主要因素是水泥量，土胶比是次要因素，水胶比是第三位的影响因素，与 7 d、14 d 抗压强度的影响因素排序略有差异。

②14 d 和 28 d 水泥土的最大抗压强度可达到 4.5 MPa 以上(处理 1、处理 4 和处理 7)，其中 28 d 强度可达到 5.98～8.36 MPa。根据水利部 2004 年颁布的《渠道防渗工程技术规范》(SL 18—2004)，水泥土能够满足一般沟渠衬砌材料要求(干硬水泥土在 2.5～4.5 MPa)，且有较大冗余。由于沟道过水时间小于渠道，对强度要求更低，因此上述配比对于沟道衬砌而言是合适的。

③28 d 抗压强度都随着水泥量的增大而增大，因此选择最大的水泥量 62.5%，即 B1；土胶比为次要因素，但对 28 d 抗压强度影响不显著；当水泥量为 62.5%时，28 d抗压强度随着土胶比的增加而减小，因此选择土胶比 2.25，即 C1；水胶比为第三因素，但对 28 d 抗压强度影响也不显著，当水泥量为 62.5%时，水胶比为 1.075 时抗压强度最大，选择水胶比为 1.075，即 A1。

④综上可得到最佳的配合比组合为 A1B1C1，即第 1 组的配合比，此时灰土比为 1∶2.25，“水泥∶粉煤灰∶沙土”比例为 1∶0.6∶3.6，28 d 无侧限抗压强度达到 8.36 MPa，具有较大冗余。因此可适当增加灰土比有助于降低造价，例如当土胶比从2.25∶1(处理 1)增加到 2.5∶1 时(T7 处理)，28 d 强度从 8.36 MPa 降低到 7.1 MPa，但仍然满足渠道衬砌强度要求，而水泥用量相对较低，可以作为备选方案。

表 2.1-7　7 d 抗压强度极差分析

处理号	试验因素				数值
	A(水胶比)	B(水泥量%)	O(空列)	C(土胶比)	压强 MPa
T1	1(1.075)	1(62.5)	1	1(2.25)	1.89
T2	1(1.075)	2(50.0)	2	2(2.50)	1.09
T3	1(1.075)	3(37.5)	3	3(2.75)	0.70
T4	2(1.125)	1(62.5)	2	3(2.75)	1.47
T5	2(1.125)	2(50.0)	3	1(2.25)	1.13
T6	2(1.125)	3(37.5)	1	2(2.50)	0.66
T7	3(1.175)	1(62.5)	3	2(2.50)	1.38

续表

处理号	试验因素				数值
	A(水胶比)	B(水泥量%)	O(空列)	C(土胶比)	压强 MPa
T8	3(1.175)	2(50.0)	1	3(2.75)	0.80
T9	3(1.175)	3(37.5)	2	1(2.25)	0.61
K1	3.69	4.73	3.34	3.63	
K2	3.25	3.02	3.17	3.13	
K3	2.78	1.97	3.20	2.97	
m1	1.23	1.58	1.11	1.21	
m2	1.08	1.01	1.06	1.04	
m3	0.93	0.66	1.07	0.99	
R	0.30	0.92	0.06	0.22	

表 2.1-8　14 d 抗压强度极差分析

处理号	试验因素				数值
	A(水胶比)	B(水泥量%)	O(空列)	C(土胶比)	压强 MPa
T1	1(1.075)	1(62.5)	1	1(2.25)	5.94
T2	1(1.075)	2(50.0)	2	2(2.50)	3.95
T3	1(1.075)	3(37.5)	3	3(2.75)	2.48
T4	2(1.125)	1(62.5)	2	3(2.75)	4.59
T5	2(1.125)	2(50.0)	3	1(2.25)	3.84
T6	2(1.125)	3(37.5)	1	2(2.50)	2.08
T7	3(1.175)	1(62.5)	3	2(2.50)	5.03
T8	3(1.175)	2(50.0)	1	3(2.75)	3.09
T9	3(1.175)	3(37.5)	2	1(2.25)	2.23
K1	12.38	15.56	11.11	12.02	
K2	10.52	10.89	10.78	11.06	
K3	10.36	6.80	11.36	10.17	
m1	4.13	5.19	3.70	4.01	
m2	3.51	3.63	3.59	3.69	
m3	3.45	2.27	3.79	3.39	
R	0.67	2.92	0.19	0.61	

表 2.1-9 28 d 抗压强度极差分析

处理号	试验因素				数值
	A(水胶比)	B(水泥量%)	O(空列)	C(土胶比)	压强 MPa
T1	1(1.075)	1(62.5)	1	1(2.25)	8.36
T2	1(1.075)	2(50.0)	2	2(2.50)	4.44
T3	1(1.075)	3(37.5)	3	3(2.75)	2.47
T4	2(1.125)	1(62.5)	2	3(2.75)	5.98
T5	2(1.125)	2(50.0)	3	1(2.25)	5.75
T6	2(1.125)	3(37.5)	1	2(2.50)	1.98
T7	3(1.175)	1(62.5)	3	2(2.50)	7.10
T8	3(1.175)	2(50.0)	1	3(2.75)	4.00
T9	3(1.175)	3(37.5)	2	1(2.25)	2.90
K1	15.27	21.44	14.34	17.01	
K2	13.71	14.19	13.31	13.52	
K3	14.00	7.34	15.32	12.45	
m1	5.09	7.15	4.78	5.67	
m2	4.57	4.73	4.44	4.51	
m3	4.67	2.45	5.11	4.15	
R	0.52	4.70	0.67	1.52	

表 2.1-10 水泥土试块 28 d 抗压强度方差分析

因素	平方和	自由度	均分	F 值	F 临界值	显著性
水胶比 A	0.46	2	0.23	0.50	$F_{0.01}(2,2)=99.0$	
水泥量 B	33.14	2	16.57	41.03	$F_{0.05}(2,2)=19.0$	*
土胶比 C	3.78	2	1.89	4.41	$F_{0.10}(2,2)=9.0$	
误差 E	0.67	2	0.337			
总和	38.05	8				

(3) 水泥土的改进研究

现有成果表明,将聚丙烯纤维掺入混凝土后,能大大降低混凝土的脆性,提高其韧性、抗折强度、抗拉强度和抗冲击性,以此改善混凝土的破坏方式。而水泥土掺入该类材料亦具有类似效果，但对以高盐粉土为骨料的水泥土的研究成果未见报道。故本研究根据前述适宜配方(T7)，加入不同量的聚丙烯纤维，对其性能进行测试。采用市场上价格低廉的长度为 2.5 mm 聚丙烯纤维作为试验添加剂，不同掺入量(占固体材料总质量的 0～0.21%)的测试结果如表 2.1-11 所示。

可以看出，在加入适量的聚丙烯纤维后，与空白(T70)相比，水泥土的抗压强度和抗折强度均有所提高。但随着加入量的增加，抗压强度有降低的趋势，而抗折强度先升、后降、再升。在加入量为 0.07%时(T71)，水泥土的抗折和抗压强度最大。其中无侧限抗压强度达到了 10 MPa，相较控制排水的处理增加了 45%，具有较好的力学特征，满足渠道衬砌和沟道防护的要求。按照水泥土干容重 1.65 g/cm^3 估算，每 m^3 水泥土的添加量约为 1 kg 左右，成本在 12 元左右，因此可作为水泥土的添加材料使用。

表 2.1-11　不同掺入量(占固体材料 0～0.21%)的测试结果分析

处理号	水(g)	水泥(g)	粉砂土(g)	粉煤灰(g)	减水剂(g)	增稠剂(g)	水胶比	水泥比例(%)	土胶比	聚丙烯纤维含量(g)	抗压强度(MPa)	抗折强度(MPa)
T70	470	250	150	1 000	5	0.02	1.175	62.5	2.5	0	6.99	1.54
T71	470	250	150	1 000	5	0.02	1.175	62.5	2.5	1	10.14	2.24
T72	470	250	150	1 000	5	0.02	1.175	62.5	2.5	2	9.16	1.85
T73	470	250	150	1 000	5	0.02	1.175	62.5	2.5	3	8.95	2.09

(4) 水泥土透水结构设计

由于水泥土的渗透系数很低(实测渗透系数在 1.5×10^{-6}～4×10^{-6} cm/s)，若采用目前常用的水泥砂浆勾缝，虽然防护结构的整体性较好，但无法满足防护结构的透水要求，不适于有地下水位控制要求的沟道防护，否则，在降雨或者灌溉后，地下水产生的静水压力可能对结构产生破坏。因此对渠道的分缝处理还必须满足排水要求，即必须通过结构设计，用不透水材料组成透水结构以便排除地下水。

在不透水的水泥土砌块预留一定面积的透水孔隙是一种选择，但需要专门的生产设备，工艺较为复杂。考虑到地下排水量较小，本研究拟利用水泥预制块之间的分缝。对于粉砂土地区，由于土壤的透水较弱，对于沟深为 1.5 m 的农沟，正常状态下，沟道出水点(地下水浸润线)至沟底的距离不超过 50 cm，仅需对土壤浸润线以下的防护结构进行透水处理即可。在非正常的条件下，如暴雨和灌溉后地下水位快速升高时，可以通过砌块下的垫层，将上部水向下排出。

根据上述情况，本研究采用以下透水结构设计：

①沟底透水结构。沟底整平、压实后，铺设 5～10 cm 建筑用碎石(或者采用碎砖等建筑垃圾)压实，作为透水层和过滤层，并起到加固地基作用。碎石上铺设双层草苫(用量约 3 kg/m^2)，防止底部细颗粒流失。垫层做好后铺设水泥土砌块，砌块之间预留 2 cm 距离，分缝之间充填粗砂，不做勾缝处理，利用砌块之间的缝隙排水。

②坡面透水结构。两侧草苫垫层与沟底的草苫相连接。坡面最下层砌块与沟底砌块之间的横缝采用间隔勾缝的方法。50%的非勾缝间隙采用粗砂填充，不用砂浆勾缝，其余 50%采用水泥砂浆勾缝。倒 1 排与其上的倒 2 排砌块之间的竖缝采用砂浆勾缝，而横缝采用间隔勾缝方式，其余衬砌部分与一般混凝土面板衬砌处理相同。

③护坡垫层的选择。采用沙、碎石垫层等作为垫层，对坡面的防护效果较好。但对于小型农沟而言，造价相对偏高。故采用草苫为垫层，使用量约为 1.5 kg/m^2(单层)。草苫采用稻草秸秆作编织，具有质地柔软，抗变形能力强等特点，且孔隙率较大，满足透水要求。在预制板的重力作用下，垫层与坡面紧密结合，坡面地下排水通过垫层向下运移，并最终通过坡面与沟底的结合缝隙排出，或者进入沟底碎石垫层。

2.1.3.3 适宜边坡防护技术比选

农沟边坡的防护，主要是减轻水力侵蚀和重力侵蚀，对强度要求较低，一般 4 MPa左右即可。根据目前的围垦经验，在灌排设施完善的情况下，沟道土壤在 10 年左右即可初步脱盐，满足后期生物护坡和沟道稳定要求。因此，对护坡材料的耐久性要求也相对较低。而采用传统的混凝土护坡材料，费用较为昂贵，强度一般在15 MPa以上，强度富余很大，“大材小用”，易造成浪费。

从上面的分析可以看出：对于江苏省新围垦地区，沟道边坡采用秸秆、草石网格、遮阳网等生态防护措施，虽然造价低廉，但防护效果差，难以达到稳定沟河的作用。水泥土防护技术以当地粉砂土为骨料代替石子和沙子，原材料丰富，环境友好，成本亦低于混凝土材料。其一次性建设成本虽然高于草苫和遮阳网等，但使用寿命长，通过合理设计，能满足边坡防护和地下水位控制要求，可作为滨海滩涂小型沟渠的护坡模式。

水泥土护坡材料可以以当地滩涂粉砂土为骨料，不使用任何石块和沙砾，而且掺入部分粉煤灰代替了水泥，在满足使用强度和施工工艺要求的前提下大大降低材料的造价。另外，对于建筑材料匮乏的江苏省滨海滩涂围垦区，高钠盐粉砂土可以就地取材，即利用沟道、渠道开挖出来的粉砂土为骨料，节省了骨料的购买和运输费用，同时降低了工程建设对当地农村路网产生的运输压力和破坏。

粉砂土基本无结构，土质单一，仅需要简单过筛处理，甚至可直接搅拌后使用，施工方便。传统的水泥土(沟道衬砌，C15 混凝土强度足够)，价格在 250 元/m^3 左右，而此类水泥土造价一般在 150 元/m^3 左右，单方预制板的材料费可降低 30%以上，具有一定的经济优势。而且由于水泥土的主要成分是当地的粉砂土，且颗粒细腻，经过多年的风化后，容易粉碎。加上水泥含量低，对环境的破坏作用更小，其生态效果优于水泥。

2.2 粉砂土区浅沟＋暗管排水技术

农田排水包括两部分，地面排涝和地下排渍(盐)。对于农田排涝而言，现有农沟的深度和过水能力冗余较多，较深的沟道是为了满足排渍(盐)要求。受上述布置形式启发，本研究根据江苏省滨海盐碱土特点和土地规模经营需求，结合国内已有成果[61][62]，提出与生产建设用路相结合的“浅沟＋暗管”的排水模式：利用暗管系统将地下水直接排至斗沟，起到降渍防盐作用；将现有农沟深度大幅度降低，改造成仅承担除涝任务的浅沟(0.5 m 左右)。通过降低沟深，减少沟道坍塌和淤积，从而节约土地和沟道维护费用。同时，利用浅沟深度较小的特点，沟底兼做生产建设用路和生态用地使用，使田间工程占地进一步减少。而对于汇集渍、涝水的斗沟，由于其控制面积大(一般是农沟控制面积的 5～10 倍)，可采用目前常用的防护技术，保持排水畅通。

2.2.1 适宜性暗管排水系统参数

目前盐碱地地下水位控制主要以潜水临界深度为依据，潜水临界深度是一年中蒸发最强烈的季节、不致引起土壤表层积盐并危害作物生长的潜水埋藏深度，与作物种类、耕作、栽培条件有关。根据山东水科所长期的研究资料表明：滨海粉砂土地区，粉砂壤土毛管水强烈上升高度为 1.5～1.7 m，作物主要根系活动层 0.3 m 左右，明沟(暗管)中间地段的地下水水位与沟道(管道)水位差 0.2 m，再加上沟道(暗管)中水深 0.1～0.2 m，故明沟(暗管)的最浅挖(埋)深应该在 2.1～2.4 m(间距 100 m)。但在粉砂质土壤条件下，若采用上述明沟，在考虑边坡稳定的情况下，农沟口宽需要在 7.5～10.0 m 左右，占地约 8%～10%，是偏大的。若不加防护，维护成本也较高。

根据盐城市沿海水利研究所的资料，当农沟间距为 100 m，深度 1.50 m 时，在暗管间距 20 m，埋深 1.20 m，坡度 0.6%的情况下，对于 3 d 雨量为 83 mm 的降雨，地下水位上升 0.37 m，0～66 cm 土壤含水率未达到饱和，土壤通气率达到 6%，基本满足旱作物生长要求。而无暗管埋设的对照区，地下水位上升 1.08 m，0～60 cm 土壤全部饱和。盐城市射阳水利试验站的试验表明，农沟间距为 60 m，深度 1.5 m 时，采用间距 20 m、深度 0.9 m 的鼠道，在日雨量 93 mm 的情况下，地下水位上升 0.39 m，0～66 cm 土壤未饱和，土壤孔隙率为 7%，满足旱作物要求。而无鼠道的处理，地下水位则上升了 1.14 m。在无灌溉措施情况下，通过一个夏天的降雨淋洗，0～60 cm 深的土壤脱盐率达到 50%，而无鼠道的处理仅为 12%。在连续 6 d 无降雨时，由于土壤蒸发和地下水补给，无鼠道处理的表层土壤（0～20 cm）返盐率达到 88%，而有鼠道的处理不仅没有返盐，还脱盐 41.7%。

根据上述成果，考虑到条田规模和机械化耕作要求，在埋设吸水暗管的情况下，农沟（或集水管）间距 100 m 左右是合适的。河海大学在江苏省如东县九龙垦区的兆盈农场进行了现场试验，结果表明，在排水农沟的间距为 150 m，深度为 1.5 m情况下，埋深 0.9 m，间距 15 m 的布置具有良好的脱盐和防治返盐效果，可作为浅沟＋暗管模式中的暗管布置模式。结合斗沟的深度，江苏省滨海滩涂田间吸水暗管适宜的埋深在 0.9～1.2 m 之间，间距 10～15 m；集水主管的埋深在 1.2～1.5 m之间，间距 100～150 m。

2.2.2 浅沟＋暗管排水模式系统设计

2.2.2.1 暗管排水系统的规划设计

该模式中，田间排水暗管分为 2 级，分别为吸水管和集水管。集水管与浅沟平行，用于汇集吸水管排水至斗沟。集水管可选用不透水管或透水管，后者具有控制地下水位的作用。江苏滨海滩涂土壤透水性较弱，建议使用透水管，利于更好地控制地下水位。吸水管间距需根据土壤和地下水位控制要求，通过试验或参照相关资料确定。根据前述，滨海粉砂土区吸水暗管的间距在 10～15 m 左右，深度在 0.9～1.5 m 之间。对于斗沟间距较小的田块（斗沟间距为 200～300 m 时），也可以考虑采用一级吸水管，与浅沟平行布置，直接排水至斗沟，其间距和深度可参照前述参数。对于地势平坦地区，可向两侧斗沟排水以减小管径。

2.2.2.2 排水浅沟规划设计

与生产路相结合的浅沟，其断面技术参数需要同时满足地表排水和交通要求。

（1）交通要求

生产用路是通往田间的道路，需满足生产者进田和田间货物（作物生长期间化肥、农具等）运输的功能，一般不通过大型机械。生产路通常结合农渠布置，为渠堤的一部分以节约占地。路面宽度在 1.0～2.0 m 左右，江苏省多采用素土压实处理。因此，采用梯形横断面时，浅沟底宽以 1.0～2.0 m 为宜。为方便生产者以及小型农具从浅沟进田，浅沟的深度不宜过大。对于规模经营的农场，浅沟经过适当处理，应能允许大型机械（如收割机、拖拉机）横向通过以提高耕作效率。多雨季节，为方便行走，浅沟底部不应积水，因此，浅沟底部应位于地下水水位以上。

根据相关资料，当边坡达到 4∶1 左右时，一般机械即可顺利通过。因此，在耕作或收获季节，只需在浅沟两侧开挖长度 2 m 左右的临时沟坡即可，而不必修建专门的跨沟交叉建筑物（涵洞或农桥），以减少建设成本和土地占用。综合上述要求，浅沟深度宜控制在 0.4～0.5 m 左右。由于沟道较浅，边坡系数可选为 1∶1～1∶1.5左右。经过一段时间的坍塌和冲淤平衡，一般会形成类似天然河道的 U 型断面。在围垦初期，农田涝水须经毛沟排入浅沟，尽量减少农田直接向浅沟排水。可在浅沟外布设截水沟。浅沟宜结合集水管布置，即将集水管埋设在浅沟下方，以便雨后及时降低浅沟上方的地下水，并减少开挖费用。对于生产用路要求较高的经济作物种植区，浅沟底部可铺设 5～10 cm 厚的碎石或碎砖，以加固路基并防止冲刷。

对道路交通要求不高的地区，浅沟可按照生态用地进行设计，将农用地与生态用地相结合，以增加耕地面积。沟底可采用天然植被保护，以增加生物多样性，并拦截排水中的氮磷和泥沙。对于土地紧张的地区，在非汛期（10 月至次年 5 月），由于降雨稀少，浅沟一般不需要排水，沟底可种植油菜、蚕豆等早熟作物（应在雨季来临前一段时间收获并形成足够的植被覆盖），或种植多年生牧草，以增加收入。进入汛期后，农田地下水位较高。水田区内浅沟可种植茭菰等喜湿植物，对稻田排水中的污染物进行拦截和消解，但应考虑糙率增加对排水能力的影响。

（2）排水要求

排水设计应考虑两个方面：一是排涝要求，即浅沟纵横断面能够排除设计暴雨产生的径流；二是浅沟深度与田间排水毛沟的深度相适应，即浅沟深度略大于毛沟，避免在二者结合处产生冲刷。新垦滩涂地势平坦，沟、河具有一定的蓄水调节能力，可按平均排除法计算排涝流量。根据江苏省高标准农田的建设要求，农田排涝标准不低于日雨量 200 mm、48 h 排出即可。

采用底宽 2.0～3.0 m，深度 0.5 m 左右的浅沟，占地 1.6%～3.0%左右，见表 2.2-1。在浅道间距 100～150 m 的情况下，条田长度（即斗沟间距）可达 1 396～1 680 m。根据前面的研究，农沟间距一般不超过 800 m。因此，表中的浅沟参数可满足日雨 200 mm 当日排除的要求，远大于目前江苏省大多数滩涂地区的排涝要求。因此，对于一般水旱轮作的大田作物，浅沟底宽取 2.0～3.0 m，间距建议取为 100～150 m，采用沟渠相间布置。为防止冲刷，毛沟与浅沟的结合处设置排水涵管或做防冲处理。为防止越级排水，浅沟两侧结合田埂建设，设置沟堤。

由于浅沟深度较小，排涝时沟内水位较高，而斗沟深度较大（一般在 2.0～

2.5 m左右)，因此较大的落差导致浅沟末端流速大于表 2.2-1 中按照明渠均匀流计算值，浅沟末端的实际水深小于计算值，表中的沟深偏安全。考虑到浅沟末端流速较高，浅沟和斗沟的结合处需要设置防冲陡坡或者跌水。

表 2.2-1 不同规格浅沟的排涝能力与控制面积表

浅沟间距(m)	水深(m)	底宽(m)	边坡系数	沟深(m)	纵坡	上口宽(m)	过流能力(m^3/s)	最大流速(m/s)	条田最大长度(m)	占地率(%)
100	0.3	2.0	1.0	0.3～0.5	1/5 000	3.0	0.013	0.18	1 680	3.00
150	0.3	2.5	1.0	0.3～0.5	1/5 000	3.0	0.014	0.18	1 396	2.00
150	0.3	3.0	1.0	0.4～0.5	1/5 000	3.5	0.016	0.19	1 670	1.75

注:①道沟按照 24 h 净雨 130 mm、48 h 排除计算;②农沟上游沟深取小值，下游取大值(或均取大值);③末端沟水面低于田面 20 cm;④糙率取 0.03。

2.2.3 应用与验证

为验证上述排水模式的有效性，2012 年 5 月至 2013 年 4 月在江苏省南通市如东县掘港镇滩涂(2007 年围垦)区内的兆盈农场进行了对比试验。项目区内土壤为粉砂土，0～100 cm 土壤含盐在 10.55‰～11.77‰。已建成的农沟深度为 1.5 m，间距150 m。试验选择了相邻 5 条农沟(其中暗管试验区 3 条恢复成浅沟，1 条保持原断面。另外选择 1 条传统排水模式，不铺设暗管，并加以不同坡面防护)，以保持土壤和地下水位的一致性。虽未设重复处理，但各农沟和浅沟的长度达到 600 m，且在自然条件下进行，故研究仍然具有较好的代表性。

参考表 2.2-2:处理 01、处理 02 采用明沟排水。其中处理 02 沟坡采用草苫防护，稻草用量为 1.5 kg/m^2。处理 03 为浅沟＋暗管模式(选择暗管排水区的 1 条农沟)，处理 4 为农沟＋暗管模式。浅沟采用原来的农沟改造而成。沟底挖深至 1.8 m后，于沟底铺设 200 mm 透水波纹管，然后回填至设计深度。吸水暗管采用外径 65 mm 透水波纹管，管间距 15 m，埋深 0.9 m，通过三通排水至集水管。各处理毛沟垂直农沟布置，深度 0.5 m，间距 100 m，共 6 条。由于农沟侵蚀严重，故农沟两侧设置了沟堤，堤外开挖排水沟与毛沟相连，用于汇集田间排水并防止农田越级排水。为减少毛沟排水冲刷破坏，各处理的毛沟排水口设置排水涵。

2.2.3.1 防坍减淤效果

参考表 2.2-2:经过 1 年运行后，处理 01 和处理 04 农沟坍塌和淤积较为严重，其次是处理 02(草苫防护)，浅沟(处理 03)淤积量最小。与处理 01 相比，处理 03 淤积量减少了约 90%，处理 02 减少 63%。淤积导致农沟底部抬高 25～86 cm，对地下水水位控制产生不利影响。而处理03的地下排水则由集水管汇集后直接排至斗沟,较好地规避了农沟淤积造成的不利影响。由于毛沟和浅沟深度相同,处理03毛沟排水涵出口流速较小,经1年运行后无一破坏。沟底除中间部分有冲刷外,形状总体保持较好,可作为生产用路正常使用。处理01和处理02排水涵破坏较严重。

表 2.2-2　不同处理沟道参数与淤积量

处理号	防护方法	底宽(m)	沟深(m)	边坡系数	淤积量(m^3/m)	倒塌排水涵(座)	最大沟深(m)	最小沟深(m)
处理01(农沟)	无防护	1.0	1.50	2.00	1.53	2	0.95	0.64
处理02(农沟)	草苫防护	1.0	1.50	2.00	0.57	3	1.25	1.03
处理03(浅沟)	无防护	2.0	0.50	1.00	0.15	0	0.56	0.41
处理04(农沟)	无防护	1.0	1.50	2.00	1.51	2	1.09	0.65

注:①农沟、浅沟每隔150 m测定淤积后横断面,每条沟测5个断面;②以原设计横断线为基准线,位于该线以上部分为淤积量,坍塌部分不重复计算;③测试日期2013年4月28日和29日。

2.2.3.2　节约用地效果

参考表2.2-3:与处理01、处理02和处理04相比,处理03浅沟占地大幅度减少。在本试验中,由于浅沟可作为生产用路使用,传统的"沟-渠-路"模式变为"浅沟(生产用路)+渠道"模式。每块条田(150 m×600 m)可增加耕地5 700 m^2,耕地率可增加6.34%。若农沟(渠)间距为100 m,节地率可达到9.5%。这对于耕地紧张的江苏省而言,具有特别的意义。

表 2.2-3　不同处理沟道占地量

处理号	上口宽(m)	沟堤及堤外沟宽(m)	沟占地率(%)	农渠+生产用路宽(m)	沟渠路宽(m)	沟渠路占地率(%)
处理01	7.0	5.5	8.33	3.80	16.30	10.87
处理02	7.0	5.5	8.33	3.80	16.30	10.87
处理03	3.0	1.0	2.66	2.80	6.80	4.53
处理04	7.0	5.5	8.33	3.80	16.30	10.87

注:①沟道占地包括农沟、沟堤和沟堤外排水沟;②生产用路宽度为1.5 m,结合农渠渠堤建设;③沟渠路占地包括渠堤、渠(道)外坡占地;④占地宽度小于1.0 m的线状构造物不计入土地占用。

2.2.3.3 土壤脱盐效果

根据2012年的汛期(5月11日开始,9月16号结束)降雨排水脱盐试验资料,该段时期内共降雨498.9 mm,灌水100 mm。该时段内,由于频繁的降雨,加上初期的灌溉淋洗脱盐,土壤处于淋洗状态,土壤含盐量迅速降低。汛期结束后,处理01、处理02和处理03表土100 cm土壤脱盐率分别为26.2%、33.4%和66.5%,表明“浅沟+暗管”模式具有更好的排水脱盐效果。而在非汛期,由于降雨量稀少,加上冬、春季节风力较大,土壤由淋洗转为蒸发状态,地下水和土壤深层水盐开始上移,至第二年结束(2013年4月29日)时,100 cm土壤的脱盐率分别为15.0%、16.2%和36.4%,以“浅沟+暗管”排水模式最佳,其脱盐速度,与农沟相比,提高17%~20%,达到预期目标。对于“农沟+暗管”排水的处理04,在良好的农沟维护条件下,其排水效果良好。由于降雨初期排水效果好,表层脱盐效果与“浅沟+暗管”差不多。但在实际运行中,若考虑农沟淤积,部分排水暗管的出水口会被预埋,脱盐效果会大打折扣。

2.2.3.4 经济效益评价

费用分析:根据土地整理预算定额,处理01沟道开挖和堤顶修筑的费用2.56万元,毛沟排水涵6座的费用0.9万元,合计3.46万元。处理02为在处理01基础上增加草苫防护费用0.48万元(以后每3年重新铺设1次),共计3.94万元。处理03建设费用17.64万元,包括浅沟开挖和表土压实的费用0.54万元,集水管、吸水管埋设与安装的费用16.2万元,毛沟排水涵6座的费用0.6万元,跌水的费用0.30万元;若采用暗管+农沟模式(处理04),则需要沟道开挖和堤顶修筑的费用2.56万元,毛沟排水涵6座的费用0.9万元,暗管开挖铺设与出水口安装的费用13.50万元,合计16.96万元,与03处理差异不大(低0.69万元)。因此,对于采用暗管排水的地区,该模式具有较好的经济性。

效益分析:①维修成本降低产生的效益。随着土壤熟化和含盐量降低,植被将逐渐恢复。为简化计算,淤积量按照每年递减10%进行估算,人工清淤土方按照当地价格6.0元/m^3计算。②新增耕地的经济效益。处理03和处理01、处理02相比增加耕地0.57 hm^2。新增耕地效益初期5年按照0.60万元/hm^2计算,以后每年按照1.2万元/hm^2计算。处理02的效益估算方法与处理01相同。③增产效益。由于土壤脱盐加快,土壤含盐量降低,作物增产,增产效益按每年0.15万元/hm^2(每亩100元)计算,则每块条田每年约增收1.2万元。故第一年,以上各项产生的经济效益为20 928元,其余各年按照上述方法计算,并按照折现率进行折算。

经济效益评价:与现有“农沟+暗管”模式相比,浅沟具有相同的排水脱盐效果，而沟道维护成本低、占地少，显然更具优势。若取社会折现率7%，与处理01相比，需9年收回投资；与处理02相比，需要10.5年左右(期间重新铺设草苫2次)；与04处理相比，在只考虑清淤费用和节约耕地的情况下，则2年即可收回投资。根据目前已有经验，暗管使用寿命一般在20～30年以上。因此"浅沟＋暗管"模式具有经济可行性。根据江苏、山东等地滨海盐碱地的沟渠布置模式，农沟的间距一般在50～90 m左右[63][64]，若考虑渠道节地和建设效益，经济效益将更高。

2.3 浅埋秸秆层脱盐与防盐技术

为了解决大田生产中盐分在蒸发作用下随着毛管水上升至土壤表层并集聚的问题，已有多项研究致力于利用秸秆、砂石及人造材料等隔离层隔断表层土壤，接着通过灌水淋洗降低土壤的含盐量，从而缓解植株受到的盐分胁迫[65-69]。有课题组在渤海湾的研究表明，通过将120 cm的地表土挖起，并填充20 cm的卵石层，回填120 cm原土层后，铺设滴管，能够有效降低土壤表层盐分，促进景观植物生长，提高其存活率。然而上述方法需要耗费大量的人工费用以及材料成本，虽然相较于客土等之前常用的方法等更有效，并节省大量经济费用，但此种方法若要进行大面积推广，仍会受限于较大的经济投入和人工投入。

滨海地区存在大量秸秆，由于运输成本高，回收效益低等状况，当地农民多采用就地焚烧的方法处理，不仅造成资源的浪费，还会因焚烧严重影响空气质量。如何合理有效地就近利用上述秸秆资源，已成为当地政府亟待解决的问题，其中秸秆还田技术是一种越来越被广泛关注和使用的提升土壤肥力和改善农田生态环境的农艺措施，其不仅能够加速生土熟化、增加土壤有机质、改良土壤理化性质，并且还有利于作物生长，改善农田的生态环境以及提高作物产量。通过秸秆覆盖及深层埋设不仅会对土壤水分的保蓄作用和土壤保肥作用产生有益的影响，而且还可达到破坏土壤毛管的作用，并达到减少土壤表层返盐的目的，其已成为土壤脱盐、控盐技术研究的一个重要方向[70]。

2.3.1 试验设计和方法

通过室内土柱模拟试验，研究盐分不均匀分布对作物生长发育指标、产量指标、品质指标以及离子含量的影响，分析出现上述变化的机理，通过产量、干物质质量、品质和水分利用效率等指标，确定合理的根区盐渍化比例阈值以及隔离层的合适埋深。试验包括：淋洗入渗试验(无地下水水位控制)和潜水蒸发试验(控制不同地下水水位埋深)，其中，入渗试验主要研究秸秆隔离层(埋深25 cm)对土壤入渗

规律、水分分布以及盐分分布的影响。潜水蒸发试验主要研究在不同地下水水位埋深(60 cm,80 cm,100 cm)和秸秆隔离层(埋设深度 25 cm)条件下对盐渍土的水分分布、盐分分布以及累积增发量的影响。

2.3.1.1 淋洗入渗试验

本试验于 2015 年 4 月至 9 月在河海大学南方地区高效灌排与农业水土环境教育部重点实验室温室大棚内开展,试验所用土样取自东台市滨海滩涂地区,试验所用土样粒径级配为:粉粒(0.002～0.02 mm)72.6%,砂粒(0.02～2 mm)24.5%,黏粒(0～0.002 mm)2.9%,类型为粉砂土。试验所用的土样以 NaCl 为主,是氯化物类盐渍土。在试验开始前把土样摊开风干、磨碎,过 1 mm 直径筛去除各种杂物后再过 2 mm 直径筛。测定试验土样的饱和含水量为 38.2%,田间持水量为 17.5%,通过土壤烘干法测得试验土样的初始土壤含水量为(4.2±0.06)%,烘干残渣法(土水比 1∶5)测得试验所用土样的初始土壤含盐量为(4.0±0.10)g/kg。

本试验圆柱体土柱高度 120 cm,直径 30 cm,土柱底部密封性良好,距土柱底端向上距离为 5 cm 处布置直径为 2 cm 排水孔,并且从排水孔往上每 10 cm 处设置一圈直径为 2 cm 的取土孔,每一圈取土孔数量为 4 个,每个都均匀布置在土柱四周。在装土开始之前预先在土柱底端铺上厚度约 8 cm 的 4 层(细石英砂、粗石英砂、卵石、棱石)砂石反滤层以防其上层的细颗粒粉砂土堵塞排水孔,土样按照 1.34 g/cm^3 的固定密度分层装填,由于本试验所选用的土样是无结构粉砂土,土壤质地相对比较均匀,所以装土时以 10 cm 作为每次的控制深度即能达到控制要求,每压实一层之后进行刷毛再开始继续装填下一层,在装土过程中一直重复进行该操作,以此来保证土层之间接触良好并且具有良好的均匀性。

在淋洗入渗试验过程中设定 2 个变量:NS(无秸秆隔离层)处理、YS(埋设秸秆隔离层)处理,分别设定了 9 个重复;NS 处理分层装土一直到距离土柱顶端深度 10 cm 处为止;YS 处理装土至距离土柱顶端 35 cm 深度时,铺设长度约 3～5 cm 的秸秆质量 200 g,进行压实操作之后的秸秆隔离层厚度大约为 3 cm,隔离层密度大小为 0.095 g/cm^3,埋设隔离层后继续装土,秸秆隔离层的埋设深度为距离土壤表层 25 cm 处。在距离土表深度为 15 cm、35 cm、55 cm 处分别设置 5 个 TE 探头,运用 EM 50 采集不同时间、不同深度的土壤水盐数据;分别在 0～5 cm 与 0～30 cm土层深度处设置 TDR 探头,可分别得到 0～15 cm 深度和 0～30 cm 深度的土壤水分含量数据。在土柱装填完毕之后,即开始进行淋洗入渗试验,试验淋洗所用水样为去离子水。室内土柱试验处理见表 2.3-1。

表 2.3-1 室内土柱试验设计

处理	T1	T2	T3	T4	T5	T6
地下水水位深度(cm)	60	60	80	80	100	100
有无隔离层	有	无	有	无	有	无

不同地下水水位埋深对土壤水盐运移影响不同，有学者的研究结果表明沿海150 cm左右地下水深度是该地区的地下水埋深的临界深度值，在初春时节，该地区的地下水水位埋深在1 m以下，淋洗入渗试验研究在不考虑地下水埋深影响的情况下，秸秆隔离层对土壤水盐运移规律的影响，每次淋洗灌水量相同，均为5 L，一共灌水5次，每次灌水的时间间隔为5 d，运用TDR和EM 50采集数据并通过取土孔取样来测定不同土层深度的土壤水分含量和土壤盐分含量数据。淋洗入渗阶段每次灌水5 d后，通过取样孔轮流取样，取样位置不重复，取土后用相同含水量和含盐量的原状土回填，取样位置距土表10 cm、20 cm、30 cm、40 cm、50 cm、60 cm、70 cm、80 cmn，取样后分别用烘干法和电导率法（土水比1∶5）测定土壤含水量和含盐量，并对TDR和EM 50数据进行校正。

2.3.1.2 潜水蒸发过程试验

淋洗试验结束后，多余淋洗水分由土柱下部的排水孔排出，蒸发试验以淋洗入渗试验过程结束后的土壤含水量、土壤含盐量结果作为潜水蒸发过程的初始条件，把马氏瓶（高60 cm，直径12 cm）连接在土柱下部的排水孔处来控制地下水水位并供给土柱水分，配置矿化度为10 g/L的NaCl溶液作为供水水源。设置6个不同处理，其中每个处理都设置3个重复，分别设定了60 cm、80 cm、100 cm三个不同的地下水位埋设深度和有无埋设秸秆隔离层处理。其中T1-C、T3-C、T5-C处理秸秆隔离层深度为25 cm，T2-C、T4-C、T6-C处理没有埋设秸秆隔离层。T1、T2地下水水位埋深为60 cm，T3，T4地下水水位埋深为80 cm，T5、T6地下水水位埋深为100 cm。各处理在地下水位稳定后，开始蒸发试验过程。通过记录马氏瓶刻度的变化值（每天10:00）作为处理计算土柱累计蒸发量的依据。每隔10 d取样1次，取样位置分别距土表10 cm、20 cm、30 cm、40 cm、50 cm。取样后分别用烘干法和电导率法（土水比1∶5）测定土壤含水量和含盐量，并对TDR和EM 50数据进行校正。

2.3.2 试验结果和分析

2.3.2.1 淋洗入渗过程秸秆隔离层对土壤入渗规律的影响

(1) 秸秆隔层对入渗时间的影响

秸秆隔层的存在改变了土壤的结构，显著影响了土壤水分的入渗时间。第一

次淋洗 YS(有秸秆隔层处理)与 NS(无秸秆隔层处理)入渗时间无明显差异。随着灌水的进行,YS 处理与 NS 处理差异性越来越明显,YS 处理入渗时间明显较 NS 处理时间长,无隔离层处理相对趋于稳定,可见秸秆隔离层显著延长了土壤水分的向下入渗时间,大大降低了水分的入渗速率,这主要是因为隔离层的存在导致土壤结构改变,致使土壤吸力变化造成土水势的差异所引起。

(2) 秸秆隔离层对土壤含水量的影响

秸秆隔离层的存在对土壤含水量的变化产生了显著的影响。埋设秸秆隔层处理(YS 处理)显著提高了秸秆隔离层上部土层(0～15 cm)的土壤含水量,使淋洗入渗的结果与均质土处理(NS 无秸秆隔层)有明显的区别。NS 无隔层处理 0～15 cm, 15～30 cm 的土壤含水量变化趋势基本保持一致,明显低于隔离层处理 0～15 cm 的土壤含水量。每次灌水后秸秆隔离层处理与无秸秆隔离层处理土壤含水率都表现为先急剧增大再缓慢变小的趋势,YS 埋设秸秆隔离层处理 0～15 cm 的土壤含水量平均为 31.69%,NS 无隔离层处理的土壤含水量平均为 22.28%。

秸秆隔层处理明显增加了淋洗入渗水分在隔层上部土层的蓄滞时间,从而大大降低了土壤水分的向下入渗的速率。在第 1 次灌水之后 YS 秸秆隔层处理 0～30 cm 土层深度的土壤含水量即开始明显增大,YS 处理 0～10 cm 深度的平均土壤含水量比 NS 无隔层处理大了约 39%,YS 比 NS 处理在 10～20 cm 深度的平均土壤含水率增大了约 13%,YS 比 NS 处理在 25～30 cm 深度土层的土壤含水量低了约 62%;在第 2 次灌水后,NS 处理各层土壤含水量均处于 12%与 15%之间,YS 处理 0～10 cm 深度的平均土壤含水量比 NS 处理高了 55%,YS 处理 10～20 cm 深度土层平均土壤含水量比 NS 处理高约 55%,YS 处理 25～30 cm 深度土层平均土壤含水量比 NS 处理低了约 16%。

(3) 秸秆隔离层对盐分分布的影响

秸秆隔层的存在显著影响土壤的淋洗入渗过程,导致隔层处理土壤含水量的变化,从而不同深度土层的土壤含盐量也有显著的差异性。NS 处理土壤盐分向下运移速率较 YS 快,在第 1 次灌水之后,YS 处理 10～30 cm 深度土层的土壤含盐量明显比 NS 处理大,但是在 30～50 cm 深度土层的土壤含盐量比 NS 处理小;在第 2 次灌水之后,YS 处理 10～50 cm 深度土层的土壤含盐量均比 NS 处理大;第 3 次灌水后,YS 处理 10～30 cm 深度土层的土壤含盐量与 NS 处理无显著差异,YS 处理 30 cm 以下土层土壤含盐量比 NS 处理大;第 4 次灌水之后,YS 处理 10～40 cm深度土层的土壤含盐量比 NS 处理小,但 40 cm 以下土层却表现出截然相反的结果。在入渗试验结束后 YS 处理 0～50 cm 深度土层的土壤含盐量比 NS 处理低,但 50 cm 以下土层则表现出相反趋势。在入渗试验过程结束后,YS 处理 0～

30 cm 深层土层的土壤含盐量较 NS 处理减小了 23.96%，因此，埋设秸秆隔离层可有效增强淋洗脱盐效果。

2.3.2.2 蒸发过程中秸秆隔离层对累积蒸发量和水盐分布的影响

(1) 秸秆隔离层对土壤含水量分布的影响

在潜水蒸发过程中，因为秸秆隔离层阻断了水分向上运动的通道，不同处理之间表现出明显的差异性，都呈现出隔离层下部的土壤含水量较高，隔离层上部的土壤含水量较低：在 0～20 cm 深度土层的土壤含水量表现为 T2-C>T1-C，T4-C>T3-C，T6-C>T5-C，埋设秸秆隔离层处理 0～20 cm 土层深度的平均土壤含水量较无秸秆隔离层处理低了 18%；30 cm 以下土层随着深度增加、不同处理土壤含水量差异逐渐减小；T1-C、T3-C、T5-C 处理较 T2-C、T4-C、T6-C 处理分别减小了 17.8%、19.4%、17.4%；随着潜水蒸发过程的持续进行，埋设秸秆隔离层处理与无隔离层处理上层土壤含水量之间差异越来越显著。在 0～20 cm 土层，相同地下水位状况下，表现为无秸秆隔层处理土壤含水量显著高于有隔层处理。

(2) 秸秆隔离层对土壤蒸发的影响

埋设秸秆隔层显著减小了土壤的累积蒸发量，当地下水水位埋深越深时，对土壤蒸发抑制作用越明显：不同处理间的累积蒸发量关系表现为 T2>T4>T6>T1>T3>T5；蒸发试验结束后，T2 处理的累积蒸发量比 T1 增大了 80.74%，T4 处理累积蒸发量比 T3 处理增大了 80.55%，T6 处理累积蒸发量比 T5 处理增大了 83.83%，整体上表现为埋设秸秆隔离层处理较没有秸秆隔层处理平均累积蒸发量减小了 81.71%；T2 处理累积蒸发量较 T4 处理增大了 16.63%，较 T6 处理增大了 76.48%，T1 处理累积蒸发量比 T3 处理高 8.65%，约为 T5 蒸发量的 1.12 倍。

(3) 秸秆隔离层对土壤含盐量分布的影响

随着潜水蒸发过程的持续进行，土柱底端土壤和高矿化度地下水中的盐分随着水分不断地向上运动，从而造成土壤含盐量的变化：0～40 cm 深度土层，埋设秸秆隔离层处理(T1-C、T3-C、T5-C)的土壤含盐量明显小于没有埋设秸秆隔层(T2-C、T4-C、T6-C)处理；在 0～25 cm 深度，T1 处理的土壤含盐量比 T3 高 2.96%，T3 处理土壤含盐量比 T5 高 16.86%，T2 处理土壤含盐量比 T4 高 16.89%，比 T6 高 23.00%，T2 处理土壤含盐量分别是 T1、T3 和 T5 处理的 1.69 倍、1.75 倍和 2.05 倍，T4 处理土壤含盐量分别是 T1、T3 和 T5 处理的 1.44 倍、1.50 倍和 1.76 倍，T6 处理土壤含盐量分别是 T1、T3 和 T5 处理的 1.37 倍、1.42 倍和 1.67 倍；在地下水水位一致的条件下，隔离层处理 0～25 cm 深度的土壤含盐量明显小于无隔离层处理(T1<T2，T3<T4，T5<T6)的土壤含盐量。隔离层表现出明显的抑制土壤返盐效果，但不同的地下水水位深度对隔层以上土壤返盐的影响没有明显

的差异,说明适当的浅地下水水位即可达到抑制土壤返盐的目的。

2.3.2.3 室内土柱试验结果机理分析

秸秆隔离层中存有大量的大孔隙,其存在严重破坏了土体结构的连续性,导致在土层和秸秆隔离层的交界面形成了“空隙差异界面”从而改变了水分的入渗能力。当隔离层上层土壤的含水量达到某一个临界值时,水分可以穿过隔离层继续向隔层以下的土壤下渗,在土壤隔层上层溶解的盐分也将下渗到隔离层下部的土层,增强了灌水淋盐的效果,因此秸秆隔层明显降低了隔离层上部土层的土壤含盐量,增加了深层土壤的含盐量。

在潜水蒸发过程,秸秆隔离层一定程度上阻断了土壤的毛细通道,使得深层土壤中的水分不能顺利地通过毛细管的作用向土表运动,大大降低了土壤的蒸发速度,导致埋设秸秆隔离层处理的累积蒸发量明显小于没有秸秆隔离层处理的累积蒸发量,由此造成了土壤含水量和含盐量的差异。无秸秆隔离层处理的土体结构完整性好,水分运移通畅,下层土壤中和地下水位中的盐分在土壤蒸发作用下随水分不断向上运移,导致无秸秆隔层处理土体上层的土壤含盐量明显高于埋设秸秆隔离层的处理。

2.4 土壤固化与生物脱盐技术

本节将通过生物种植措施,对盐碱地改良效果进行研究,综合分析其投资成本、治理效果及效益。为此,选取江苏省东川农场作为试验种植场地,研究狗牙草根、高羊茅和黑麦草三个品种与聚丙烯酰胺(PAM)协同处理后的盐碱地土壤改良效果。

2.4.1 生物脱盐技术概述

随着化学工艺和生物工程技术的进步,用于土壤固化改良、预防水土流失的各类药剂出现,也为土壤水土流失的预防治理,提供了一种新的手段。冒建华[70]提出,利用聚丙烯酰胺(PAM)结合黑麦草、高羊茅和紫花苜蓿等植物,治理黄土高原土壤,可起到较好地改善土壤理化性质,预防土壤固化、保持土壤湿润的目的;张婉璐[71]用 PAM 对河套灌区盐渍土进行改良,结果显示 PAM 可以明显改善河套灌区非盐渍土、轻盐渍土和中盐渍土的理化性状,促进土壤中团聚体的形成;单志杰[72]用 EN-1 型土壤固化剂对陕西安塞的黄绵土进行室内培养试验,结果表明 EN-1 型试剂可以显著改良土壤的颗粒成分,提高土壤的抗侵蚀能力。

生物修复主要利用生物材料对盐碱地进行改良,分为有机粪肥、作物轮作、种植耐盐作物以及植物修复，其相对于物理改良措施和化学改良措施，价格低廉、环保有效，同时能产生一定的经济效益，性价比较高。种植盐生植物，可以充分利用盐生植物吸收土壤中盐分并将其聚集在体内的特性，通过植物部分收割的形式将盐分移除。关胜超[73]、赵可夫[74]等研究了不同盐生植物（包括盐爪爪、白刺、中亚滨藜和盐地碱蓬）对盐碱土的改良效果，发现这些植物均可以显著降低土壤中的钠离子含量，其中，盐爪爪对土壤中钠离子的吸收能力最强。但是，一些研究认为，盐生植物落叶后，叶子中积累的盐分会在叶片腐烂分解后回到土壤中去，这会削弱盐生植物移除盐分的效果。

2.4.2 试验方案设计

项目小区种植试验选址于江苏省东川农场，始建于20世纪90年代，经过近20年的围垦开发，场区内已形成了一批能够高产稳产的标准农田，初步呈现出以水稻、西瓜、蔬菜为特色的农业种植片区。但是，受围垦之处条件的限制，场区内地面高程不一，少部分地块地面高程只有2.8 m（废黄河零点），与汛期警戒水位基本持平，受当地高含盐量浅层地下水的作用，渍害现象极易发生[76][77]，加之土壤中的有机质含量较低，沙性重，在汛期集中降雨冲刷下，易流失坍塌。

2.4.2.1 牧草选种对比

通过种植部分牧草品种，结合土壤改良剂聚丙烯酰胺（PAM）的应用，进行土壤改良试验。聚丙烯酰胺（Polyacrylamide，PAM）由丙烯酰胺单体聚合而成，是一种水溶性线型高分子物质。实际实用中，PAM具有下列特性：①絮凝性，PAM能使悬浮物质通过电中和，架桥吸附作用，起絮凝作用；②黏合性，能通过机械的、物理的、化学的作用，起黏合作用；③降阻性，PAM能有效地降低流体的摩擦阻力，水中加入微量PAM就能降阻50%～80%；④增稠性，PAM在中性和酸性条件下均有增稠作用，当pH值在10以上时，PAM易水解，呈半网状结构时，增稠将更明显。

2.4.2.2 试验内容

不同植物在土壤改良剂下对耐盐碱能力的监测：牧草种植试验区选址于东台市境内的东川农场，该场地处江苏省滨海盐渍土区中心地带，滨海盐渍土在当地广泛分布。由于滨海盐渍土壤含盐量高，试验选用的牧草品种应具备一定耐盐碱能力，且在当地有一定的种植历史和规模。经比选，决定采用狗牙根（图2.4-1）、高羊茅（图2.4-2）和黑麦草（图2.4-3）三个牧草品种，同时结合杞柳和意杨两个树种，采用聚丙烯酰胺（PAM）作为土壤改良剂，进行小区水土保持种植试验。

如图2.4-4所示，试验区南北长400 m，东西宽10 m，坡比1∶3，区内自北向南沿平行于一排沟方向单行布设48个试验分区，每分区面积均为100 m^2（10 m×10 m）。

图 2.4-1　东川农场试验区狗牙根长势

图 2.4-2　东川农场试验区高羊茅长势

图 2.4-3　东川农场试验区黑麦草长势

图 2.4-4　东川农场试验区(局部)布置

为避免相邻分区间试验结果干扰,分区间均设置隔离行,行宽 1 m,且分区左右两侧埋设高度为 0.5 m 的混凝土隔板以隔离,埋设后的隔板上沿高出地表 0.2 m。参试品种(狗牙根、高羊茅和黑麦草)于当年 3 月播种,土壤改良剂(PAM)控制四个剂量水平:高剂量(5 g・m^{-2})、中剂量(3 g・m^{-2})、低剂量(1 g・m^{-2})和对照 CK(0 g・m^{-2}),每剂量水平重复 2 次;各试验分区采用随机方式排布。小区种植试验中,主要观测指标有:土壤侵蚀量、土壤腾发量、雨水截留量、牧草发芽率、生育期、覆盖度、产草量、经济效益等指标。

2.4.2.3　试验方法

(1) 野外观测指标及方法

①自然降雨量:在试验场地附近布设一套雨量筒,用于测定试验期间单场降雨量。每次测量均在雨后次日上午 9:00 准时进行,遇连续降雨则顺延。

②土壤腾发量:取试验分区深 1.5 m、直径 0.4 m 的原状土柱装于有底 PVC 测桶内(表土层栽植牧草),测桶底部与马氏瓶间经塑料软管相连,如图 2.4-5 所示。利用马氏瓶的升降调节测桶内原状土柱水位,使之与观测井中地下水位一致,依据马氏瓶内水量增减计算出分区单位面积土壤腾发量。

③棵间蒸发量:在试验小区中,布置 3 套有底微型蒸渗器,利用短时间内(1～2 d)无降雨条件下蒸渗器中土壤水分散失量,近似计算出牧草的棵间蒸发量。

④雨水截留量:由牧草拦截与土壤下渗两部分组成,利用试验分区内布设的雨量筒与投影面积计算出自然降雨量 Q_T,在分区坡面底部设置独立集水沟,用于测量降雨后的地表径流量 Q_S,则雨水截留量 $Q=Q_T-Q_S$。

⑤牧草出苗率:取 100 粒种子,进行牧草出苗率试验。将 100 粒牧草种子均匀

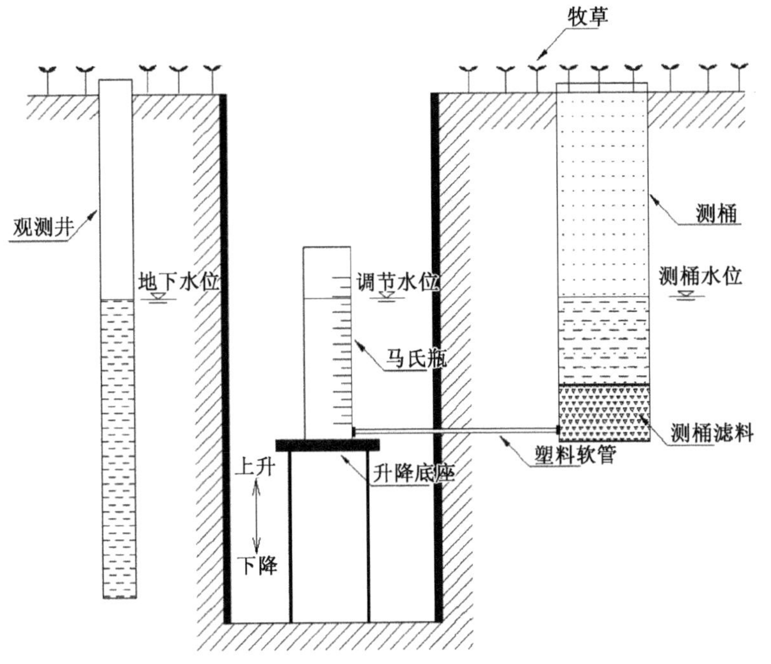

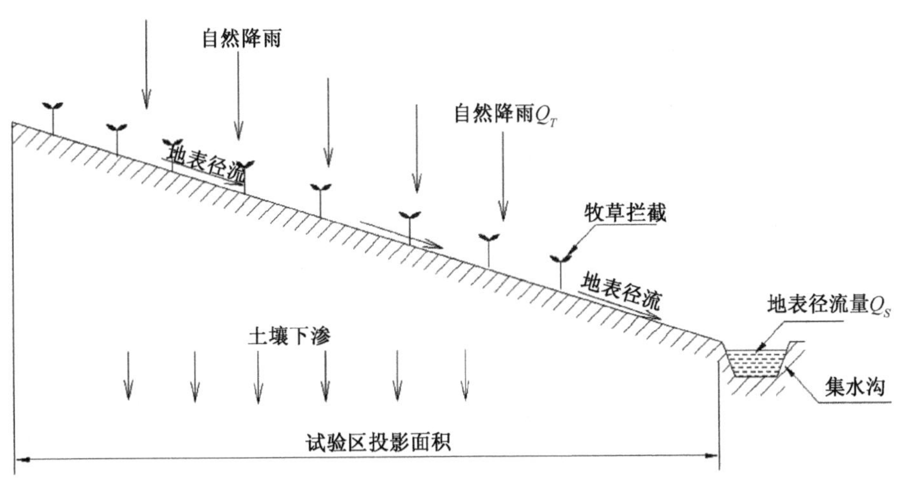

图 2.4-5　种植小区土壤腾发量测定装置与雨水量测定示意图

播种于 1 m^2 的小区中，7～12 d 后，牧草种子发芽并长至地面 2～3 cm 高处，计算实苗数 F，同时取 100 粒牧草种子，采用毛巾法，测算出发芽数 M，则牧草的出苗率计算结果为：

$$E=\frac{F}{M}\times 100\% \tag{2.4-1}$$

式中:E—出苗率(%);F—实苗数(株);M—发芽数(粒)。以牧草出苗率的差异判断外界土壤、气候等因素对牧草生长的影响程度。

⑥牧草覆盖度:针刺法。选样方 1 m^2,借助钢卷尺和样方绳每隔 10 cm 的标记,用粗约 2 mm 的细针,顺序在左右间隔 10 cm 的点上(100 个),从植被上方垂直插下,针与植物相接,则为"有",如不接触,则为"无"。测定结束后,将所有"有"的情况统计出来,其总量除以 100,即为牧草覆盖度。

⑦牧草产草量:牧草成熟期中,测定小区 1/2 面积的第一次产草量,至草生长可利用时,再测定再生草产草量,再生草可以测 1～2 次。经济产量以距离地面 4 cm 割下的产量计算,将累次收割的产量作为牧草产量。

⑧牧草根系密度:根系密度采用分层取样法测得,取样时间根据植物长势而定,将单位面积中不同深度范围内植株根系分别取出洗净,并置于 105 ℃烘箱中烘干至恒重,称得其烘干重并计算其根系数量。

(2) 室内测定指标及方法

①土壤密度:土壤容重是指土壤在未受到破坏的自然结构情况下,单位体积中的质量,通常以 g/cm^3 表示。本次试验,采用环刀法进行测定。

②土壤全盐:称取过 2 mm 筛的风干土样 40 g,水土比 5∶1 混合后充分震荡静止后过滤,浸出液作电导率测定,利用电导率推算出土壤中的全盐量,测定电导率前应采用 0.02 mol·L^{-1}的氯化钾进行标定。

③土壤颗分:取过 0.1 mm 筛的风干土样 50 g(精确至 0.01 g),置于 250 mL 烧杯中,加入六偏磷酸纳作为分散剂,放于电热板加热沸腾 1 h 后,倒入 1 L 容量筒中并定容,搅拌 1 min 后用比重计读数,依据此数值计算出土壤的不同粒径分配。

④有机质测定:使用减量法在称量管中称取约 0.5～1.0 g(精确到 0.000 1 g)过 100 目筛孔的土壤样品,将土样移入干燥的硬质玻璃管中,加入 0.1 g 左右的硝酸银作为氯化物屏蔽剂后,再加入 5 mL 的浓硫酸和 5 mL 的重铬酸钾溶液作为氧化剂,在 170～180 ℃油浴中加热氧化后,用邻菲罗啉作指示剂,硫酸亚铁溶液滴定,计算出消耗的重铬酸钾量,以此推算出土样中的有机质含量。

试验初期,各试验区土壤主要理化性状如表 2.4-1 所示。

表 2.4-1 试验区土壤(0～30 cm)理化性状

基地名称	颗粒组成(%)			孔隙度(%)	密度 10^3 kg/m^3	全盐(g/kg)	有机质(g/kg)	pH 值
	沙粒	粉沙	黏粒					
东川农场	35.5	63.2	1.3	43.5	1.39	5.34	6.2	8.43

2.4.3　牧草改土效果分析

土壤中有机质含量的增减关系到土壤理化组分的变化，其值的大小与土壤是否易于侵蚀关系极为密切。试验区所在地土壤普遍沙性较重，有机质含量偏低。通过种植牧草、培肥改良土壤的措施，使得土壤中的有机质含量显著提高。试验期前后分别对土壤取样进行测定，分析其有机质含量变化情况，测定结果见图 2.4-6。

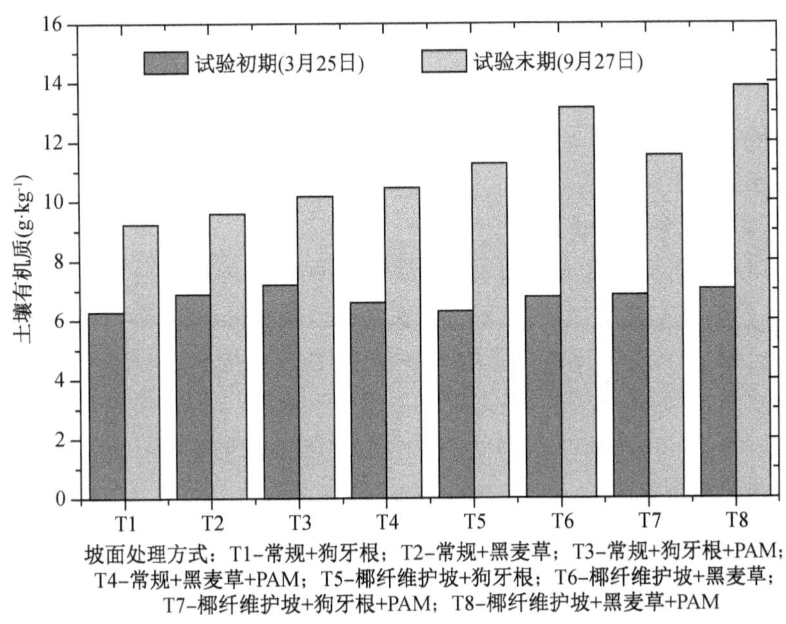

图 2.4-6　两种护坡方式下土壤中有机质含量变化

从图 2.4-6 可知，在坡面种植牧草可有效增加土壤中有机质含量。种植牧草后，土壤中的有机质含量由试验初期的 6.27～7.19 g·kg^{-1} 提高为试验末期的 9.27～13.87 g·kg^{-1}，提高率为 39.2%～97.3%；同一牧草品种下，椰纤维护坡方式较常规方式培肥土壤的效果好，有机质含量增幅为 13.5%～37.3%。椰纤维护坡方式下施用 PAM 种植黑麦草的改土效果最为显著。

2.5　沿海垦区土壤脱盐化学改良剂优选

江苏沿海地区盐碱土的改良一般采用种稻洗盐、暗管排盐降渍等方法，对利用化学改良剂进行改良的却很少，而各种盐碱土化学改良制剂使用方便，生产中只需配合农事随水浇灌,易被农户掌握、见效快,因此此类产品有着较大的市场推广前景。本节建立盐碱土化学改良剂优选试验方法,并选用盐碱丰、施地佳、禾康等 3 种化学改良剂进行试验,以验证化学改良剂对沿海垦区盐碱土的改良效果,为江苏沿海地区化学改良剂的推广应用提供参考。

2.5.1 沿海盐碱地性状指标与分级

未经改良的盐碱地由于土壤盐类含量较高,土壤通透性差,土壤中好气性微生物活动差,养分释放慢,渗透系数低,影响农作物根系吸收养分、水分及根系的呼吸作用,最终导致农作物生长不良、黄化病及烂根,甚至死亡。因此,分析掌握沿海地区盐碱土的含盐量、pH 值,并对其进行盐度、酸碱度等级划分,是后期盐碱地改良技术实施的重要依据。

2.5.1.1 沿海盐碱地盐度和 pH 值

下面以滩涂资源相对丰富的东台沿海地区为代表,对其主要垦区 0～40 cm 的土壤取样,检测样本盐度、pH 值,作为相关盐碱度等级分析的基础数据。东台沿海垦区是由长江、黄河等河流所挟带的大量泥沙,在海水洋流的长期作用下,形成的滨海冲积平原,原为浅水海滩,经过逐年围垦成为农田。在成陆过程中,由于长期受海洋潮汐的侵蚀和浸渍,土壤中的盐分组成与海水成分基本一致,以 Cl^- 和 Na^+ 为主。土壤质地为沙壤土,平均粒径 0.06 mm 左右。

东台沿海垦区 2011 年的检测数据可参考文献[77]:在 0～20 cm 地块中,土壤的含盐量的变化区间是 0.390‰～19.967‰,变化区间非常大,但是 95.7%的土壤含盐量在 4‰以上。土壤 pH 值变化区间在 8.05～9.00 之间变化不大,约 60%的值在 8.5 以下,其余超过 8.5 的比例偏高;在 20～40 cm 地块中,土壤的含盐量的变化区间是 0.383‰～14.183‰,土壤 pH 值变化区间从 7.82～9.03 之间变化。根据江苏省水利科学研究院 2015 年的最新检测数据,东台沿海垦区土壤 pH 值在 8～9之间,0～40 cm 土体含盐量在 1‰～15‰,平均含盐量在 4‰以上,与 2011 年检测结果相当。

2.5.1.2 沿海盐碱地盐度和酸碱度分级

盐度是衡量盐碱地的主要指标,业内尚无统一的盐化度分级标准,本次研究采用的盐碱地盐化度分级指标如下(我国大多数以 30 cm 土壤耕层来计算含盐量):轻度盐化土,土壤含盐量 1‰～2‰;中度盐化土,土壤含盐量 2‰～4‰;重度盐化土,土壤含盐量 4‰～6‰。衡量盐碱地的另一指标是酸碱度,即 pH 值,我国土壤酸碱度可分为 5 级,即强酸性为 pH<5.0,酸性 pH 为 5.0～6.5,中性 pH 为 6.5～7.5,碱性 pH 为 7.5～8.5,强碱性为 pH>8.5。由此可知,东台沿海垦区平均含盐量在4‰以上，为重度盐化土。土壤pH值一般在8～9之间，其中约40%的土壤为强碱性，其治理不仅要考虑治盐，也要考虑脱碱。

2.5.2 盐碱地脱盐化学改良剂优选

在同一试验环境下，通过添加不同的化学改良剂(包括禾康、施地佳、盐碱丰)，分析试验前后土壤盐分、pH值的变化情况，以此来优选化学改良剂。

2.5.2.1 重盐土改良剂测筒试验优选

(1) 试验方法

对不适合农作物生长的重盐土，设计测筒试验，在施用相同浓度、用量的化学改良剂后，观测土壤盐分、pH增减变化情况。其试验设置和步骤如下：

①测筒直径ϕ 19.5 cm，高24.5 cm，筒底设排水孔，孔内填棉纱布作为砂滤层，外接塑料软管作为排水口，以控制排水；

②在桶底设置4 cm砂滤层，棉纱布以上为18 cm深、盐分含量>6‰的盐土。盐土入筒后加水浸泡，筒内不向外排水，水通过蒸发自然风干，待土体密实至与东台垦区原状土相同时再测量盐分、pH值，作为测筒初始盐分、pH值，见表2.5-1；

③根据试验对比的需要，测试土壤包括空白土壤、添加禾康土壤、添加施地佳土壤、添加盐碱丰土壤共4个类别，每个类别包含3个平行样，共计12组测筒试验(表2.5-1)；

④每个测筒设表层0～5 cm，15～20 cm两个盐分观测层，埋设南京土壤所生产的FJA-10型盐分传感器；

⑤添加改良剂的测筒，改良剂取0.4 g，加水稀释至800 mL，倒入测筒后开始计时，24 h后测筒排水，灌排以7 d为一周期，除第一次施用改良剂外，其后均用800 mL清水灌洗。

表2.5-1 各测筒前期盐分、pH值

测筒标签	土壤层位	盐分(‰)	pH
空白土壤(1)	0～5 cm	9.63	9.21
	15～20 cm	3.58	
空白土壤(2)	0～5 cm	8.29	9.24
	15～20 cm	3.96	
空白土壤(3)	0～5 cm	8.90	9.30
	15～20 cm	3.65	

续表

测筒标签	土壤层位	盐分(‰)	pH
禾康(1)	0～5 cm	8.62	9.25
	15～20 cm	6.37	
禾康(2)	0～5 cm	9.82	9.29
	15～20 cm	3.39	
禾康(3)	0～5 cm	9.31	9.29
	15～20 cm	5.30	
施地佳(1)	0～5 cm	10.40	9.21
	15～20 cm	5.43	
施地佳(2)	0～5 cm	7.29	9.18
	15～20 cm	4.33	
施地佳(3)	0～5 cm	8.98	9.10
	15～20 cm	5.10	
盐碱丰(1)	0～5 cm	10.17	9.21
	15～20 cm	5.14	
盐碱丰(2)	0～5 cm	7.99	9.26
	15～20 cm	8.25	
盐碱丰(3)	0～5 cm	9.01	9.28
	15～20 cm	6.82	

(2) 试验结果分析

在0～5 cm和15～20 cm处，各测筒土壤盐分在2016年8月26日灌水后，试验结果见表2.5-2和表2.5-3：①空白处理在0～5 cm处盐分下降到1.45‰，已由重盐土改良至轻盐土标准；②施用化学改良剂通过多次灌水洗盐后，各处理在0～5 cm处盐分下降至0.59‰～0.75‰，已由重盐土改良为脱盐土；③空白处理在15～20 cm处的盐分下降至3.91‰，而施用化学改良剂的各处理在15～20 cm处盐分下降至2.32‰～2.83‰之间，均由重盐土下降至中盐土范围内，但施用化学改良剂的各处理，其盐分下降幅度均大于空白处理，表明传统的淋盐洗碱方法在结合施用化学改良剂后对土壤盐分的排出具有明显的促进作用；④各处理在试验结束后pH值均未出现下降趋势，因此化学改良剂在灌水洗盐试验中对降低土壤pH值无明显效果，但土壤也未出现碱化现象。

表 2.5-2 各测筒盐分变化表

单位:‰

测筒	土壤层位	8月26日	8月30日	9月2日	9月4日	9月10日
		盐分	盐分	盐分	盐分	盐分
空白	0～5 cm	8.96	8.91	8.81	8.12	6.51
	15～20 cm	3.77	7.58	7.25	8.48	8.47
禾康	0～5 cm	9.22	7.10	7.50	4.55	4.86
	15～20 cm	4.88	6.92	6.66	6.68	7.14
施地佳	0～5 cm	8.84	6.06	6.75	4.17	4.32
	15～20 cm	4.88	8.26	8.17	6.89	7.27
盐碱丰	0～5 cm	9.08	7.00	6.53	3.89	4.64
	15～20 cm	6.70	9.28	8.54	7.11	7.30
测筒	土壤层位	9月12日	9月18日	9月20日	9月26日	9月28日
		盐分	盐分	盐分	盐分	盐分
空白	0～5 cm	3.91	3.64	2.27	2.25	1.45
	15～20 cm	6.36	6.91	5.44	5.33	3.91
禾康	0～5 cm	2.40	2.50	1.39	1.53	0.75
	15～20 cm	5.46	5.54	4.42	4.10	2.81
施地佳	0～5 cm	2.18	2.50	1.08	1.47	0.66
	15～20 cm	4.48	5.16	3.50	3.96	2.32
丰盐碱	0～5 cm	1.87	2.46	1.01	1.31	0.59
	15～20 cm	6.29	5.78	4.61	3.94	2.83

表 2.5-3 各测筒试验前、后 pH 值变化情况

试区		前期 pH 值	后期 pH 值	下降率(%)	平均下降率(%)
空白	1	9.21	9.26	−0.54	−0.29
	2	9.24	9.26	−0.22	
	3	9.30	9.31	−0.11	
禾康	1	9.25	9.27	−0.22	−0.18
	2	9.29	9.30	−0.11	
	3	9.29	9.31	−0.22	

续表

试区		前期 pH 值	后期 pH 值	下降率(%)	平均下降率(%)
施地佳	1	9.21	9.23	−0.22	−0.15
	2	9.18	9.17	0.11	
	3	9.10	9.13	−0.33	
盐碱丰	1	9.21	9.25	−0.43	−0.61
	2	9.26	9.33	−0.76	
	3	9.28	9.34	−0.65	

2.5.2.2 中盐土改良剂盆栽试验优选

(1) 试验方法

对中盐土(盐分含量2‰~4‰),设计盆栽试验,在施用相同浓度、用量的化学改良剂后,不排水情况下,观测土壤盐分、pH增减变化情况。其试验设置和步骤如下:

①盆栽采用直径φ 34 cm,高45 cm的统一陶缸,装入相同深度的中盐土,装土前将盐土充分拌和、过筛。

②盆栽试验设4个处理,分别为空白、禾康、施地佳、盐碱丰,各3个平行样,共12个,盆内种植品种为水稻,各处理在施用改良剂后不做排水处理,以观测施用化学改良剂对土壤盐分、pH的影响。

③对盆内土壤盐分、pH的测定采用首尾法取样测定,盐分测定采用南京土壤所生产的电导率仪,pH值测定采用上海仪电科学仪器股份有限公司生产的PHB-4便携式pH计。

④试验从6月10日开始插秧,每盆种植水稻两株,除空白外,其余各处理共施用化学改良剂2次,第一次于6月17日施用0.204 g(约1.5 kg/亩),加水稀释至8 000 mL,第二次于7月15日施用0.6 g(约4.4 kg/亩),加水稀释至5 000 mL。在8月2日水稻分蘖期每盆施用尿素1.5 g(约10 kg/亩)。

(2) 试验结果分析

实测处理各前后期土壤盐分、pH值见表2.5-4,各处理植株平均生理指标、产量见表2.5-5:①空白土壤盐分有所增加,仍为中盐土,而施用化学改良剂的处理土壤盐分都不同程度地有所降低,下降幅度达到13.14%~53.74%,由中盐土变成了轻盐土。由此可见,在种稻条件下施用化学改良剂对降低土壤盐分有明显的作用。②施用化学改良剂的处理其千粒重和平均亩产均高于空白处理,但其植株的长势没有明显优势。其原因是由于盐碱土种稻进行化学改良的同时,没有及时进行排水排盐,土壤盐分较高,抑制了秧苗的正常生长。③三种化学改良剂对土壤

盐分的改良效果来看，施地佳、盐碱丰要优于禾康效果。④化学改良剂在盆栽试验中对降低 pH 值无明显效果。

表 2.5-4　盆栽试验前后土壤盐分、pH 值对比表

处理		前期		后期	
		盐分(‰)	pH	盐分(‰)	pH
空白	1	1.923	8.80	2.457	8.83
	2	1.897	8.73	2.068	8.84
	3	1.974	8.73	1.783	8.86
禾康	1	2.077	8.79	1.638	8.89
	2	1.897	8.82	1.861	8.83
	3	1.821	8.91	1.535	8.84
施地佳	1	1.795	8.67	0.602	8.76
	2	2.205	8.82	1.197	8.75
	3	1.974	8.76	0.965	8.78
盐碱丰	1	2.256	8.68	1.136	8.91
	2	2.256	8.84	1.198	8.84
	3	2.103	8.81	1.413	8.91

表 2.5-5　各处理考种平均数值表

处理		分蘖	穗数	平均穗数	平均穗长(cm)	每穗平均粒数	千粒重(g)	平均亩量(kg)
空白	1	29	21	21	14.58	83	27.70	654.00
	2	27	22					
	3	28	21					
禾康	1	26	20	19	14.62	90	29.30	668.07
	2	21	20					
	3	25	21					
施地佳	1	26	22	20	14.58	86	29.80	683.45
	2	25	21					
	3	28	20					

续表

处理		分蘖	穗数	平均穗数	平均穗长(cm)	每穗平均粒数	千粒重(g)	平均亩量(kg)
盐碱丰	1	28	20	21	14.40	85	28.80	674.59
	2	22	21					
	3	26	21					

2.5.2.3 改良剂垦区现场试验优选

(1) 试验方法

试验区选在东台沿海垦区金东台农场内,地势平坦,地面高程一般为 3.7 m 左右(黄海高程),土壤在成陆过程中受海水浸渍,土体含盐量较高,0～100 cm 土体平均含盐量在 4.0‰以上,为重盐土。土质为沙壤土,有机质平均含量为 8.7‰,土壤贫瘠且结构较差。由于区内渠系配套完整,灌溉水源有保证,在靠近灌溉渠道旁选取 4 块 25 m×50 m 的田块,设为 4 个小区,每个小区设 3 个土壤盐分观测点,埋设南京土壤所生产的 FJA-10 型盐分传感器。灌溉水源采用矿化度小于 2‰的河水,灌水时对各小区分别施加相同剂量的禾康、施地佳和盐碱丰化学改良剂,施用量根据土壤盐分的高低进行选择,土壤盐分含量在 3‰～5‰时,每次灌水施用量为 15.0～22.5 kg/hm^2,将改良剂先用水稀释后在灌水口均匀加入。以此,通过分析种稻前后土壤盐分和 pH 值的变化情况,确定各处理添加化学改良剂后对土壤盐分降低的效果。

(2) 试验结果分析

水稻种植从当年的 5 月下旬开始泡田,6 月 10 日栽插,前后共灌水 5 次,水稻生长前、后期分别测得的各处理平均土壤盐分、pH 值如表 2.5-6 所示。在 8 月 2 日水稻分蘖期每小区施用尿素 18.7 kg(约 150 kg/hm^2),各处理植株平均生理指标及产量如表 2.5-7 所示。由以上 2 个表可知:①在种稻条件下施用化学改良剂对降低土壤盐分有明显的作用,尤其对土壤耕作层加速盐分降低的效果非常明显,其中以施地佳效果最好。因此,施用化学改良剂处理千粒重和平均产量均高于空白处理,长势也略好。②对种植水稻的 0～25 cm 层位土壤进行全盐离子测定显示,施用化学改良剂的处理后,土壤易溶性盐分在特定环境中,离子相互作用及置换,使原来土壤中的一部分氯化物钠盐置换成硫酸钙盐,大大降低了氯化物钠盐对作物的危害,其中禾康、施地佳、盐碱丰处理钙离子置换幅度分别为 12.45%、18.27%、11.52%。硫酸根离子增加分别为 4.01%、2.46%、2.62%。由此说明各化学改良剂对土壤氯化钠盐均有明显的改良效果。化学改良区 pH 值均出现微幅下降趋势，其中以禾康效果最佳。

表 2.5-6 各处理种稻淋盐前、后期平均土壤盐分、pH 值

处理	土壤层位（cm）	盐分（‰）			pH 值		
		前期	后期	下降率（%）	前期	后期	下降率（%）
空白	0～25	3.31	1.99	39.88	8.28	8.31	−0.36
	35～40	4.76	4.34	8.82			
禾康	0～25	3.07	1.64	46.58	8.18	8.13	0.61
	35～40	3.49	3.04	12.89			
施地佳	0～25	2.99	1.42	52.51	8.06	8.04	0.25
	35～40	2.84	2.13	25			
盐碱丰	0～25	3.2	1.58	50.63	8.1	8.07	0.37
	35～40	3.78	3.17	16.14			

表 2.5-7 各处理考种结果

处理	有效穗数（万穗/hm²）	平均穗长（cm）	每穗平均粒数	结实率（%）	实粒数（粒）	千粒重（g）	平均株产（g）	产量（kg/hm²）
空白	270	14.58	80	87.93	70.34	26.3	32.68	7 353.9
禾康	270	14.62	81	88.67	71.82	26.7	35.16	7 910.4
施地佳	285	14.58	82	88.49	72.56	26.8	36.30	8 167.5
盐碱丰	285	14.40	81	86.18	69.80	26.5	35.76	8 046.9

通过重盐土的测筒试验、中盐土的盆栽试验以及现场垦区的改良剂应用比选试验，可知：施用禾康、施地佳、盐碱丰等化学改良剂后，土壤中易溶性盐分的离子相互作用及置换，使得原来土壤中的一部分氯化物钠盐置换成硫酸钙盐，大大降低了氯化物钠盐对作物的危害，改善了作物的生活环境，由此说明化学改良剂对土壤氯化钠盐有较好的改良效果。

3 水土保持实用技术

传统方式的沿海开发,往往采取“先开发,后治理”的模式,收效慢且环境负面影响大,具体表现为水土流失加剧、河道淤塞、供排不畅、土壤次生盐渍化现象突出,自然生态环境破坏严重。为此,针对江苏沿海地区开发强度大、沙壤土分布广泛、沙壤土结构松散、含蓄水性能差、水土肥易流失、水保工作任务艰巨等实际问题,本章着重介绍与水保相关的植被调查、基于试验技术的保土措施、水保方案编制、水保动态监测、基于航片的土地利用类型变化监测等实用技术。

3.1 江苏河道岸坡草本植物现场调查

植物通过根系的加筋作用可以显著提高岸坡土体的抗剪强度,从而增加边坡稳定、减少水土流失。现场调查是岸坡植物研究的主要技术手段,多用于岸坡植物群落结构、生长特性、岸坡景观、植被护岸等方面的研究。有针对性地对江苏河道岸坡植物做一个系统、规范性的基础调研,了解岸坡植物种类构成与分布特征、群落结构与生长习性,形成对应的岸坡植物资源数据库,可以为河岸建设提供基础数据和重要依据。

3.1.1 调查方法和内容

本次调查区域包括太湖流域阳澄淀泖区、太湖流域浦南区、太湖流域湖西区、太湖流域武澄锡虞区、秦淮河流域、里下河腹部地区、淮河干流区和沂沭泗流域。采用标准方法进行野外调查与数据分析[78],调查内容包括护岸类型、护岸坡度、护岸草本植物群落类型、多样性、盖度、生物量、根系深度等。其中,草本样方为 1 m×1 m,随机布设,记录优势种,GPS 手持机记录经纬度,全站仪确定河岸坡度。调查自 2015 年 4 月 21 日开始,5 月 16 日结束,足迹包括北干河、新淦河、淮河入海河道、金泾塘、新沭河、木光河、七浦塘、秦淮河、新沟河、新潍河、太浦河、泰东河、望虞河、锡澄运河、新孟河、民便河、濉河、维桥河、横园河、废黄河、宝射河等，共布置了29个采样点，采集了52个草本植物样方数据，图3.1-1所示为现场鉴种拍照。

图3.1-1 现场鉴种(左：蔷薇科蛇莓属蛇莓；右：伞形科胡萝卜属野胡萝卜)

3.1.2 岸坡植物群落结构和多样性

春季江苏各流域中小河流护岸的植被类型差异不大，主要由萌发较早的春季优势一年生或多年生草本植物构成优势群落，且多形成单优群落，如：救荒野豌豆群落、广布野豌豆群落(图3.1-2左)、鹅观草群落、野老鹳草群落、一年蓬群落和虉草群落(图3.1-2右)，在各流域片均有分布，是本次调查中出现频率最高的群落类型。本次调查共发现植物118种，隶属33科97属。其中，禾本科、菊科、蓼科、十字花科、蝶形花科和莎草科为优势科，分别包含20属20种，19属24种，2属8种，6属7种，6属7种，3属6种，分别占总属数的20.62%、19.59%、2.06%、6.19%、6.19%和3.09%，分别占总种数的16.95%、20.34%、6.78%、5.93%、5.93%和5.08%。

参考表3.1-1，调查的8个流域中，沂沭泗流域和淮河干流区物种丰富度(指一个群落或生境中物种数目的多少)最高，分别为74种和73种，太湖流域阳澄淀泖区最低，为33种。通常，人类活动较频繁、经济社会较为发达的地区，河道空间易遭受挤压，大量河滩地消失，加上行洪、通航等的影响，护岸硬质化、直立式现象突出，一些河道乡镇段两侧垦植现象又十分普遍，是导致该地区相关河道岸坡植物生物量和生物多样性较低的主要原因。图3.1-3(左)所示为采用直立式混凝土挡墙结构的河道整治项目现场，图3.1-3(右)所示为近自然河岸在降雨、船行波冲刷影响下，出现的轻度坍塌现象，图3.1-4所示为因河岸垦植而遭到破坏的生态袋。

表 3.1-1 各流域植物种数与占总种数的比重

流域	种数(种)	占总种数的比重(%)
太湖流域阳澄淀泖区	33	27.97
太湖流域浦南区	46	38.98
太湖流域湖西区	51	43.22
太湖流域武澄锡虞区	48	40.68
秦淮河流域	60	50.85
里下河腹部地区	50	42.37
淮河干流区	73	61.86
沂沭泗流域	74	62.71

图 3.1-2 蝶形花科野豌豆属广布野豌豆群落(左)、禾本科藨草属藨草(右)

图 3.1-3 河道整治采用的混凝土直立式挡墙结构(左)、近自然状态土坡轻度坍塌现象(右)

图 3.1-4 因河岸垦植遭到破坏的生态袋

3.1.3 不同护岸类型岸坡植被的差异性

本次调查的 52 个样方中，主要包括四种护岸类型：混凝土硬质护岸、生态结构护岸、近自然或人工植被护岸、浆砌石护岸（见表 3.1-2）。不同质地的护岸植被覆盖情况差异较大，从覆盖率看，土坡、生态袋和石笼植被覆盖率相对较高，混凝土类护岸和抛石护岸覆盖率相对较低。不同质地的护岸，其生长的植物种类也存在差异。混凝土护岸、浆砌石护岸上生长的植被种类较单一，主要为耐旱耐贫瘠的矮小一年生草本[图 3.1-5(左)]，土质护岸、生态袋护岸和石笼护岸植被种类较丰富，常由具匍匐茎或地下茎的多年生草本及春季优势种构成单优群落，如狗牙根群落、救荒野豌豆群落和野老鹳草群落，且在各流域均有分布[图 3.1-5(右)]。另外，人工土坡植被与人为干预程度相关，当无人为干预时，其植被类型主要为本地野生优势品种。

不同的护岸类型，植物生物量差异也较大。混凝土类型护岸和浆砌石护岸植物生长稀疏且矮小，生物量普遍较低，但在混凝土预制块护岸上，预制块之间的缝隙中可能会生长较为高大的一年生草本，如酸模和泥胡菜。平均而言，土坡的植被生长状况优于其他护岸类型，平均生物量也高于其他护岸类型。其中，人工土坡植物群落生物量受人为干扰程度影响较大，人为干扰越小，杂草越茂盛，通常生物量越大。另外，岸坡坡度对植物的生物量影响很大，这是因为高大的植物一般难以在陡坡上正常生长，所以，植被型护岸坡度一般宜小于 1∶1.5，本次调查显示（淮河干流区情况参考表 3.1-3），当岸坡坡度超过 20°～30°时，相对于缓坡，其生物量和生物种数下降较快，降比一般在 20%～60%左右，基本印证了这一点。

表 3.1-2　调查到的中小河流护岸类型

护岸类型	细分	样方数(个)
混凝土硬质护岸	直立式	2
	斜坡式(包括混凝土预制块)	4
生态结构护岸	空心砖(斜坡式)	1
	生态袋(近直立式)	1
	抛石	1
	石笼(斜坡式)	1
近自然或人工植被护岸	人工土坡	11
	近自然土坡	25
浆砌石护岸	斜坡式	6

图 3.1-5　同一河道浆砌石护岸(左)、人工土坡植被(右)生长状况

表 3.1-3　淮河干流区不同坡度土坡生物量和生物种数

河道	坡度(°)	种数(种)	生物量(g/m²)
公道镇引水河	6.9	32	3 500
	23.6	11	1 700
盱眙县维桥河	1.3	13	1 300
	25.3	9	500
泗洪县新滩河	1.3	18	250
	35.7	14	100

3.2 基于试验技术的保土措施研究

江苏省沿海沙土区水土流失主要存在于以下两方面：一是因滩涂围垦或河道疏浚时填方需要新形成的一部分堆土坡面，这部分坡面土层结构受到破坏，容重降低，地表疏松，易受外界雨水冲刷而导致水土流失现象发生；二是新开挖河道或对已有河道疏浚拓宽时，挖方需要形成新的开挖坡面，这部分土壤表层受到剥离，有机质降低，不利于植物生长，长期的地表裸露也易受雨水冲刷导致流失加剧。针对上述两类水土流失现状，分析我省沿海沙土区现有几种主要水保护坡技术，并通过径流冲刷试验，总结出坡面土壤受雨水作用时的侵蚀规律，并在河道疏浚施工中，选择典型的河段坡面，进行水土保持效果监测，以验证相关的试验成果。

3.2.1 试验方案与试验内容

3.2.1.1 试验方案

(1) 各种坡度径流冲刷对比：利用我省沿海水利科学研究所在东台市华丿村建设的径流试验场(图 3.2-1)，进行土壤自然降雨冲刷试验。试验场地内设置有1°、2°36′、5°、15°、25°、35°和 45°共 7 个坡度的径流试验小区。对上述小区在地表裸露情况下、自然降雨后的坡面土壤流失情况进行观测，研究坡度、降雨、含盐量变化及土壤流失的规律。

图 3.2-1　华丿径流试验场现场

(2) 各种生态护坡对比：在东川农场选取 35°典型堆土坡面，进行护坡技术试验。试验分别采用生态混凝土护坡(图 3.2-2)、生态袋植生护坡(图 3.2-3)、椰纤维植生护坡(图 3.2-4)和灌注型植生卷材护坡(图 3.2-5)等 4 种护坡技术,并与常规方式(种植牧草)下水土保持效果进行比较,从中选择出适宜于当地推广应用的较优护坡技术。上述 5 种护坡方式均设置 3 个平行样,同时设置一组空白作为对照,计 20 个试验小区。同时,结合试验所在地东台市网界河(头灶段)疏浚整治工程,选择代表性的河道坡面,进行上述护坡技术的示范应用,分析其水土保持效果的实际表现。

①生态混凝土护坡:俗称植生型生态混凝土护坡,护坡结构由现场搅拌浇筑成型并养护而成,表面摊铺一定量的覆土,土中植物生长穿透混凝土结构,根植于内部土壤,形成植生型生态混凝土护坡体系。

图 3.2-2　生态混凝土护坡(左:30 d;右:60 d)

②生态袋植生护坡:生态袋是使用特定工艺,将种子、长效肥、有机基质和保水剂等,按照一定的密度和比例定植在可自然降解的无纺布或其他材料上,并经过机器的滚压和刺针的复合定位工序形成一定规模的产品。

图 3.2-3　生态袋植生护坡(左:15 d;右:45 d)

③椰纤维植生护坡：椰纤维护坡技术是指栽种固坡植物并结合椰纤维等工程材料，在坡面构建一个具有自身生长能力的防护系统，通过固坡植物的生长对边坡进行加固或美化的一门技术。

④灌注型植生卷材护坡：通过在坡面上铺设并锚固植生卷材，把种子和特殊资材通过专用机械压注到卷材内，从而在各类边坡表面形成长期稳定的植物生长基础层，实现生态修复、景观绿化、水土保持以及边坡防护的和谐统一。

图 3.2-4 试验区铺设椰纤维毯

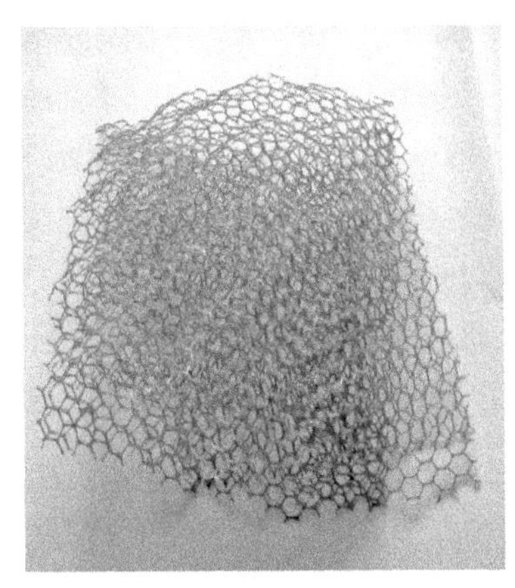

图 3.2-5 灌注型植生卷材

3.2.1.2 试验内容

按前所述，径流小区试验设置 1°、2°36′、5°、15°、25°、35°和 45°共 7 个坡度处理。其中 1°为当地农田的普遍坡度，2°36′为当地河道青坎的自然坡度，5°、15°、25°、35°和 45°为有一定差距的典型坡度。每个坡度处理下又按原状土、堆土（空白 CK）和堆土（PAM 处理，3 g·m^{-2}）等 3 个水平，参照《水土保持试验规程》（SL419—2007）的要求进行布设。

考虑到项目区地势整体较平坦，地面高程介于 2.8～4.2 m 之间，在项目区中遇大坡度（坡度≥15°）的河道坡面，其坡长普遍较短（<10 m）。因此，径流试验场内标准小区采用 100 m^2（20 m×5 m）的规格设置，非标准径流试验小区，将坡面面积固定为 50 m^2（10 m×5 m）后，其余按对应坡度 15°、25°、35°和 45°分别设置。试验中共计布置 21 处径流试验小区，其中标准径流小区 9 处，非标准径流小区 12 处。

在上述径流小区下口，分别设置相应集水池，用于自然降雨后小区径流量的测量。为避免地表杂草对试验结果产生影响，试验期间对小区内的杂草定期进行清除；将试验小区坡面划分为三部分，即坡肩、坡腰和坡脚，分别代表坡面长度的 0 至 1/3 处、1/3 至 2/3 处和 2/3 至坡底，统计上述 3 部分坡面土壤侵蚀沟数量和最大侵蚀深度；同时，在径流试验场附近布设一套简易气象装置，用于对试验场地周围的气象环境进行监测。

除气象资料外，主要观测指标还有：土壤侵蚀量、密度、全盐量、颗分、有机质、地表径流量等指标。为检验试验成果的可靠性，将试验成果应用于网界河（头灶段）的冬季疏浚工程，工程完工后进行为期一年的土壤侵蚀量动态指标监测，包括土壤侵蚀量、土壤颗分、牧草产量与经济效益等。试验中各项指标的获得，参考《水土保持试验规程》(SL419—2007)中的方法确定，下面仅介绍野外观测指标及方法。

(1) 土壤侵蚀量：钉子法。试验前，在待测区内均匀打入 10 cm 长铁钉，钉帽与地面平行，试验结束时测量露出地表铁钉的高度，进而推算出分区土壤的侵蚀量。试验区地处江苏沿海，属典型海洋性大陆气候，降雨主要集中在 4—9 月间，此阶段也是土壤侵蚀发生的高峰期。

(2) 坡面侵蚀沟深度与数量：受自然降雨的冲刷作用，堆土坡面出现土壤侵蚀现象，形成深浅不一的土壤侵蚀沟。试验结束时，在不同坡位（坡肩、坡腰和坡脚）计量土壤侵蚀沟数量，并测量侵蚀沟的深度，分类汇总统计。

(3) 自然降雨量：在试验场地附近布设一套雨量筒，用于测定试验期间单场降雨量。每次测量均在雨后次日上午 9:00 准时进行，遇连续降雨则顺延。

(4) 土壤腾发量：取试验分区深 1.5 m、直径 0.4 m 的原状土柱装于有底 PVC 测桶内（表土层栽植牧草），测桶底部与马氏瓶间经塑料软管相连。利用马氏瓶的升降调节测桶内原状土柱水位，使之与观测井中地下水位一致，依据马氏瓶内水量增减计算出分区单位面积土壤腾发量。

3.2.2 试验成果分析

3.2.2.1 华丿堆土区径流冲刷试验

(1) 堆土径流试验区土壤侵蚀量分析

① 自然降雨条件下，坡面土壤的侵蚀程度受堆土区坡度的影响极为显著

华丿堆土区冲刷试验中的 7 个坡度，其土壤侵蚀模数均表现为随坡面坡度的增加而迅速增大趋势；当坡度由 1°逐渐增大到 45°时，原状土、堆土(CK)和堆土(PAM，3 $g \cdot m^{-2}$)三种前期坡面处理方式下，土壤侵蚀模数分别由 310.8 $t \cdot km^{-2} \cdot a^{-1}$、1 195.7 $t \cdot km^{-2} \cdot a^{-1}$、948.2 $t \cdot km^{-2} \cdot a^{-1}$迅速增大为 12 496.5 $t \cdot km^{-2} \cdot a^{-1}$、39 615.4 $t \cdot km^{-2} \cdot a^{-1}$、40 407.7 $t \cdot km^{-2} \cdot a^{-1}$。对于堆土坡度在 1°～2°36′时，土壤侵蚀强度介于轻度侵蚀至强度侵蚀之间；当土壤坡度在 5°～15°时，土壤侵蚀强度为强度侵蚀向极强度侵蚀过渡区间；当坡度为 25°～45°之间时，土壤侵蚀受重力侵蚀作用影响，处于剧烈侵蚀区间。因此，做好当地水土保持的关键是在工程施工建设中，

避免25°以上裸露坡地的出现，同时要做好5°～15°之间裸露坡地的水土保持工作。

② 土壤侵蚀模数受堆土区坡面土层结构影响显著

与原状坡面土壤侵蚀情况相比，扰动后的土壤侵蚀量，两种PAM处理水平下(空白CK)、PAM处理(3 g·m^{-2})均显著大于原状土层值，与原状土层(仅表土剥离)相比，尤以2°36′和5°表现得更为明显。分析原因是坡面土壤为0°时，雨水不易形成地表径流，降雨量主要是以土壤下渗形式存在，其坡面扰动对于土壤侵蚀量的变化影响不显著；当堆土区坡度在2°36′～5°之间时，扰动后的坡面与原状土层相比较，受雨水击溅作用影响导致的流失量增加显著，此时遇汛期强降雨，地表径流可以夹带起大量的土壤颗粒，使得土壤侵蚀量较原状土层显著增大；当坡度在15°～45°间增大时，由于堆土区的土层结构受到破坏，受地表降雨下渗作用影响，易发生重力作用导致的坍塌现象，此时土壤侵蚀模数的决定因素已由坡面扰动与否转换为坡度因素所决定。

3.2.2.2 堆土坡面土壤侵蚀沟深度及数量分析

径流小区受自然降雨冲刷后，会在裸露堆土坡面形成深浅不一的雨水侵蚀沟，其数量的多少及侵蚀深度能在一定程度上反映出坡面土壤受雨水冲刷后的侵蚀剧烈程度。试验结束，将7个坡度(1°～45°)径流试验小区3种土壤坡面处理措施下的侵蚀沟数统计汇总，得表3.2-1。

(1) 同一坡面处理工艺下，土壤侵蚀沟的数量随坡面坡度的增加而相应上升；3种坡面处理下，其侵蚀沟的总量整体表现为：堆土(CK)＞堆土(PAM)＞原状土。这表明降雨形成的侵蚀沟数量与坡面处理间存在一定关系，这与土壤侵蚀量的观测成果基本一致，其侵蚀沟的数量能较好地反映出坡面土壤受雨水侵蚀影响的剧烈程度。

表3.2-1 华丿径流试验区土壤坡面侵蚀沟资料统计

坡面处理	坡度	按侵蚀沟等级划分(条)					侵蚀沟数量(条)	侵蚀沟坡位分布		
		＜1 cm	1～3 cm	3～5 cm	5～10 cm	＞10 cm		坡肩(条)	坡腰(条)	坡脚(条)
原状土	1°	6					6		1	5
	2°36′	7	1				8		2	6
	5°	7	2				9		2	7
	15°	7	2	1			10		3	7
	25°	6	3	1			10		3	7
	35°	6	3	2			11	1	3	7
	45°	6	3	2			11	1	4	6

续表

坡面处理	坡度	按侵蚀沟等级划分(条)					侵蚀沟数量(条)	侵蚀沟坡位分布		
		< 1 cm	1～3 cm	3～5 cm	5～10 cm	> 10 cm		坡肩(条)	坡腰(条)	坡脚(条)
堆土(CK)	1°	11	7				18		5	13
	2°36′	13	6	3			22	1	5	16
	5°	17	5	5	1		28	2	7	19
	15°	15	7	8	2		32	2	8	22
	25°	13	4	10	3	1	31	2	8	21
	35°	14	2	12	5	1	34	3	9	22
	45°	13	3	7	9	3	35	2	10	23
堆土(PAM)	1°	10	7				17	0	4	13
	2°36′	12	6	3			21	0	4	17
	5°	16	5	5	1		27	1	6	20
	15°	16	5	8	2		31	1	6	24
	25°	12	4	6	3	1	26	1	7	18
	35°	15	2	5	5	1	28	2	6	20
	45°	15	3	3	7	3	31	2	8	21

(2) 同一坡面处理工艺下，侵蚀沟的分布状况整体表现为：坡脚＞坡腰＞坡肩，分析原因是受集水坡面的影响，其地表径流量也相应增加，对坡面形成的侵蚀沟的数量和侵蚀深度均相应上升。由此可知，对于坡面较长的堆土区，其水保工作的重点是要做好坡脚处的水保措施。

3.2.2.3 新型护坡技术试验

为探求出适宜于当地推广应用的新型护坡技术，试验中共选取了生态混凝土护坡、生态袋植生护坡、椰纤维植被毯护坡、灌注型植生卷材护坡、常规方式护坡(仅牧草护坡)等5种护坡方式，每种方式下均设置两个PAM的处理水平($0\ g\cdot m^{-2}$和$3\ g\cdot m^{-2}$)，坡度为35°，比较其施用后土壤侵蚀模数变化，从中选择出最佳的护坡方式，并对其产生的效益进行适当评价。

(1) 保土效果分析

试验结束后，将生态混凝土护坡措施(方式A)、生态袋植生护坡措施(方式B)、椰纤维植被毯护坡措施(方式C)、灌注型植生卷材措施(方式D)、常规处理(牧草护

坡，方式 E）等 5 种护坡方式下的试验区土壤侵蚀模数整理。

①在 A～E 5 种坡面处理方式下，小区土壤侵蚀模数依次表现为：常规方式护坡（E）>灌注型植生卷材护坡（D）>椰纤维植生护坡（C）>生态混凝植生护坡（A）>生态袋植生护坡（B），其土壤侵蚀模数依次为 5 313.6～7 635.1 t·km^{-2}·a^{-1}、2 854.2～4 676.2 t·km^{-2}·a^{-1}、1 163.2～3 717.4 t·km^{-2}·a^{-1}、747.3～1 899.3 t·km^{-2}·a^{-1}和 391.5～461.4 t·km^{-2}·a^{-1}。

②水土保持效果最佳的为生态袋护坡（B），最差的为灌注型卷材（D），而生态混凝土（A）、椰纤维护坡（C）介于两者之间。与常规方式（E）相比，生态混凝土（A）的施用，可减少土壤侵蚀模数 92.6%～95.3%，坡面抗侵蚀能力提升最为显著。

③土壤侵蚀模数与原先坡面的土层结构扰动密切相关。5 种坡面处理技术下均一致表现为堆土坡面（扰动）>原状坡面（非扰动，仅表土剥离），扰动后的土壤侵蚀模数为原状土（表土剥离）侵蚀模数的 1.17～2.74 倍。因此，实际生产中，应尽可能地避免堆土坡面（扰动）的出现，以减少当地的土壤侵蚀程度。

（2）技术效益评价

试验结束，将 4 种护坡新技术在东川农场进行的试验成果进行整理，见表 3.2-2：受护坡建设成本、施工难易程度、工程使用寿命及其保土效果等因素影响，结合本地区土壤实际状况，建议在江苏沿海沙土区水土保持应用中，优先推广使用椰纤维植生护坡（C）这一新型护坡技术。

表 3.2-2　4 种新型护坡新技术保土效果评价

坡面处理方式	保土效果	使用优缺点比较		建议	评价
		优点	缺点		
生态混凝土植生护坡（A）	一般	保土效果较佳，护坡建成后使用寿命长，抗坡面坍塌能力强，易于维护保养	工程投资高、施工难度较大，对交通条件有一定要求，且混凝土配比对牧草生长有影响	在陡坡易坍塌地段使用，对土壤无特殊要求	小范围使用
生态袋植生护坡（B）	最佳	保土效果最佳，技术门槛要求较低，易于推广应用	生态袋使用后易老化，其坡面建成后使用寿命较短，且受生态袋技术的特点限制，不适宜于高播种密度植株种植	在陡坡易坍塌地段使用，可用于临水坡面，对土壤盐分有一定要求，盐分含量在 4‰ 以下，建议种植密度要求低的植物	较大面积推广

续表

坡面处理方式	保土效果	使用优缺点比较		建议	评价
		优点	缺点		
椰纤维植生护坡(C)	较佳	技术门槛要求低,易于推广应用,施工速度快,适宜于大面积使用	受椰纤维护坡腐化程度影响,坡面建成后的使用寿命较短,且椰纤维植被毯间的孔隙应适度,否则会影响牧草出苗后的长势	在水土流失较严峻的缓坡地形使用,可用于高密度牧草种植使用,客土种植,对当地土壤的盐分要求相对宽松,盐分含量在8‰以下均可	大面积推广
灌注型卷材植生护坡(D)	较差	施工速度较快,因灌注型卷材中多含有PVC成分的工程塑料,较难腐蚀分解,其使用寿命较长	工程完工至牧草长成前,土壤极易受外界降雨影响导致流失,且大坡度条件下灌注型卷材表层的覆盖土壤易于流失	坡面坡度一般35°以内,土壤盐分含量一般在4‰以下,否则将会影响植物生长	特殊情况使用

(3) 网界河(头灶段)的应用

结合我省东台市2014年度冬季河道整治计划,选择网界河(头灶段)疏浚拓宽工程进行“椰纤维植生护坡技术”这一新型护坡技术的应用。

① 坡面流失情况监测

供试坡面分别选取原状土(挖方后)与堆土(填方后)这两种类型,采用椰纤维植生护坡与常规牧草种植护坡两种前期坡面处理技术。试验共设置两个PAM处理水平,其浓度分为0 g·m^{-2}和3 g·m^{-2}。为研究推广应用所产生的经济生态效益,选取小区种植试验中保土效果较好的狗牙根和生物质产量较高的黑麦草两种牧草品种,灌木品种采用工程建设指定的杞柳作为栽培灌木品种,结合原有河岸两侧栽植的水杉,利用“乔-灌-草”方式进行河岸水土保持效果示范应用:

a. 4种护坡方式下,网界河(头灶段)土壤抗侵蚀能力整体表现为:椰纤维植生护坡(狗牙根)>椰纤维植生护坡(黑麦草)>常规方式护坡(狗牙根)>常规方式护坡(黑麦草)。常规牧草护坡方式下,狗牙根和黑麦草的土壤侵蚀模数介于5 934.1~9 143.7 t·km^{-2}·a^{-1},属强度侵蚀区;采用椰纤维植生护坡后,土壤侵蚀模数介于1 356.9~4 917.2 t·km^{-2}·a^{-1},属于轻度侵蚀区—中度侵蚀区过度。由此可知,使用椰纤维植生护坡方式,可显著降低其坡面土壤受外界影响的侵蚀强度。

b. 原状土坡面+PAM(3 g·m^{-2})的保土效果最佳,堆土坡面保土能力最差,原状土坡面、堆土坡面+PAM(3 g·m^{-2})的保土效果介于之间。由此可知,同一护坡方式下，坡面土层状况对土壤的侵蚀模数有显著影响，这一结论与东川农场护坡技术试验的结论一致；当坡面扰动情况与护坡方式相同时，PAM 的施用可在一定程度上减少土壤侵蚀的发生。

② 牧草根系固土能力分析

植株根系的生长会对地表土壤形成一定的穿插、缠绕和固结作用。两种牧草在网界河工程的应用成果，进一步验证了狗牙根、黑麦草两牧草品种的固土能力。试验结束时，将植株根系按 0～10 cm、10～20 cm 和 20～30 cm 三个土层深度分层取样，所测结果如表 3.2-3 所示。

a. 同一坡面处理工艺下，狗牙根的根系总量为 872.6～985.7 g·m^{-2}，而黑麦草的根系总量为 1 359.2～1 712.5 g·m^{-2}，根系总量均一致表现为黑麦草＞狗牙根；相同牧草护坡时，使用 PAM 对根系生长有一定影响，施用 PAM 后狗牙根根系总量增加 4.56%～13.50%，黑麦草根系总量增加 9.35%～23.46%。

b. 8 种坡面处理方式下，狗牙根的根系分布表现为 0～10 cm 时，根系分布为 56.7%～58.3%，10～20 cm 时，根系分布为 32.2%～32.5%，20～30 cm 时，根系分布为 9.3%～10.1%；黑麦草的分布表现为 0～10 cm 时，根系分布为 43.7%～45.6%，10～20 cm 时，根系分布为 37.8%～38.9%，20～30 cm 时，根系分布为 15.9%～18.5%。就两品种相比较，同一护坡措施下，狗牙根的根系分布较黑麦草浅，因而狗牙根的根系固土效果较黑麦草要好。

表 3.2-3　两种牧草根系根系分布情况比较

序号	护坡方式	根系质量(g/m²)			根系总量(g/m²)	根系分布比例(%)		
		0～10 cm	10～20 cm	20～30 cm		0～10 cm	10～20 cm	20～30 cm
1	常规＋狗牙根	503.5	281.4	87.7	872.6	57.7	32.2	10.1
2	常规＋黑麦草	608.6	514.7	235.9	1 359.2	44.8	37.9	17.4
3	常规＋狗牙根＋PAM	517.3	295.7	99.4	912.4	56.7	32.4	10.9
4	常规＋黑麦草＋PAM	698.3	599.5	244.9	1 542.7	45.3	38.9	15.9
5	椰纤维护坡＋狗牙根	525.9	291.3	84.2	901.4	58.3	32.3	9.3
6	椰纤维护坡＋黑麦草	605.7	524.3	257.1	1 387.1	43.7	37.8	18.5
7	椰纤维护坡＋狗牙根＋PAM	572.4	320.7	92.6	985.7	58.1	32.5	9.4
8	椰纤维护坡＋黑麦草＋PAM	781.2	647.7	283.6	1 712.5	45.6	37.8	16.6

3.3 水土保持编制方法

根据国家有关水土保持法律、法规文件，对水土保持工作实行“预防为主、保护优先、全面规划、综合治理、因地制宜、突出重点、科学管理，注重效益”的方针。

3.3.1 水土保持方案编制目的

(1) 明确工程建设的水土流失防治责任范围，为防治本工程建设所造成的水土流失，保护和恢复项目区生态环境，提出切实可行的水土流失防治措施；

(2) 为主体工程设计、施工及上级部门审查提供水土保持技术依据；

(3) 将水土流失防治工作纳入工程建设的总体安排和年度计划中，确保水土保持工程与主体工程“三同时”的落实；

(4) 审批后的水土保持方案，为本工程水土保持监理、监测及水行政主管部门进行监督和验收提供技术支撑；

(5) 实现本工程建设与区域生态环境协调发展，改善项目区生态环境，有助于当地经济社会可持续发展。

3.3.2 适用范围确定

(1) 占地面积在1万 m^2 以下并且开挖或填筑土石方总量在1万 m^3 以下的开发建设项目填报水土保持登记表；

(2) 工程占地面积在1万 m^2(含)以上或者开挖(填筑)土石方量1万 m^3(含)以上的开发建设项目，应当依法编制水土保持方案报告表；

(3) 工程占地面积在10万 m^2(含)以上的开发建设项目；开挖或填筑土石方量在5万 m^3(含)以上的开发建设项目；地处国家级、省级水土流失重点防治区、自然保护区和风景名胜区及其外围的保护区域、饮用水源保护地、地质灾害中低易发区等生态环境敏感区域，且占地面积5万 m^2(含)以上或者开挖(填筑)土石方量2万 m^3(含)以上的开发建设项目，都应当编制水土保持方案报告书。

3.3.3 编制案例分析

下面以江苏沿海地区某公路建设项目为例，简单地介绍水土保持方案报告书编制的几块重点内容。

3.3.3.1 项目水土保持评价

(1) 主体工程选址(线)水土保持评价

①《中华人民共和国水土保持法》制约性因素分析

本工程选址应符合《中华人民共和国水土保持法》的相关要求，本工程与其制约性分析见表3.3-1。

表3.3-1　《中华人民共和国水土保持法》水土保持制约性因素分析

序号	相关条文	相符性分析	分析结论
1	第十七条：禁止在崩塌、滑坡危险区和泥石流易发区从事取土、挖砂、采石等可能造成水土流失的活动	项目区未涉及崩塌、滑坡危险区、泥石流易发区	符合
2	第十八条：水土流失严重、生态脆弱的地区，应当限制或者禁止可能造成水土流失的生产建设活动，严格保护植物、沙壳、结皮、地衣等	本工程未涉及水土流失严重、生态脆弱的地区	符合
3	第二十四条：生产建设项目选址、选线应当避让水土流失重点预防区和重点治理区；无法避让的，应当提高防治标准，优化施工工艺，减少地表扰动和植被损坏范围，有效控制可能造成的水土流失	本项目区位于市级水土流失治理区，执行建设类一级防治标准，并按规范提高相关指标值	符合
4	第二十五条：在山区、丘陵区、风沙区以及水土保持规划确定的容易发生水土流失的其他区域开办可能造成水土流失的生产建设项目，生产建设单位应当编制水土保持方案，报县级以上人民政府水行政主管部门审批，并按照经批准的水土保持方案，采取水土流失预防和治理措施	项目区属于水土流失治理区，建设单位已按照水土保持法规定，委托江苏省水利科学研究院编报水土保持方案报告书	符合
5	第二十八条：依法应当编制水土保持方案的生产建设项目，其生产建设活动中排弃的砂、石、土、矸石、尾矿、废渣等应当综合利用；不能综合利用，确需废弃的，应当堆放在水土保持方案确定的专门存放地，并采取措施保证不产生新的危害	本项目弃方拟委托有相应渣土运输资质的单位统一外运处理	符合
6	第三十二条：在山区、丘陵区、风沙区以及水土保持规划确定的容易发生水土流失的其他区域开办生产建设项目或者从事其他生产建设活动，损坏水土保持设施、地貌植被，不能恢复原有水土保持功能的，应当缴纳水土保持补偿费，专项用于水土流失预防和治理	已计列水土保持补偿费	符合
7	第三十八条：对生产建设活动所占用土地的地表土应当进行分层剥离、保存和利用，做到土石方挖填平衡，减少地表扰动范围；对废弃的砂、石、土、矸石、尾矿、废渣等存放地，应当采取拦挡、坡面防护、防洪排导等措施。生产建设活动结束后，应当及时在取土场、开挖面和存放地的裸露土地上植树种草、恢复植被，对闭库的尾矿库进行复垦	本工程是在原道路基础上进行改扩建，无可剥离表土。填方土利用项目建设挖方，不设取土场。对于临时堆土，方案新增拦挡、坡面防护、防洪排导等措施	符合

②《江苏省水土保持条例》的约束性分析

本工程选址应符合《江苏省水土保持条例》的相关要求，本工程与其制约性分析如表 3.3-2 所示。

表 3.3-2 《江苏省水土保持条例》制约性因素分析

序号	相关条文	相符性分析	分析结论
1	第十七条：在水土流失重点预防区、重点治理区和水土保持规划确定的容易发生水土流失的其他区域开办基础设施建设、矿产资源开发、城镇建设、房地产开发、旅游开发等生产建设项目，生产建设单位应当编制水土保持方案，报项目批准（包括审批、核准）、备案部门同级的水行政主管部门审批	建设单位已按照水土保持法规定，委托江苏省水利科学研究院编报水土保持方案报告书	符合
2	第十八条：在本条例第十七条规定的区域以外建设经济开发区的，开发区管理机构应当采取水土保持措施，预防水土流失	本方案设计了相应水土保持措施体系，预防水土流失	符合
3	第十九条：水土保持方案报告形式分为水土保持方案报告书和水土保持方案报告表。用地面积五万平方米以上或者挖填土石方总量五万立方米以上的生产建设项目，应当编报水土保持方案报告书；其他生产建设项目应当编报水土保持方案报告表。编制水土保持方案应当符合相关技术规范和规定	建设单位已委托第三方编报水土保持方案报告书，报告书严格按照有关技术规范和规定编制	符合
4	第二十七条：开办生产建设项目或者从事其他生产活动造成水土流失的，应当负责治理。损坏水土保持设施、地貌、植被，不能恢复原有水土保持功能的，应当缴纳水土保持补偿费，专项用于水土流失预防和治理。水土保持补偿费的收取使用管理按照国家和省有关规定执行	本方案已对损坏水土保持设施区域计列水土保持补偿费	符合
5	第三十一条：编制水土保持方案的生产建设项目，用地面积五万平方米以上或者挖填土石方总量五万立方米以上的，生产建设单位应当自行或者委托具备水土保持监测工作相应能力和水平的单位，对生产建设活动造成的水土流失进行监测，并将监测情况每季度上报水行政主管部门	本方案已对该建设项目的水土保持监测提出了要求，布设了监测点位，并计列水土保持监测费用	符合

③《生产建设项目水土保持技术标准》制约性因素分析

工程选址还应符合《生产建设项目水土保持技术标准》(GB 50433—2018)的要求。《生产建设项目水土保持技术标准》制约性因素分析表如表 3.3-3 所示。

表 3.3-3 《生产建设项目水土保持技术标准》制约性因素分析

序号	相关条文	相符性分析	分析结论
1	3.2.1.1 主体工程选址(线)应避让下列区域:水土流失重点预防区和重点治理区	本项目无法避让市级水土流失重点治理区,已提高防治标准	符合
2	3.2.1.2 主体工程选址(线)应避让下列区域:河流两岸、湖泊和水库周边的植物保护带	本项目所在区域不涉及左栏中区域	符合
3	3.2.1.3 主体工程选址(线)应避让下列区域:全国水土保持监测网络中的水土保持监测站点、重点试验区及国家确定的水土保持长期定位观测站	本项目所在区域不涉及左栏中区域	符合

(2) 建设方案与布局水土保持评价

①建设方案评价

本项目作为改扩建项目,是城市核心区重要的南北向次干道,路线规划符合相关交通规划和城市规划布局。方案设计时,尽量减少土地分隔,对原线路沿线设施予以了保护利用,大幅度地减少了工程占地,满足水土保持相关要求。本工程施工条件较好,施工运输充分利用现有道路作为施工便道,有利于减少工程占地和扰动面积;供水、供电、通讯等设施充分利用项目区周边的有利条件,引接距离很短,不需另行征地。从水土保持角度分析,主体工程选址和布局总体上是合理的。

②工程占地评价

本项目占地面积总计 4.43 hm^2,其中永久占地 3.93 hm^2,临时占地 0.5 hm^2。工程各项建设活动均在工程征占地范围内,工程扰动地表面积 4.43 hm^2。永久占地为道路红线范围内的面积,用地类型为道路与交通设施用地,占总用地面积的 88.7%。临时占地为施工生产生活区占地,用地类型为绿地和广场用地,占总用地面积的 11.3%,在施工结束后恢复成绿地。主体设计已考虑尽可能减少地表扰动、减少水土资源的占用,减少了植被的破坏,保护了生态环境。综上所述,本项目的工程占地情况符合水土保持要求。

③土石方平衡评价

本项目为改扩建工程,占地主要是原有道路的面积,无有利用价值的表土。挖填方总量 15.04 万 m^3,其中挖方 10.49 万 m^3,填方 4.55 万 m^3,借方 0 万 m^3,弃方 5.94 万 m^3。本项目路基工程所需土石方量较大,因此主体工程在进行设计时应考虑减少挖填方量。施工充分利用项目自身开挖方进行路基填筑,挖方利用率高。余方根据《市政道路工程路基下路床及以下部位的设计施工及验收导则》加工成为再生填料，在项目后期建设中综合利用。

④取土(石、砂)和弃土(石、渣、灰、矸石、尾矿)场设置评价

本工程不设取土场，工程施工过程中所需填土均由工程主体工程设计开挖土方通过土石方平衡解决，从而达到水土保持土石方综合利用的原则。因此，本工程未涉及取土(石、砂)场。本工程弃方拟委托有相应资质的单位运至弃土场。

⑤施工方法与工艺评价

a. 施工时序分析与评价

整体的施工时序如下：首先进行征地范围内的建筑物拆迁，随后进行路基工程、路面工程施工，最终进行附属工程和绿化工程施工。在整个施工过程中，路基防护和排水工程基本贯穿整个路基施工过程，施工组织设计满足土石方相互调配的时序要求。为避免施工期人为因素造成弃土和水土流失，各施工单位应及时相互沟通，并同时做好临时堆土的防护措施。从水土保持角度来看，本项目施工进度是合理的，施工时序符合水土保持要求。

b. 施工工艺分析与评价

路基工程施工横向上，先修涵洞、通道，确保路基填筑时，能够正常发挥其使用功能；路基工程施工纵向上，先修截排水沟，并与周边排水系统顺接，确保路基填筑、开挖时能够发挥拦截、引导地表径流功能；挖方"随挖随运"，填方采取挖掘机配自卸车的施工工艺，避免了铲运机大范围扒皮取土，破坏地表土层和植被的现象，缩减地表扰动范围，施工工艺满足水土保持要求。

(3) 主体工程设计中水土保持措施界定

①路面硬化，主体工程区将对地面进行硬化处理，可有效防止地表裸露产生水土流失，具有很好的水土保持功能。

②雨水管网，全线现状道路两侧机动车道下敷设有ϕ 600～ϕ 800 雨水管，以中心道路为界，分两段分别向北排入ϕ 600 雨水管，向南排入ϕ 1 000 雨水管，可以有效地排除道路周边地表积水，减少因雨水而造成的新的水土流失，具有很好的水土保持作用和防治效果。

③植物措施，分车带绿化包含两侧各 2.5 m 宽侧分带，可有效涵养水土，具有很好的水土保持作用。

④临时措施，主体工程设计了密目网苫盖对分车绿化带、行道树框格等临时裸露的土地进行保护，可以有效地减少对项目区地表扰动，减少项目区的水土流失。

通过对上述主体设计中具有水土保持功能工程的分析评价，按《生产建设项目水土保持技术标准》中的界定原则，将以水土保持功能为主的工程界定为水土保持措施，包括雨排水管网、截排水、临时拦挡、绿化、洗车平台等。

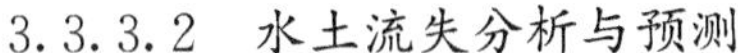

3.3.3.2 水土流失分析与预测

(1) 水土流失现状

根据《全国水土保持区划(试行)》和《土壤侵蚀分类分级标准》(SL190—2007)可知，本工程所在区域属于我国南方红壤丘陵区的长江中下游平原区，容许土壤侵蚀模数为 500 t/(km^2 · a)。根据项目区土壤侵蚀的背景资料和工程建设特点，项目区水土流失类型主要为典型的水力侵蚀，水土流失预测采用经验公式法，计算本项目建设区不同时段内预测单元的侵蚀背景值，预测新增水土流失量。

①水土流失预测公式

原生地表土壤侵蚀量，按以下预测模型计算

$$W_{S_0} = \sum_{i=1}^{n} F_{0i} M_{0i} T_{0i} \tag{3.3-1}$$

式中：W_{S_0}—原生地面土壤侵蚀量，t；i—预测单元，1，2，3，…，$n-1$，n；F_{0i}—不同土地利用类型面积，km^2；M_{0i}—不同预测单元土壤侵蚀模数背景值，t/(km^2 · a)；T_{0i}—预测时段，a。

②扰动地表土壤侵蚀量，按以下预测模型计算

对于扰动地表，不同的分部分项工程、不同时段、扰动形式和程度不同，其侵蚀模数亦不相同。因此扰动地表土壤侵蚀量，按以下预测模型计算：

$$W_{S_1} = \sum_{i=1}^{n} F_{1i} M_{1i} T_{1i} \tag{3.3-2}$$

式中：W_{S_1}—扰动地表新增水土流失量，t；i—预测单元，1，2，3，…，$n-1$，n；F_{1i}—第 i 个预测单元的面积，km^2；M_{1i}—不同预测单元扰动后的土壤侵蚀模数，t/(km^2 · a)；T_{1i}—预测时段，a。

③新增土壤侵蚀量按下式计算

$$\Delta W_S = W_{S_1} - W_{S_0} \tag{3.3-3}$$

式中：W_{S_0}—原生地面土壤侵蚀量，t；W_{S_1}—扰动地面土壤侵蚀量，t；ΔW_S—新增土壤侵蚀量，t。

按照上述土壤侵蚀模数背景值和扰动后土壤侵蚀模数，结合项目分区面积、预测时段，可计算出预测流失量和新增水土流失量。计算结果详见表 3.3-4：本工程原地貌各区水土流失背景值为 10.92 t，在不采取任何防治措施的前提下共造成土壤侵蚀量总计为 168.49 t，新增水土流失 157.57 t。

表 3.3-4 本工程水土流失量预测结果表

施工阶段	预测单元	扰动后侵蚀模数[t/(km²·a)]	侵蚀模数背景值[t/(km²·a)]	流失面积(hm²)	流失时间(a)	预测流失量(t)	背景流失量(t)	新增流失量(t)	新增比例(%)
施工准备期	施工生产生活区	6 267	323	0.5	1	31.34	1.62	29.72	18.86
施工期	路基工程区	8 292	323	3.93	0.4	130.35	5.08	125.27	79.51
	施工生产生活区	627	323	0.5	0.4	1.25	0.65	0.61	0.39
	小计	/	/		/	162.94	7.34	155.60	98.75
自然恢复期	路基工程区（绿化部分）	500	323	0.61	1	3.05	1.97	1.08	0.69
	施工生产生活区	500	323	0.5	1	2.50	1.62	0.89	0.56
	小计	/	/		/	5.55	3.59	1.96	1.25
合计		/	/	/	/	168.49	10.92	157.57	100

(2) 水土流失危害分析

通过水土流失预测可以看出，工程建设会在一定程度上改变、破坏原有地貌植被，造成原有水土保持设施的损坏，形成的再塑地貌土层松散、地表裸露，土壤失去了原有固土抗蚀能力，从而引起水土流失。在项目建设与运行过程中如不采取有效的防治措施，可能使沿线土壤侵蚀加剧，造成当地生态环境恶化，影响当地居民生活。水土流失危害主要表现如下：

①工程建设过程中将破坏原生地貌和植被，打破原有生态系统形成的相对平衡；

②水蚀增加了附近沟、河的泥沙量，不利于行洪安全，破坏水体环境；

③工程建设扰动和破坏了原本相对稳定的土层和地表土壤，降低了土地生产力，加剧了沿线及周边区域的水土流失；

④占用或毁坏自然资源，破坏当地的自然环境；

⑤增加了公路的维护压力，影响城市卫生和行车安全。

(3) 指导性意见

①合理安排施工时序

该工程新增土壤侵蚀量主要发生在施工期，侵蚀强度较大，因此施工过程中的临时防护措施就显得尤为重要。在施工过程中，应结合各道路的地形情况，采取截排水、挡护等临时防护措施。

②做好汛期防护

由于该区域雨季长,降水较为集中,在汛期施工一定要做好“拦排盖沉”四大临时措施,需充分发挥拦挡(拦)、排水沟(排)、苫盖(盖)、沉砂池(沉)等临时防治措施的作用,确保泥沙不流出项目区外。

③恢复林草植被

施工后应及时恢复破坏的林草植被。在植物配置方面应注重选用乡土型植物品种,采用乔、灌、草结合的立体配置进行防治,尽可能地恢复自然生态植被,使施工对当地生态环境的破坏影响降至最低。

3.3.3.3 水土保持措施

(1) 防治区划分

水土流失防治分区原则是:场区项目组成基本一致,工程特点相似;区内水土流失形式和特点基本一致,主导性防治措施具有同一性;区内土地利用方向具有一致性。据此,本工程水土流失防治责任范围面积 4.43 hm^2。水土流失防治责任范围详见表 3.3-5。

表 3.3-5 工程水土流失防治责任范围表 单位:hm^2

防治分区	项目建设区占地面积			占地类型
	永久占地	临时占地	小计	
路基工程区	3.93	0	3.93	道路与交通设施用地
施工生产生活区	0	0.50	0.50	道路与交通设施用地
合计	3.93	0.50	4.43	

(2) 措施总体布局

水土流失防治措施总体布局,遵循“预防为主,保护优先,全面规划,综合治理,因地制宜,突出重点,加强管理,注重效益”的方针,按照预防和治理相结合的原则,坚持局部与整体防治、单项防治措施与综合防治措施相协调、兼顾生态效益和经济效益,按分区进行防治措施总体布局。本方案水土流失防治措施由工程措施、植物措施、临时措施三部分组成,水土流失防治措施综合防治体系如图 3.3-1 所示,水土保持措施主要工程量如表 3.3-6 所示,水土保持措施实施计划如表 3.3-7 所示。

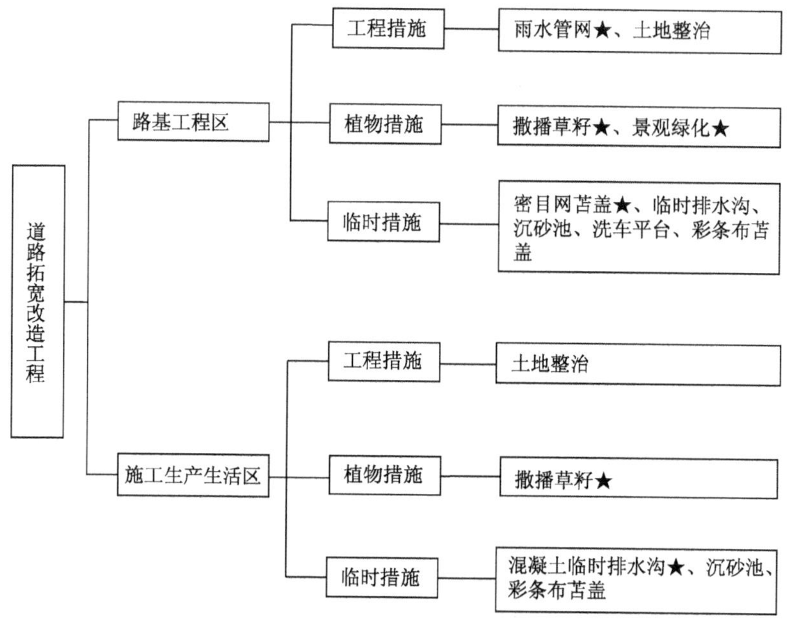

图 3.3-1　水土保持防治措施体系布局

表 3.3-6　本工程水土保持措施的工程量汇总

防治分区	措施项目		水土保持工程	单位	数量
路基工程区	工程措施	主体已有	雨水管网	m	510
		方案新增	土地整治	hm²	0.61
	植物措施	主体已有	撒播草籽	m²	9 500
		主体已有	景观绿化	hm²	0.61
	临时措施	主体已有	密目网苫盖	m²	6 100
			临时排水沟	m	2 315
		方案新增	沉砂池	座	4
			洗车平台	个	1
			彩条布苫盖	m²	1 000
施工生产生活区	工程措施	方案新增	土地整治	hm²	0.50
	植物措施	方案新增	撒播草籽	m²	5 000
	临时措施	主体已有	混凝土临时排水沟	m	300
		方案新增	沉砂池	座	2
			彩条布苫盖	m²	500

表 3.3-7 水土保持措施实施进度表

分区	项目名称		2019年										2020年				
			3	4	5	6	7	8	9	10	11	12	1	2	3	4	5
路基工程区	主体工程				——	——	——	——	——	——	——	——	——	——	——	——	——
	工程措施	雨水管网			——	——	——	——									
		土地整治													- -	- -	
	植物措施	喷播草籽															——
		景观绿化															——
	临时措施	密目网苫盖				- -	- -	- -	- -	- -	- -	- -	- -	- -	- -	- -	
		临时排水沟				- -	- -	- -									
		沉砂池				- -	- -	- -									
		洗车平台			- -												
		彩条布苫盖				- -	- -	- -	- -	- -	- -	- -	- -	- -	- -	- -	
施工生产生活区	主体工程		——	——													
	工程措施	土地整治													- -	- -	
	植物措施	撒播草籽															- -
	临时措施	混凝土临时排水沟	- -														
		沉砂池	- -														
		彩条布苫盖	- -	- -	- -	- -	- -	- -	- -	- -	- -	- -	- -	- -	- -	- -	

注：———— 主体工程　- - - - - - - 水保措施

3.4 水土保持动态监测

水土保持动态监测是利用多种方式，对生产项目建设期间的水土流失数量、水土流失强度及水土流失分布进行动态监测，检验项目建设区水土保持防治措施实施效果。

3.4.1 水土保持动态监测原则

（1）全面监测与重点监测相结合的原则，根据水土保持措施主体布局及水土流失预测情况，布设监测点和监测小区；

（2）以地表扰动区为中心，监测不同扰动类型水土流失量的原则；

(3) 围绕水土流失 6 项防治目标开展监测的原则;

(4) 定期调查与动态监测相结合的原则;

(5) 以水土流失严重时段和部位为重点的监测原则;

(6) 观测点位具有代表性的原则。

3.4.2 水土保持动态监测内容

水土保持监测内容包括以下几个方面:

(1) 项目区水土保持生态环境变化监测包括地形、地貌和水系的变化情况,项目占地和扰动地表面积等,包括:①降雨量、降雨强度等监测,收集工程区内或临近区域气象站的气象观测数据;②地形、地貌、植被的扰动面积和扰动强度的变化;③土壤侵蚀背景值监测,现场调查或收集当地水土保持监测站的观测数据;④土壤性质指标量测。

(2) 项目区水土流失动态监测。对项目区进行宏观调查,了解工程建设前后水土流失面积变化情况、水土流失量变化情况、水土流失程度变化情况,统计不同时段水土流失类型、面积、程度与分布情况,包括:①复核建设项目占地面积、扰动地表面积;②复核项目挖填方数量、面积和各施工阶段产生的弃土、弃渣、挖填量及堆放面积;③工程建设引起的水土流失量监测,项目建设区扰动地表、挖填等施工活动引起的水土流失数量以及变化情况,可通过简易坡面量测法和简易径流小区法等地面观测方法进行监测。

(3) 水土保持措施防治效果监测,包括各类防治措施的数量和质量,林草措施的成活率、保存率、生长情况及覆盖率,工程措施的稳定性、完成程度和运行情况,以及各类防治措施的拦渣保土效果。

(4) 重大水土流失事件监测,包括防治责任范围内发生的重大水土流失事件影响范围以及造成的危害。

3.4.3 水土保持动态监测方法

3.4.3.1 实地调查

(1) 调查、记录各施工单元在施工过程中的地形地貌、地表扰动等因子的变化情况;

(2) 实地丈量施工过程中的土方周转场、弃土场堆放量;

(3) 开挖坡面的坡度控制情况;

(4) 用抽样方法调查林草成活率、保存率、生长情况及覆盖率;

(5) 水土流失对周围环境影响;

(6) 检查水土保持措施运行情况、完好率;

(7) 在主体工程区、施工场地等地设相对固定临时调查监测点位,作为防治目标计算的辅助资料。

3.4.3.2 地面观测

对不同地表扰动类型,侵蚀强度的监测方法主要采用沉砂池法,即:在各分区排水出口处设置沉沙设施或在堆土坡面设简易小区末端设沉沙池,定期观测沉沙设施中的泥沙沉积量,通过采样、分析泥沙含量,推算水土流失量。计算公式采用

$$M = \sum_{i=1}^{n} \left(\frac{a_i \times v_i + Y_i}{S} \right) \tag{3.4-1}$$

式中:M—土壤侵蚀模数,t/km^2;a_i—单次监测取样单位体积水样中的泥沙含量,t/m^3;V_i—水样总体积,m^3;Y_i—沉沙池内淤积物质量,t;S—监测小区面积,km^2。

3.4.3.3 野外实验和巡查法

在施工期间对主体工程具有水保能力的项目是否满足要求进行巡视、巡测,不满足的及时采取措施补救,包括:监测车辆对路面的压实程度是否密实,是否有表土出露的地方,如有应及时洒水、碾压或进行植被恢复;弃渣是否运至指定的弃渣场堆放,有无随意堆弃,如有,应及时进行处理,将弃渣拉回指定弃渣场;临时措施防护主要监测水保方案制定的填土草袋压盖是否能满足压盖要求,如不满足及时增加填土草袋压盖量,以减少施工期水土流失量的发生。

3.4.3.4 径流小区观测法

径流小区指修建于坡面,具有一定控制面积,四周带围埂,用于收集围埂范围内降水所产生的径流泥沙的设施。适用于观测各种类型坡面的径流、泥沙及面源污染。径流小区的观测内容必须包括降水情况(降水量、降水强度)、径流量、泥沙量,同时按照观测项目的要求,选择性观测产流产沙过程、污染物流失量和土壤理化性质、植被变化、耕作等情况。

3.4.3.5 桩钉法

布设长 20 m、宽 5 m 的样地,在样方小区内以 1 m×5 m 的间距布置 20 支带有刻度的铁制测针,并记录初始刻度。以后每逢暴雨后及汛期前后各测一次,观测测针刻度并记录,以此反映治理后坡面水土流失的变化情况。

3.4.4 水土保持动态监测频次

监测时段分为工程建设期和自然恢复期两个阶段。工程施工期:根据工程进度和水土流失预测情况定期监测,正在实施的水土保持措施建设情况等至少每

10 d监测记录 1 次；扰动地表面积、水土保持工程措施拦挡效果等至少每 1 个月监测记录 1 次；主体工程建设进度、水土流失影响因子等至少每 3 个月监测记录 1 次。遇暴雨、大风等情况应及时加测。水土流失灾害事件发生后 1 周内完成监测。自然恢复期：根据分区段不同情况，在竣工后 1 年内，汛前、汛期、汛后各监测 1 次，水土保持植物措施生长情况等至少每 3 个月监测记录 1 次。

3.5 基于航片的土地利用类型变化监测

土地利用类型的变化直接反映地表地物的动态变化，因而对水土流失动态监测具有极为重要的意义，而利用高分辨航拍影像进行土地利用类型识别，可以大大提高工作效率。以下以江苏省典型灌区为例，进行简单的土地利用类型分类介绍。

3.5.1 南京市浦口区永宁、江浦街道

南京市浦口区行政区划如图 3.5-1 所示。基于相关航拍影像，分别统计其农田、林地(含草地)、水域面积。

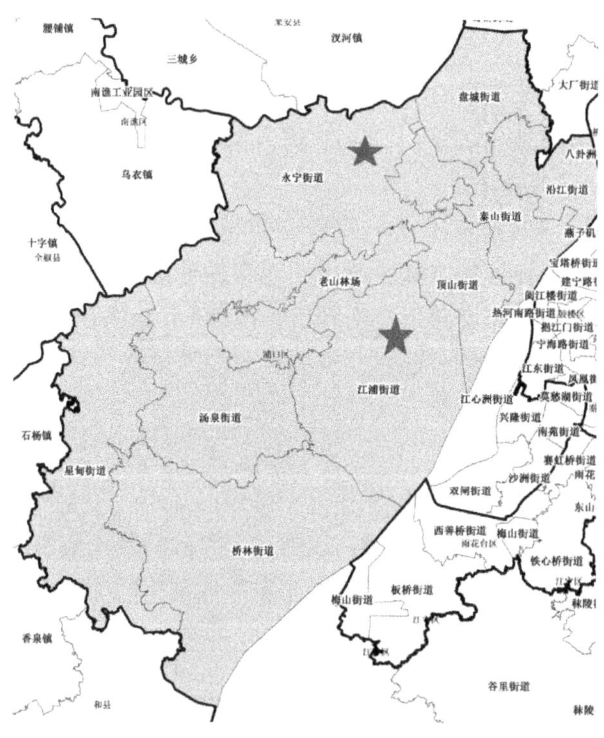

图 3.5-1　江浦街道行政区划：五角星为土地利用类型识别区域(下同)

3.5.1.1 永宁街道

2016年1月上旬和2019年3月中旬永宁街道航拍影像分别如图3.5-2和图3.5-3所示，其中：2016年分辨率0.3 m，2019年分辨率0.5 m。参考表3.5-1，基于2016年影像图：永宁街道的农田、水域、林地的面积分别为4.76万亩、4.07万亩、4.23万亩；基于2019年影像图：永宁街道的农田、水域、林地的面积分别为4.58万亩、3.8万亩、4.23万亩。2019年影像相对于2016年，农田面积减少了0.18万亩，水域面积减少0.27万亩，林地面积未变化。

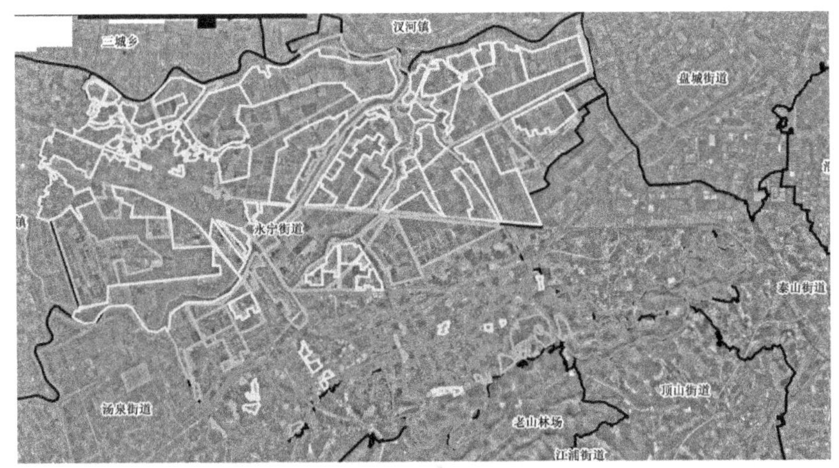

图3.5-2 2016年永宁街道影像图

图3.5-3 2019年永宁街道影像图

表 3.5-1 永宁街道土地面积统计表

类别		面积(m^2)	面积(万亩)
2016 年	农田	31 718 500	4.757 8
	水域	27 145 800	4.071 9
	林地	28 213 900	4.232 1
2019 年	农田	30 555 700	4.583 3
	水域	25 333 500	3.800 0
	林地	28 213 900	4.232 1

3.5.1.2 江浦街道

2016 年 6 月中旬和 2019 年 3 月中旬江浦街道航拍影像分别如图 3.5-4 和图 3.5-5 所示,其中:2016 年分辨率 0.5 m,2019 年分辨率 0.3 m。参考表 3.5-2,基于 2016 年影像图:江浦街道的农田、水域、林地的面积分别为 1.33 万亩、2.65 万亩、1.46 万亩;基于 2019 年影像图:江浦街道的农田、水域、林地的面积分别为 0.74 万亩、2.57 万亩、1.10 万亩。2019 年影像相对于 2016 年,农田面积减少了 0.59 万亩,水域面积减少 0.08 万亩,林地面积减少 0.36 万亩。

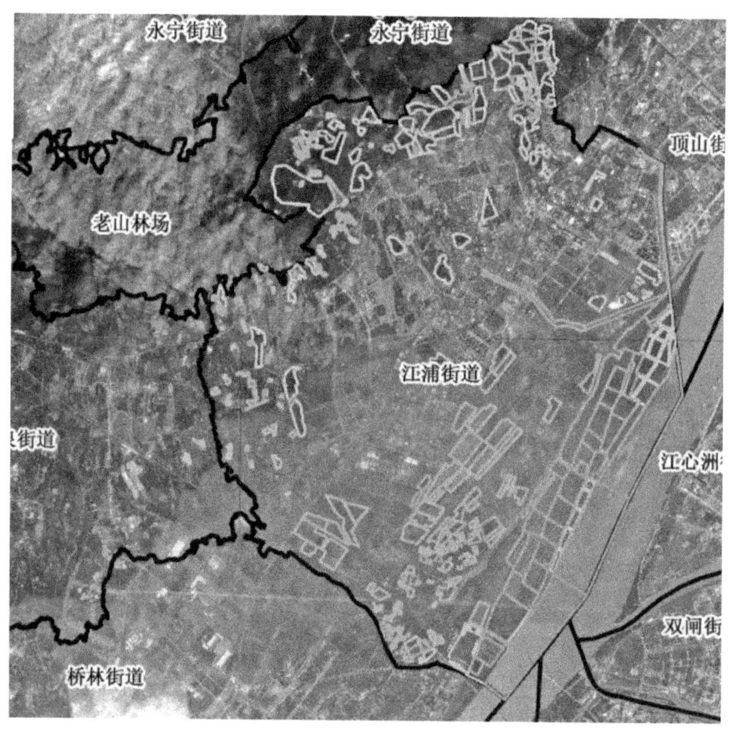

图 3.5-4 2016 年江浦街道影像图

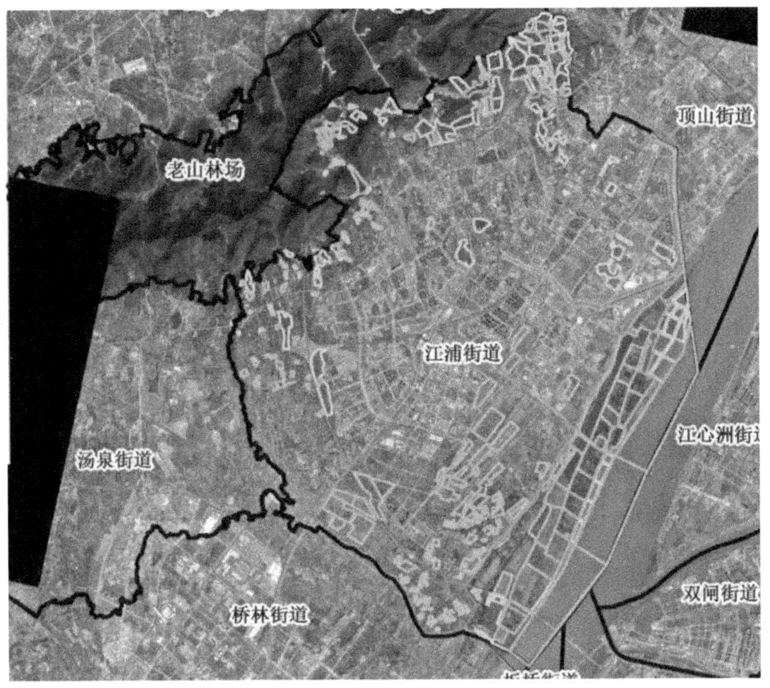

图 3.5-5　2019 年江浦街道影像图

表 3.5-2　江浦街道土地面积统计表

类别		面积(m^2)	面积(万亩)
2016 年	农田	8 892 406	1.333 4
	水域	17 680 630	2.652 1
	林地	9 714 486	1.457 2
2019 年	农田	4 944 179	0.741 7
	水域	17 164 326	2.574 7
	林地	7 312 535.5	1.096 9

3.5.2　盐城市大纵湖镇、阜宁板湖镇

盐城市大纵湖镇、阜宁板湖镇行政区划如图 3.5-6、图 3.5-7 所示。基于相关航拍影像，分别统计其农田、林地(含草地)、水域面积。

3.5.2.1　大纵湖镇

2016 年 5 月中旬和 2019 年 3 月上旬大纵湖镇航拍影像分别如图 3.5-8 和图

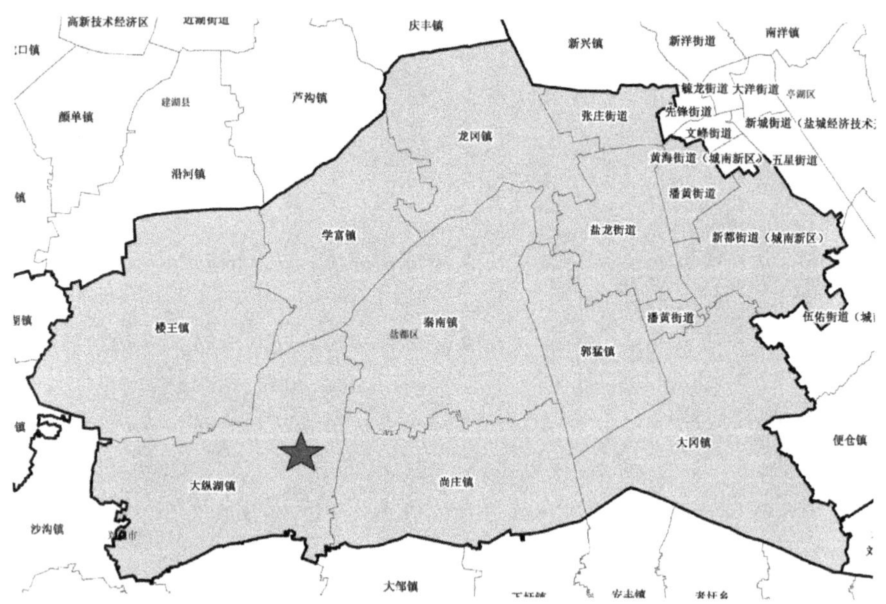

图 3.5-6　大纵湖镇行政区划

图 3.5-7　板湖镇行政区划

3.5-9所示，其中：2016 年分辨率 0.3 m，2019 年分辨率 0.5 m。参考表 3.5-3，基于 2016 年影像图：大纵湖镇的农田、水域、林地的面积分别为 6.64 万亩、6.05 万亩、0.20 万亩；基于 2019 年影像图：大纵湖镇的农田、水域、林地的面积分别为 5.70 万亩、5.88 万亩、0.20 万亩。2019 年影像相对于 2016 年，农田面积减少了 0.94 万亩，水域面积减少 0.17 万亩，林地面积未变化。

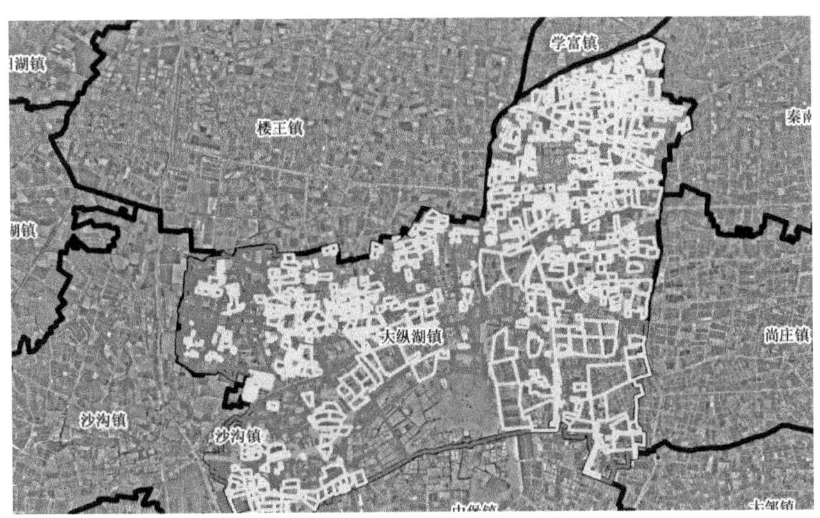

图 3.5-8　2016 年大纵湖镇影像图

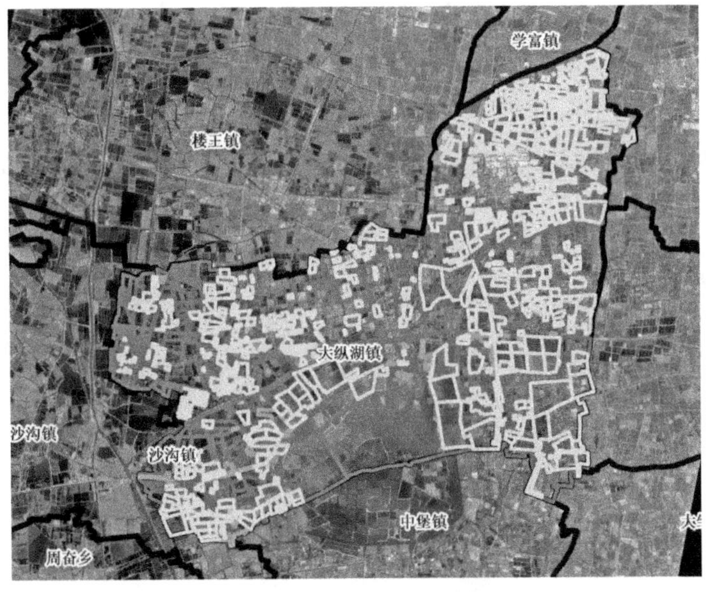

图 3.5-9　2019 年大纵湖影像图

表 3.5-3　大纵湖镇土地面积统计表

类别		面积(m^2)	面积(万亩)
2016 年	农田	44 287 860	6.643 2
	水域	40 305 532	6.045 8
	林地	1 314 399	0.197 2
2019 年	农田	38 019 200	5.702 9
	水域	39 223 900	5.883 4
	林地	1 314 400	0.197 2

3.5.2.2　板湖镇

2016 年 3 月中旬和 2019 年 3 月中旬板湖镇航拍影像分别如图 3.5-10 和图 3.5-11所示，其中：2016 年分辨率 0.3 m，2019 年分辨率 0.5 m。参考表 3.5-4，基于 2016 年影像图：板湖镇的农田、水域、林地的面积分别为 6.11 万亩、0.24 万亩和小于 0.000 1 万亩；基于 2019 年影像图：板湖镇的农田、水域、林地的面积分别为 5.90 万亩、0.24 万亩和小于 0.000 1 万亩。2019 年影像相对于 2016 年，农田面积减少了 0.21 万亩，水域面积和林地面积未变化。

图 3.5-10　2016 年板湖镇影像图

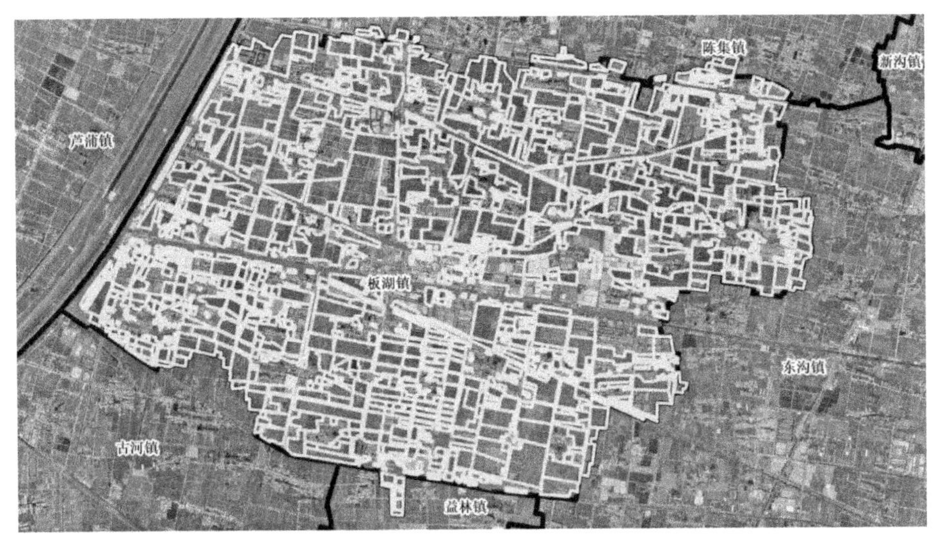

图 3.5-11 2019 年板湖镇影像图

表 3.5-4 板湖镇土地面积统计表

类别		面积(m^2)	面积(万亩)
2016 年	农田	40 762 188	6.114 4
	水域	1 587 101.25	0.238 1
	林地	/	/
2019 年	农田	39 349 792	5.902 5
	水域	1 587 101.25	0.238 1
	林地	/	/

3.5.3 泰州市姜堰区桥头镇

泰州市姜堰区桥头镇行政区划如图 3.5-12 所示。基于相关航拍影像，分别统计其农田、林地(含草地)、水域面积。

2016 年 5 月中旬和 2019 年 3 月中旬桥头镇航拍影像分别如图 3.5-13 和图 3.5-14所示，其中:2016 年分辨率 0.3 m,2019 年分辨率 0.5 m。参考表 3.5-5,基于 2016 年影像图:桥头镇的农田、水域、林地的面积分别为 2.81 万亩、1.17 万亩、0.06 万亩;基于 2019 年影像图:桥头镇的农田、水域、林地的面积分别为 2.29 万亩、1.1 万亩、0.02 万亩。2019 年影像相对于 2016 年，农田面积减少了 0.52 万亩，水域面积减少 0.06 万亩，林地面积减少 0.04 万亩。

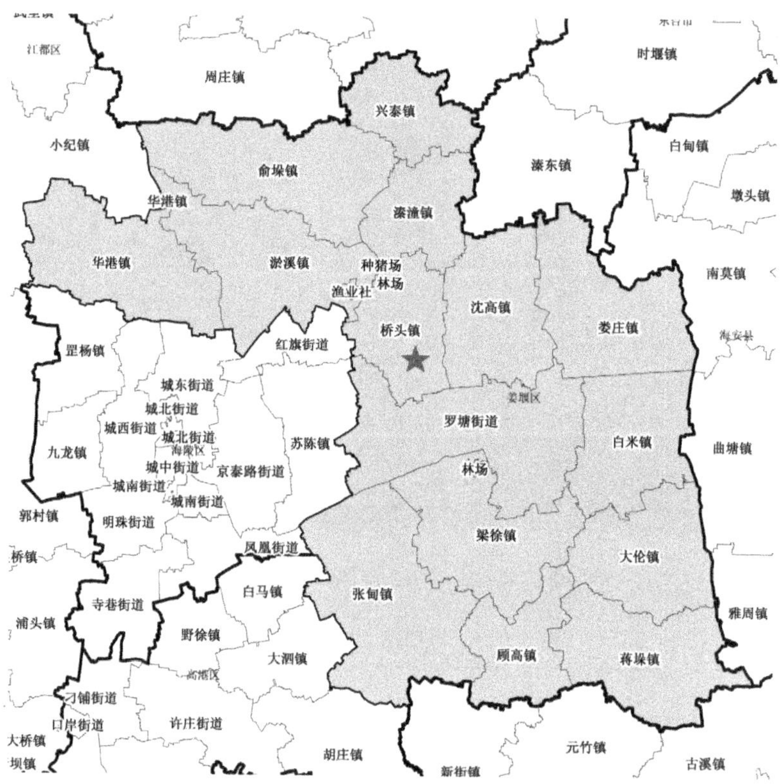

图 3.5-12　桥头镇行政区划图

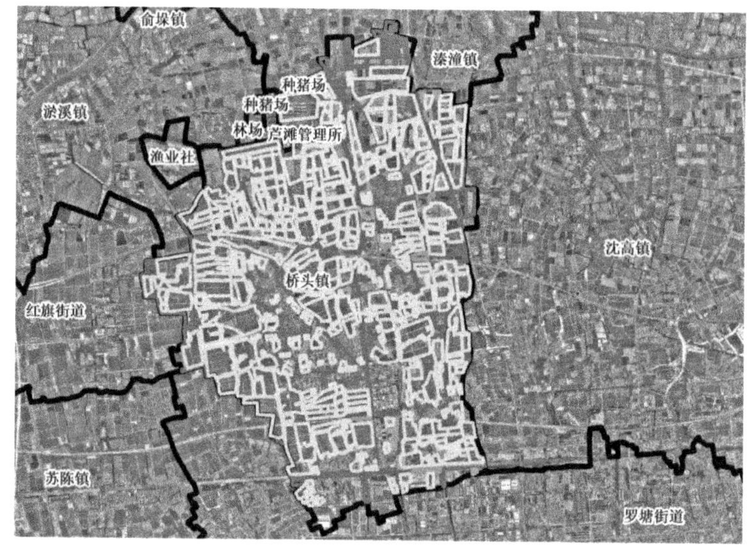

图 3.5-13　2016 年桥头镇影像图

图 3.5-14 2019 年桥头镇影像图

表 3.5-5 桥头镇土地面积统计表

类别		面积(m^2)	面积(万亩)
2016 年	农田	18 703 600	2.805 5
	水域	7 822 550	1.173 3
	林地	382 364	0.057 3
2019 年	农田	15 246 700	2.287 0
	水域	7 361 280	1.104 2
	林地	114 450	0.017 2

3.5.4 无锡市江阴区云亭街道

无锡市江阴区云亭街道行政区划如图 3.5-15 所示。基于相关航拍影像，分别统计其农田、林地(含草地)、水域面积。

2016 年 3 月中旬和 2019 年 5 月中旬云亭街道航拍影像分别如图 3.5-16 和图 3.5-17所示，其中：2016 年分辨率 0.3 m，2019 年分辨率 0.5 m。参考表 3.5-6，基于 2016 年影像图：云亭街道的农田、水域、林地的面积分别为 0.91 万亩、0.42 万亩、0.95 万亩；基于 2019 年影像图：云亭街道的农田、水域、林地的面积分别为 0.84 万亩、0.45 万亩、0.93 万亩。2019 年影像相对于 2016 年，农田面积减少了 0.069 万亩，水域面积增加了 0.04 万亩，林地面积减少 0.01 万亩。

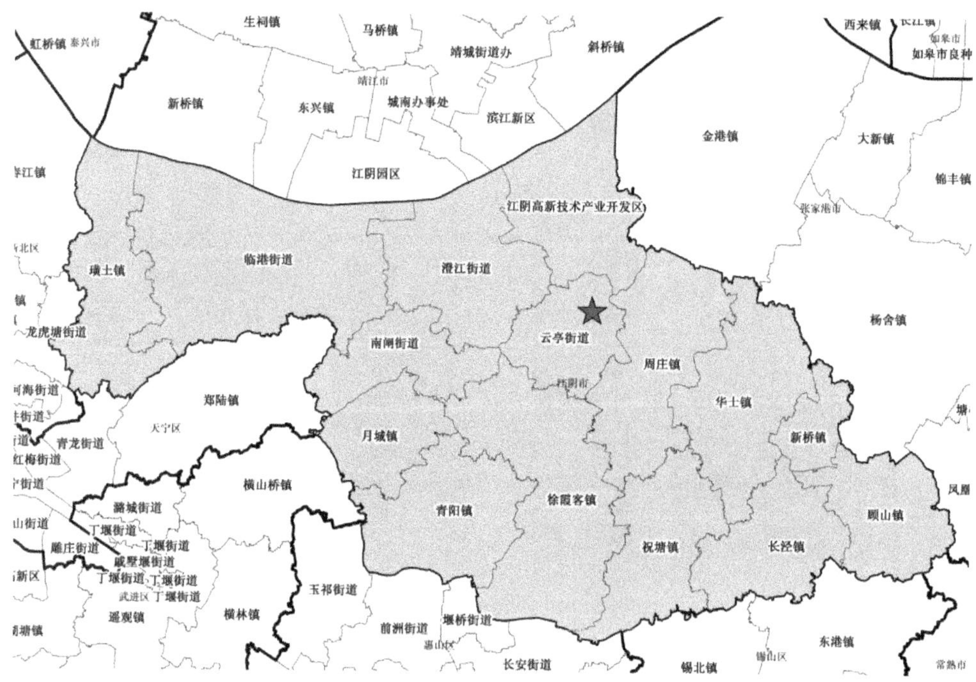

图 3.5-15　无锡市江阴区云亭街道区划图

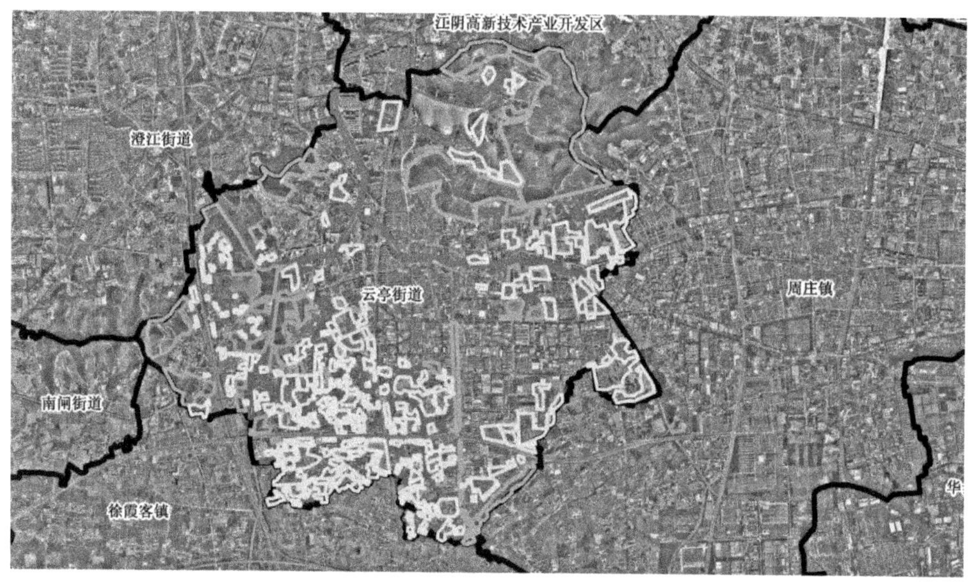

图 3.5-16　2016 年云亭街道影像图

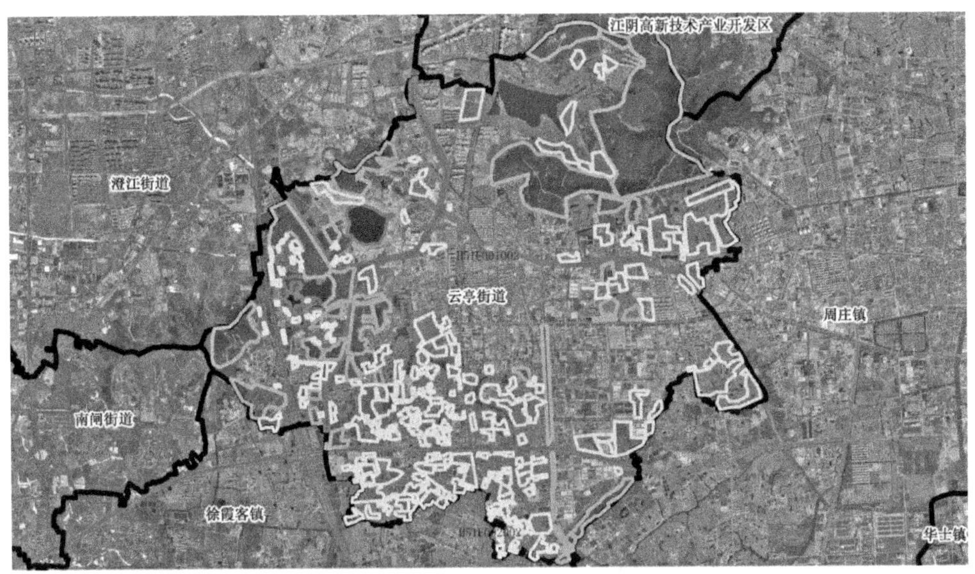

图 3.5-17 2019 年云亭街道影像图

表 3.5-6 云亭街道土地面积统计表

类别		面积(m^2)	面积(亩)
2016 年	农田	6 056 492.5	9 084.74
	水域	2 747 446.75	4 151.17
	林地	6 313 597.5	9 470.40
2019 年	农田	5 597 727	8 396.59
	水域	3 026 430.25	4 539.65
	林地	6 225 651.5	9 338.48

4 节水灌溉实用技术

江苏沿海地区淡水资源缺乏，加上入海河道水质差，导致“水”成为江苏沿海发展面临的最紧迫、最直接、最主要的资源型约束条件。发展节水灌溉是节约农业用水，缓解水资源不足的有效途径，是转变农业增长方式，使传统农业向高产、优质、高效农业转变的重大战略举措，是解放和发展农业生产力的重要措施，对江苏沿海地区的经济和社会发展具有重大意义。本章着重介绍了微灌(滴灌、喷灌)及控灌技术、农场水资源供需平衡分析技术、高标准农田建设及节水效益、江苏省的农业用水计量方法、江苏省的农业水价综合改革等。

4.1 微灌(滴灌、喷灌)及控灌技术

针对江苏沿海新围垦滩涂土壤盐分含量不同，采取不同的节水灌溉技术：土壤盐分<2‰，采取滴灌技术种植大棚青椒；土壤盐分 2‰～3‰，采取稻麦轮作节水控灌技术种植水稻；土壤盐分 3‰～4‰，采取滴灌、微喷技术种植大棚西瓜。通过对比分析节水灌溉与常规灌溉两种模式下作物产量与经济效益之间的差异。

4.1.1 试验基本情况

4.1.1.1 试验区选址

本次试验选址所在地江苏省东川农场隶属于东台市，具体坐标：东经 120°51′52″，北纬 32°59′09″，属典型的淤进型滩涂地，地势平坦，地面高程在 3.7～4.2 m 之间，试验前各试区土壤理化性状如表 4.1-1 所示。

表 4.1-1 试验前土壤(0～20 cm)理化性状

试区	全盐(g/kg)	pH	土壤粒径(%)			有机质(g/kg)	密度(g/cm^3)
			砂粒	粉砂	黏粒		
大棚西瓜	3.07	8.23	37.1	62.6	0.3	9.3	1.37

续表

试区	全盐(g/kg)	pH	土壤粒径(%)			有机质(g/kg)	密度(g/cm^3)
			砂粒	粉砂	黏粒		
大棚青椒	2.16	8.14	29.9	69.3	0.8	11.0	1.34
淮稻 5 号	1.47	8.11	16.8	81.6	1.6	12.7	1.30

4.1.1.2 试验品种选择

本次大棚西瓜试验主要选择早春红玉、特小凤和京欣 1 号作为试验推广种植品种；水稻控灌种植的品种选择淮稻 5 号，该品种具有高产、稳产、抗病虫害、抗倒伏的特点，在本地区具有比较大的种植面积；大棚青椒种植品种为苏椒 5 号，该品种在我省苏北地区有广泛的种植基础。

4.1.2 试验方案概述

按试验设计要求，试验区南北长约 1 050 m，东西宽约 940 m，其间以一条东西向田间机耕道一分为二(见图 4.1-1)。机耕道以北、农场路以西部分为大棚西瓜区，主要以微喷、滴灌技术为主种植大棚西瓜；机耕道以南、农场路以西部分为水稻试验区，采取稻麦轮作制度，运用节水控灌技术，推广种植水稻；机耕道以北、农场路以东为大棚青椒区，主要推广以滴灌技术为主种植大棚青椒。

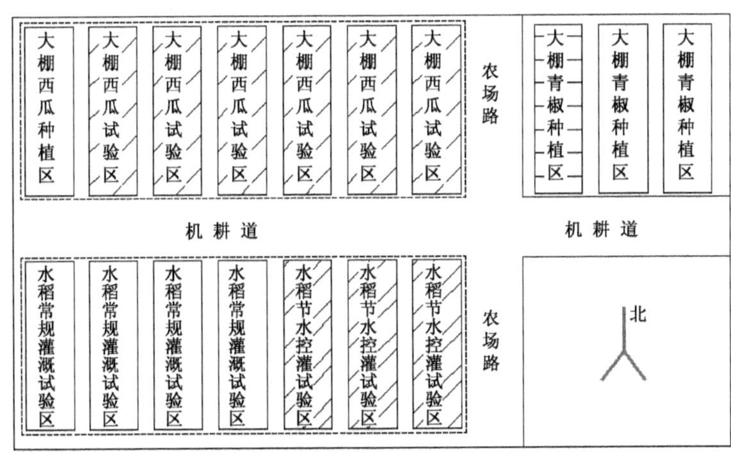

图 4.1-1 节水灌溉试验区平面布置示意图

大棚西瓜试验区具体布设见图 4.1-2。单个大棚铺设管道时南北向布置约为 170 m左右，具体大棚试验喷灌和滴灌设计尺寸和安装后实际效果见图 4.1-3、图4.1-4。

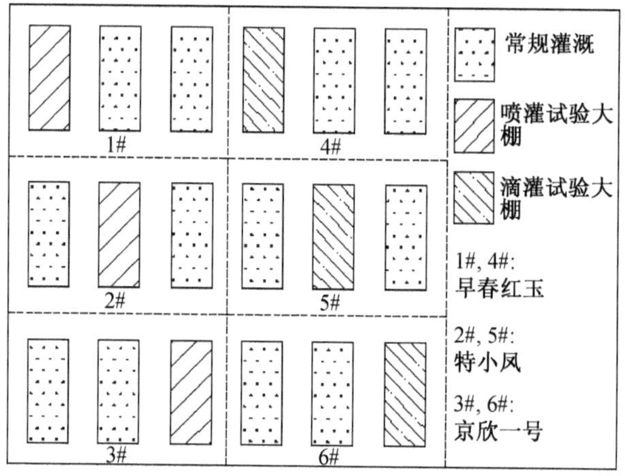

图 4.1-2　大棚西瓜试验区布设图

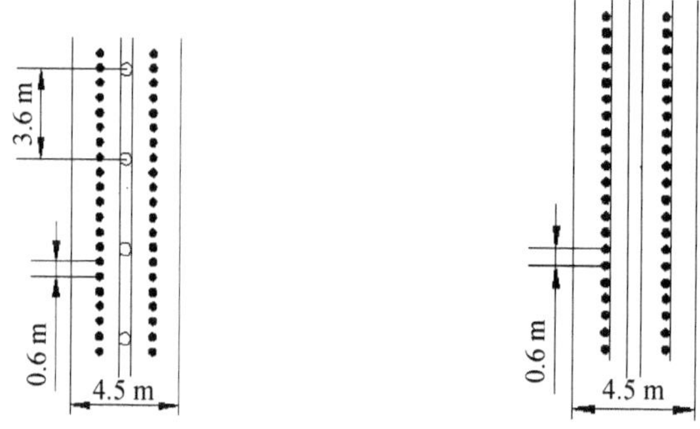

图 4.1-3　大棚西瓜微喷灌设计图　　图 4.1-4　大棚西瓜滴管设计图

结合江苏省东川农场大棚蔬菜种植现状，选址于机耕道以北、农场路以东的12座大棚作为青椒滴灌试验区。大棚青椒试验区的平面布置图及滴灌带安装示意图见图 4.1-5 和图 4.1-6。

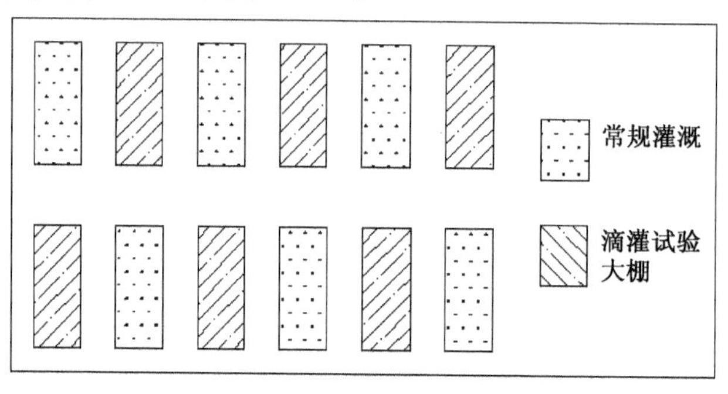

图 4.1-5　大棚青椒试验区平面布置图

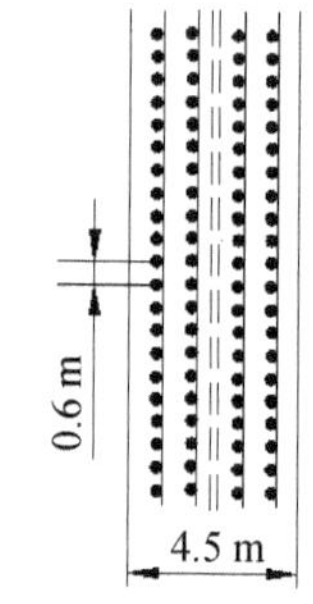

图 4.1-6　大棚青椒滴灌带安装设计图

4.1.2.1　大棚西瓜滴灌技术

大棚西瓜滴灌技术采用三级式滴灌技术，即干管、支管和滴灌毛管。标准大棚的尺寸为 170.0 m×4.5 m，在大棚中间位置纵向挖一条宽 50 cm、深 30 cm 的墒沟降渍，毛管滴头流量选用 2.2 L/h，滴头间距为 60 cm，使用 100 cm 宽的地膜，相邻 2 条毛管间距 2.0 m，用水量为 16.3 $m^3/(hm^2 \cdot h)$。对于水分横向扩散能力弱、垂直下渗能力强的沙性土壤地块，采用 4 膜 2 管布管方式，灌溉效果较好。毛管直接安装在支管上，支管接干管，干管直接与水源系统相接。

滴灌时，采用泵站提东台河水过滤后灌溉，过滤器采用 8～10 目(孔径 1.651～2.362 mm)的纱网过滤。在某些特定时段，河水水质盐分含量偏高达不到灌溉要求时，采用地下水作为备用水源临时灌溉。毛管的布置与种植行平行，每株西瓜根部布置一个出水孔进行滴灌灌溉，支管垂直于西瓜种植行。干管埋入地下 60 cm 深，然后与支管相连通。滴灌毛管与支管采用三通连接，即在支管上部打孔，将按扣三通压入，两端连接毛管。在使用普通三通时，须调好出水孔大小或使用阀门三通，以保证各滴灌毛管出水均匀。滴灌毛管尾部封堵采用打三角结，或将毛管尾部向回折，然后剪一小段管套住即可。主管带尾部封堵采用接一小段主管带打三角结，或将主管尾部 30 cm 处折三折，再剪 2～5 cm 主管套上即可。

4.1.2.2　大棚西瓜微喷技术

大棚西瓜的微灌技术需要根据西瓜不同生育期，严格控制灌溉的时间、灌溉水量和灌溉频次，以期达到高产、稳产、高效的目的。微喷系统包括水源、供水泵、控制阀门、过滤器、施肥罐、输水管、微喷头等，选用毛管直径 4～5 mm、支管直径 35 mm、主管直径 50 mm，壁厚 2 mm 的 PE 管，微喷头间距按植物种植的疏密程度而定，一般在 3.0～4.0 m，工作压力为 1.5 MPa，潜水泵流量 20 m^3/h，而且抗堵塞性要好，微喷头喷水雾化要均匀，把膨胀螺栓固定在大棚长度方向、距地面 2 m 的位置，将铁丝及支管固定后，连接安装干管、弯头，然后倒挂式装上微喷头。

4.1.2.3　水稻节水控灌技术

水稻节水灌溉方式主要分为浅、湿、晒灌溉，湿润灌溉，间隔灌溉和无水层灌溉。具体分为以下两部分：

1. 稻田播种的节水灌溉技术

本次试验选种的水稻品种为淮稻 5 号，采用水稻的旱直播栽培技术节水。水稻的旱直播栽培技术是指田块前茬旱作物收获后，在四周作畦，适量上水泡田，待水层耗尽将已浸种催芽的稻种直接播入大田，出苗后喷除草剂，秧苗全长至 6～7 cm时灌上水层，以防止死苗，促进生长，达到节水、省工、省时的目的。

2. 水稻本田期节水高效灌溉技术

当前各地采用的水稻节水高效灌溉制度有多种形式，一般有"浅湿"灌溉、"薄浅湿晒"灌溉、"薄露"灌溉、"控制"灌溉、"间歇"灌溉等多种称谓，但都可归纳为浅水灌溉与湿润灌溉相结合的灌溉制度，即在生育阶段内，有时用浅水层淹灌，有时用湿润灌溉。这种灌溉制度一般又分以下 3 种方式：

(1) 返青期浅水淹灌，以后长期浅湿结合。

(2) 返青期和孕穗至灌浆期浅水淹灌，其他时期浅湿结合。

(3) 全生育期都采用湿润灌溉。另外，还可采取合理深蓄降雨、充分利用雨水、减少水稻灌溉用水量的深蓄雨水节水灌溉制度。

水稻"浅湿"灌溉是根据水稻移植到大田后各生育期的需水特性和要求，进行灌溉和排水，为水稻生长创造良好的生态环境，达到节水、增产的目的。这种灌溉技术要点就是：薄水插秧，浅水返青，分蘖前期湿润，分蘖后期晒田，拔节孕穗期回灌薄水，抽穗开花期保持薄水，乳熟湿润，黄熟期湿润落干。

4.1.2.4 大棚青椒滴灌技术

采取就地开掘浅位微型机井，并与膜下微滴灌溉技术相结合的方式，实现节水增效：

(1) 浅位微型机井及供水泵系统的构建

根据沿海地区淡水资源分布浅、雨水资源较丰富的特点，在规模化栽培大棚集中区域，选择合适的位置，开掘机井，井深 30 m 左右，直径与正常自来水管相同(直接以自来水钢管为井筒，在其下端约 2 m 处打若干水眼，以便渗水)，井筒上端与潜水泵相连，出水口再接过滤器、控制阀、主管道，并与管网相连。为了结合灌溉施肥，可另在主管道前加装 1 套溶肥器及二级水泵，一般溶肥器由定容塑料水箱和大棚顶头水沟的农膜构成。

(2) 膜下滴灌系统的铺设

选择直径适宜的塑料软管，铺设在表土栽植行地膜上做滴灌带，顺棚以条形布置，间距和长度以大棚长度和作物行距而定，一般青椒棚铺设 4 根为宜。滴水管带事先安置在地膜上，软管孔口向上，再用地膜将软管及栽培畦面全部覆盖，将滴流软管与支管、主管连接成网，并在主管上安装控制阀，与水源相接，形成简易滴灌系统。采取软管孔口双覆盖，既能保证不让过多的水分渗入土壤，防止长期渍水伤害根系，又能避免水分蒸发增加大棚湿度，引发病害。

4.1.3 研究成果分析

4.1.3.1 重点分析数据

(1) 灌溉用水量计算：在整个示范种植过程中，要严格按照试验设计的要求，准确测量出各田块内灌水总量。对大棚微灌（滴灌和微喷）试验，在输水主管道上安装水量计量装置，计算灌水总量。对水稻节水控灌区，在输水渠道上测量过水断面积、水流速度和灌水时间，计算出灌水总量。

（2）经济效益分析：准确记录各种作物关键生长期的长势状况，并对收获时的产量、经济收益进行统计，并与常规灌溉条件下的数据相比较，得出相应的经济效益。

（3）试验统计方法：对比不同的灌溉模式条件下的 F 检测值，得出几种灌溉模式下产量差异程度，从中找出最适宜于本地区推广种植的灌溉模式。

4.1.3.2　灌溉用水量与产量分析

大棚西瓜、水稻和大棚青椒历次灌水量见表 4.1-2。试验结束后，分别对节水灌溉与常规灌溉条件下，大棚西瓜、大棚青椒和水稻的产量进行统计汇总，结果见表 4.1-3。

表 4.1-2　大棚西瓜、水稻和大棚青椒历次灌水量

栽培品种及灌溉方式		历次灌水日期及灌溉水量（m³/亩）													总计（m³/亩）
早春红玉	灌水日期	1月17日	1月26日	1月29日	2月17日	3月5日	4月12日								—
	微喷	2.35	1.76	1.05	1.23	2.04	1.31								9.74
	滴灌	1.61	1.12	0.87	0.83	1.35	0.75								6.53
	常规灌溉	4.93	3.85	2.34	2.12	4.3	2.36								19.9
特小凤	灌水日期	1月15日	1月25日	1月28日	2月15日	2月26日	3月8日	4月17日							—
	微喷	2.17	1.53	0.85	1.03	1.63	0.68	0.97							8.86
	滴灌	1.15	1.07	0.63	0.57	1.27	0.48	0.81							5.98
	常规灌溉	3.27	2.98	1.75	1.83	3.87	1.35	2.82							17.87
金欣1号	灌水日期	1月24日	1月28日	2月5日	2月14日	2月26日	3月6日	4月14日	4月19日						—
	微喷	1.78	1.53	1.57	1.28	1.35	0.87	1.19	1.85						11.42
	滴灌	1.25	1.07	1.01	0.85	1.12	0.53	0.79	1.73						8.35
	常规灌溉	2.47	3.21	3.03	2.68	2.83	1.85	2.47	1.31						19.85

续表

栽培品种及灌溉方式		历次灌水日期及灌溉水量(m^3/亩)													总计(m^3/亩)
淮稻5号	灌水日期	6月18日	6月25日	6月30日	7月8日	7月21日	7月26日	8月3日	8月7日	8月26日	9月2日	9月6日	9月21日	10月2日	—
	节水控灌	31.2	26.5	24.7	29.3	32.5	36.7	35.3	25.4	23.1	24.5	26.3	21.5	26.8	363.8
	常规灌溉	42.1	36.4	37.1	44.5	46.7	49.3	48.5	36.3	34.6	35.7	32.1	30.5	23.5	497.3
苏椒5号	灌水日期	3月23日	4月1日	4月14日	5月1日										—
	滴灌	19.7	8.3	6.9	6.3										41.2
	常规灌溉	30.1	15.8	12.3	9.6										67.8

表 4.1-3　作物产量统计汇总表

作物	种植品种	灌溉模式	产量观察值(kg/亩)						平均值(kg/亩)
西瓜	早春红玉	微喷	3 780	3 750	3 853	3 910	3 890	3 809	3 832
		滴灌	4 250	4 297	4 310	4 335	4 307	4 283	4 297
		常规灌溉	3 670	3 650	3 665	3 730	3 765	3 618	3 683
	特小凤	微喷	3 790	3 680	3 710	3 815	3 665	3 714	3 729
		滴灌	4 150	4 023	4 095	3 985	4 135	4 092	4 080
		常规灌溉	3 585	3 702	3 650	3 694	3 585	3 606	3 637
	金欣1号	微喷	4 350	4 270	4 345	4 290	4 210	4 185	4 275
		滴灌	4 585	4 692	4 603	4 540	4 670	4 702	4 632
		常规灌溉	4 095	4 135	4 210	4175	4 080	4 241	4 156
水稻	淮稻5号	节水控灌	670.0	662.5	701.5	727.5	707.5	656.0	687.5
		常规灌溉	647.5	685.0	670.0	678.0	635.0	665.5	663.5
青椒	苏椒5号	滴灌	4 180	4 350	4 273	4 198	4 283	4 310	4 266
		常规灌溉	3 985	4 013	4 274	4 130	4 046	3 963	4 069

3种灌溉模式(微喷、滴灌和常规灌溉)下，以表4.1-3为基础，分别计算早春红玉、特小凤、金欣1号、淮稻5号及苏椒5号的F检测值，以判断灌溉模式和作物产量之间的关系，结果见表4.1-4:3种大棚西瓜种植品种，在不同灌溉模式下，其

产量均存在极显著差异；淮稻5号在节水控灌和常规灌溉两种灌溉模式下，其产量与灌溉模式无显著差异；大棚种植的苏椒5号在滴灌灌溉和常规灌溉模式下，其产量与灌溉模式存在极显著差异。

表 4.1-4 F值检测结果汇总表

作物品种	F计算值	F判定值	检测结果
早春红玉	238.5	6.36(0.01)	极显著差异
特小凤	93.2	6.36(0.01)	极显著差异
金欣1号	85.0	6.36(0.01)	极显著差异
淮稻5号	0.3	4.96(0.05)	无显著差异
苏椒5号	13.1	10.56(0.01)	极显著差异

将灌水总量与作物的平均产量汇总得表4.1-5：大棚西瓜选种的早春红玉、特小凤、京欣1号3个品种均一致表现为滴灌模式用水总量最少，微喷模式用水总量次之，常规灌溉模式用水总量最多；滴灌模式西瓜的产量最高，微喷模式西瓜产量次之，常规灌溉模式西瓜产量最低。与常规灌溉模式相比，3种西瓜品种都一致表现出滴灌模式较微喷模式的增产效果显著；推广种植的淮稻5号水稻品种在节水控灌模式下，其产量较常规灌溉模式下的产量略高，且两者产量差异并不明显，但农业灌溉用水总量两者之间相差133.5 m^3/亩，差异率达26.80%，差异较大；本次试验选种的苏椒5号品种在滴灌模式下，其产量较常规灌溉模式下的产量高197 kg/亩，两者产量差异极显著，且滴灌模式下农业灌溉用水总量较常规灌溉模式下节水26.6 m^3/亩，节水量占常规灌溉用水总量的39.2%，节水潜力巨大。

表 4.1-5 作物品种、灌溉模式、灌溉用水量及产量汇总表

作物	种植品种	灌溉模式	灌溉用水量(m^3/亩)	平均产量(kg/亩)
西瓜	早春红玉	微喷	9.7	3 832
		滴灌	6.5	4 197
		常规灌溉	19.9	3 683
	特小凤	微喷	8.9	3 729
		滴灌	6.0	4 080
		常规灌溉	17.9	3 637

续表

作物	种植品种	灌溉模式	灌溉用水量（m^3/亩）	平均产量（kg/亩）
西瓜	金欣1号	微喷	11.4	4 275
		滴灌	8.4	4 632
		常规灌溉	19.9	4 156
水稻	淮稻5号	节水控灌	363.8	687.5
		常规灌溉	497.3	663.5
青椒	苏椒5号	滴灌	41.2	4 266
		常规灌溉	67.8	4 069

4.1.3.3 经济效益分析

试验结束，对大棚西瓜及大棚青椒的亩产及收益进行调查统计得表4.1-6，其中大棚西瓜、大棚青椒的单价以实际销售时批发均价计，工时费单价以当地的人均农民工工资计算，投入增加值以亩均投入设备的资金总量，即按3年折旧计算出的年均投入资金额计算。

表4.1-6 作物品种、灌溉模式、灌溉用水量及产量汇总表

作物	灌溉方式	种植品种	增产产量（kg/亩）	单价（元/kg）	节省工时（个/亩）	工时单价（元/个）	投入增加值（元/亩）	收益净增加值（元/亩）
大棚西瓜	微喷	早春红玉	149	1.20	3.8	80	246.9	235.9
		特小凤	92	1.10				101.2
		金欣1号	119	0.70				83.3
	滴灌	早春红玉	514	1.20	4.5	80	188.8	788.0
		特小凤	443	1.10				487.3
		金欣1号	476	0.70				333.2
大棚青椒	滴灌	苏椒5号	197	1.05	2.4	80	188.8	210.0

由上表可知，同样灌溉条件下，大棚西瓜种植的早春红玉的收益最高，京欣1号的收益最低，而特小凤的收益介于两者之间。就微喷和滴灌两种节水灌溉模式，在种植大棚西瓜时，滴灌的收益明显大于微喷模式。

4.2 农场水资源供需平衡分析技术

水资源供需平衡分析是以区域现状和发展为基础，对设计水平年供需水系统的特征参数进行定性定量的综合分析，来反映区域的需水现状，具有重要意义。为此，以江苏临海农场某块生产区域为例，进行水资源供需平衡分析。

4.2.1 案例农场基本情况

4.2.1.1 地理位置及范围

江苏省临海农场（北纬 33°50～33°57，东经 120°18～120°22′）是隶属于江苏省农垦集团有限公司的中型国有企业，位于江苏盐城市射阳县境内。场界东至海堤河，南至鲈鱼港与海通镇交界，西至七匡河与千秋乡接壤，北至三涧河与临海镇毗邻。南北长约 12 km，东西宽约 7.2 km，农场占地面积 8 295 hm^2，耕地面积 5 000 hm^2，淡水养殖面积 550 hm^2，林地绿化面积 670 hm^2。

本次水资源供需平衡分析区域位于临海农场中部一分场的 1 大队、6 大队，二分场的 8 大队、9 大队。东至中心排河，西至射阳河与军民大沟，南至 1 大队、6 大队，北到 7 大队，分析区土地面积 1.4 万亩，耕地面积 1.0 万亩，涉及总人口0.116 7万人，农业劳动人口 0.057 5 万人，农户数 246 户。

4.2.1.2 社会经济状况

1. 土地利用现状

分析区土地总面积 1.4 万亩，其中耕地 1 万亩，占 71.4%；林地 0.078 万亩，占 5.6%；建设用地 0.186 万亩，占 13.3%；水域面积 0.074 万亩，占 5.3%；其他用地面积 0.064 万亩，占 4.6%。分析区的栽培作物以稻麦为主，一年两熟，复种指数基本达到 200%，年粮食总产量 960 万 kg，产值 2 252 万元。

2. 农业生产水平

分析区地理位置优越，区内河网密布，水资源丰富，生产基础较好，分析区主导产业是水稻和小麦种植，生产实行稻麦两熟耕制。2013 年分析区种植小麦 1 万亩，种植水稻 1 万亩，复种指数 200%。夏粮小麦亩产 410 kg，秋粮粳稻亩产540 kg，粮食总产 950 万 kg，产量较低。

目前农业生产主要制约因素如下：一是田间道路主要为砂石路和土路，路面净宽不足 3 m，不便于中型以上农业机械作业；二是田间配套建筑物不健全，灌溉排水功能薄弱，水土易流失，灌溉水利用系数较低。

3. 地方财政与农民收入

2013年临海农场总收入17 790.88万元,利润总额4 533.86万元,居民人均纯收入12 150元。

4. 农业科技服务体系状况

分析区农技推广为总场—生产区—作业小组三级服务网络,临海农场共有8类专业农业技术员320人,其中农业科技技术人员170名。总场有专职分管农业的农业服务中心,配有专职技术员21人。另外,配有15名管理人员,负责农业生产过程中的技术指导工作,能及时有效地把各项生产措施传达到每一个职工。同时,充分利用农工培训项目,使职工与生产区管理人员能接受相关知识教育,农业科学知识利用水平得以提高。临海农场非常重视农业科技的发展,积极与扬州大学、江苏省里下河地区农科所等科研院所合作,进行多项农业新技术、新品种的试验示范与推广,有力地提升了当地农业生产科技水平。

4.2.1.3 农业基础设施

1. 水利骨干工程现状

经过多年建设,分析区骨干灌排系统基本形成。区内灌溉主要通过胜利河和喇叭河引入射阳河水,涝时通过中心河排涝站、四灌区排涝泵站等外排。目前,区内骨干工程(见表4.2-1)完好率仅55%,灌溉难以保证。

表4.2-1 项目区现有灌溉泵站情况汇总表

编号	泵房名称	建设地点	建设时间	规格			使用状况	规划建议
				泵型	流量(m^3/s)	电机功率(kW)		
1	1—6大队灌溉站	6大队	1980年	800ZLB两台	2.5	190	年久失修	拆建
2	8大队灌溉站	8大队	2000年	800ZLB	1.3	95	正常使用	保留
3	8大队南灌溉站	8大队	1980年	800ZLB	1.3	95	年久失修	拆除
4	胜利河灌溉站	8大队	1978年	300ZLB	0.18	11	年久失修	拆除
5	9大队灌溉站	9大队	1978年	500ZLB	0.75	45	年久失修	拆建
合计					6.03	436		

2. 田间工程现状

分析区内斗渠、农渠以及排沟全为土渠,多为20世纪七、八十年代修建,渠道杂草丛生,老化损毁普遍,水资源浪费严重,现状灌溉水利用系数0.55,已不能满足项目生产的需要。

4.2.1.4 当地水量情况

根据该地区降雨数据统计：最大年降水量 1 559.4 mm(2000 年)，最小年降水量 499.7 mm(1978 年)，多年平均降雨量为 1 032.1 mm；每年 6—9 月降雨较多，约占全年降水量的 66.1%；降水量时空分布不均匀，经常造成春秋干旱，夏季旱涝无常，严重影响农业生产。分析区水资源总量包括：

(1) 过境水：场区范围内供水功能河流有运粮河、胜利河、喇叭河以及东干河，灌溉水源充足，水质较好，符合农田灌溉水质标准。

(2) 当地径流：90%左右产生于汛期，绝大部分作为涝水排走，少部分由河网拦蓄，利用率较低。

(3) 地下水：主要是潜水和浅层承压水，地下水埋深一般为 0.9～1.5 m，汛期较高，枯水季节较低，可开采量决定于降雨入渗补给量以及潜水蒸发量。

4.2.2 灌溉设计保证率和灌水定额

4.2.2.1 灌溉设计保证率

分析区主要为提水灌溉，目前灌溉保证率 80%左右，现状的灌溉水利用系数为 0.55。根据后续农田建设要求，农田灌溉设计保证率要达到 90%以上，灌溉水利用系数要达到 0.7，灌溉水源水质满足《农田灌溉水质量标准》(GB5084—2005)的要求。

4.2.2.2 灌水定额

根据《江苏省农业节水规划》的成果，区内主要作物的灌溉定额见表 4.2-2。

表 4.2-2 主要作物净灌溉定额成果统计 单位：m^3/亩

年型	水稻	小麦
P=50%	340.7	0.0
P=75%	401.7	31.4
P=95%	476.6	67.7

4.2.3 现状供需分析

4.2.3.1 代表年的确定

以 2013 年作为现状代表年，项目建成后的年份为设计水平年。根据项目区附近的射阳县雨量站实测的 1971—2006 年 36 年降雨资料，经计算，推算出不同水文年：平水年(P=50%)、中等干旱年(P=75%)、特殊干旱年(P=95%)的设计代表年。具体计算见表 4.2-3。

表 4.2-3 临海农场水资源评价典型年选取结果

各水平年	设计年雨量(mm)	选取年份	年雨量(mm)	汛期雨量(mm)
平水年(50%)	975	1987	970	641.17
中等干旱年(75%)	785	1988	790	522.19
特殊干旱年(95%)	570	1978	590	389.99

4.2.3.2 代表年地表水资源量

地表水资源量是指在流域的水资源未被任何利用的情况下，在当地产生的地表径流量。各代表年的年径流深采用《高邮市水资源配置规划》数据，由此计算出各代表年的地表水资源量如表 4.2-4 所示。

表 4.2-4 设计代表年雨量、地表水资源量成果表

频 率	50% (1987 年)	75% (1988 年)	95% (1978 年)
设计年雨量(mm)	975	785	570
设计年径流深(mm)	228.0	158.8	107.4
地表水资源量(万 m^3)	213.80	148.2	100.24
地表水可利用量(万 m^3)	64.14	59.28	50.12

4.2.3.3 分析区现状供需水量

1. 现状供水量

区内现有水利工程可供水量包括当地地表水、地下水及可以利用的上游来水量(河流、渠道)及灌溉回归水等。

(1) 地表水可利用量

当地地表水资源可利用量可根据水利工程的调蓄利用能力确定，由于本灌区属平原地区，对径流的调蓄能力较低，需将径流总量乘以径流可利用率，得出地表水资源可利用量(W)，如下式所示：

$$W = \beta \cdot R \cdot F \tag{4.2-1}$$

式中：β为径流可利用率，根据《盐城市农业节水规划》，保证率 50%、75%、95%代表年的径流可利用率β分别为 0.30、0.40、0.50；R 为年径流深；F 为流域面积。

(2) 过境水可利用量

过境水是分析区的主要灌溉水资源，只是过境水量除了会受到取水许可及省厅水资源平衡分配的限制，还受到区内提水能力的限制。

（3）地下水资源可利用量

目前农场居民饮用水使用的是深层地下水，水质符合国家有关饮用水标准。由于成本较高，深层地下水不用于作物灌溉，故平衡分析不计算地下水量。

（4）灌溉回归水可利用量

回归水分为农业灌溉回归水和工业回归水。本区面积较小，不计回归水可利用量。

现状水利工程可供水量主要为地表水可利用量和过境水量，过境水量为水利工程可供水量，地表水可利用量应扣除养殖水域的水量，现状年可供水量详见表 4.2-5。

表 4.2-5 项目区现状年各种保证率的可供水量分析 单位：万 m^3

水平年	年型	地表水可利用量	过境水可利用量	可供水量合计
现状年 2013 年	$P=50\%$	64.14	885.86	950
	$P=75\%$	59.28	800.72	860
	$P=95\%$	50.12	744.88	795

2. 现状需水量

需水量主要有农业灌溉用水量、工业用水量、生活用水量和生态环境需水量几方面，本次研究主要考虑农业需水。区内生活用水由城镇区域管网集中自来水供给，基本不用本地水。由于过境水可利用量中已经考虑了保持河道的生态环境用水量，所以不再单独计算河道的生态环境用水量，仅计算区内的生态环境用水量。

根据代表年降雨推求作物的灌溉制度，从而计算得区内主要作物不同代表年净灌溉定额。根据《江苏省农业节水规划》的成果，主要作物的灌溉定额及作物种植面积见表 4.2-6。区内现状灌溉水利用系数 0.55，从而由种植面积，计算出区内现状农业需水量。区内牲畜很少，用水量可忽略不计，由于区内无工业，农民生活用水也使用区外供给的自来水，考虑每年维持区内的生态环境，需要耗用生态环境需水量为 15 万 m^3，其他用水不计。区内现状需水量见表 4.2-7。

表 4.2-6 项目区主要作物种植面积表 单位：万亩

作物种类	水稻	小麦
2013 现状年	1	1

表 4.2-7 项目区现状年各种保证率的总需水量 单位：万 m^3

水平年	年型	农业需水	生态环境需水	需水量合计
现状 2013 年用水	相当于 75%	766.5	15	781.5

续表

水平年	年型	农业需水	生态环境需水	需水量合计
现状水平年	P=50%	619.45	15	634.45
	P=75%	787.45	15	802.45
	P=95%	989.64	15	1 004.64

4.2.3.4 现状供需平衡分析

根据以上可供水量及需水量计算结果，进行现状供需水平衡分析，计算情况详见表 4.2-8。现状水资源供应如遇到 95%的干旱年，水资源短缺 209.64 万 m^3；现状水资源保证率达到 80%左右，如不进行现状水利工程的建设与改造，水资源不能满足 90%灌溉设计保证率的要求。

表 4.2-8 项目区现状年各种保证率的供需平衡分析 单位：万 m^3

水平年	年型	需水量合计	可供水量合计	供需平衡结果
现状 2013 年实际用水	相当于 P=75%	781.5	860	78.5
现状水平年	P=50%	634.45	950	315.55
	P=75%	802.45	860	57.55
	P=95%	1 004.64	795	−209.64

注：水量供需平衡结果，余水为“+”；缺水为“−”。

4.2.4 设计水平年水量供需平衡分析

4.2.4.1 设计水平年可供水量

可供水量包括当地地表水和可以利用的上游来水量，区内设计水平年可供水量详见表 4.2-9。

表 4.2-9 设计水平年各种保证率下的可供水量 单位：万 m^3

水平年	年型	地表水可利用量	过境水可利用量	可供水量合计
设计水平年	P=50%	67.35	918.13	985.48
	P=75%	62.24	803.89	866.13
	P=95%	52.63	756.97	809.6

4.2.4.2 设计水平年需水量

基于：①由于推广节水灌溉，加强灌溉水的控制，农业需水将有较大减少，但非农业用水将有所增加；②规划水平年，灌溉水利用系数达到 0.70；③保持生态环境

用水量由 15 万 m^3 增加到 20 万 m^3 等条件，设计水平年需水量见表 4.2-10。

表 4.2-10 设计水平年各种年型总需水量 单位：万 m^3

水平年	年型	农业需水	生态需水量	需水量合计
设计水平年	$P=50\%$	486.71	20	506.71
	$P=75\%$	618.71	20	638.71
	$P=95\%$	777.57	20	797.57

4.2.4.3 设计水平年供需平衡分析

根据以上可供水量及需水量计算结果，进行项目区设计水平年供需水平衡分析计算，结果见表 4.2-11。设计水平年灌溉设计保证率超过 95%，即使遇到 95% 的来水水平年，水资源依然满足需求；灌溉设计保证率大为提高，农业生产用水更有保障。

表 4.2-11 设计水平年各种年型供需平衡分析 单位：万 m^3

水平年	年型	需水量合计	可供水量合计	供需平衡结果
设计水平年	$P=50\%$	506.71	985.48	478.77
	$P=75\%$	638.71	866.13	227.42
	$P=95\%$	797.57	809.6	12.03

注：水量供需平衡结果，余水为“+”；缺水为“−”。

4.2.5 灌溉水质分析

分析区主要灌溉水源为射阳河水，为了保证水质量，对水源地区的生态环境进行全面整治，水源清洁无污染。经 2009 年检测，pH 值在 7.8～8.3 之间，砷<0.005 mg/L、铅<0.005 mg/L、镉<0.000 5 mg/L，氯化物 35.25～38.32 mg/L，氰化物未检出，氟化物 0.47～0.55 mg/L，水质达到国家三级标准，完全可以满足《农田灌溉水质标准》(GB5084—2005)中规定的灌溉水质标准要求。由于区内及周边地区无污染排放企业，因此地表水质能满足农业灌溉水质的要求。

4.3 高标准农田建设及节水效益

根据《国家农业综合开发高标准农田建设示范工程建设标准(试行)》和《江苏省高标准农田建设标准》的要求，以 4.2 节中的临海农场水量平衡分析区为例，介绍其高标准农田建设及节水效益。

4.3.1 高标准农田建设标准

4.3.1.1 水利措施标准

(1) 防洪排涝降渍能力：分析区防洪由圩堤工程承担，其防洪标准已达 50 年一遇。排涝能力达到日雨量 200 mm，雨后 1 d 排出；农田地下水位埋深应在田面 0.80 m以下。

(2) 灌溉能力：灌溉系统规划科学、配套合理，积极推广节水灌溉技术措施，确保区内灌溉设计保证率应达到 90%；灌溉水源水质满足《农田灌溉水质量标准》(GB5084—2005)要求；灌溉水利用系数达到 0.7。

(3) 田间工程：中沟级以上灌排工程配套、完好率 100%；田间工程配套、完好率不低于 90%。

4.3.1.2 田间道路标准

田间道路分机耕路、生产路两级。机耕路要与乡、村公路连接，路面净宽不低于 3.0 m，高出田面 0.3～0.5 m；设置间隔会车点；主干道采取硬质路，便于机械作业与农产品运输；生产路净宽不低于 2.0 m，高出田面 0.2～0.4 m，采用土质压实或泥结石路面，配套桥、涵和下田机耕桥，便于农业机械下田作业。

4.3.1.3 林业措施标准

主要道路、沟、渠两侧应适时、适地进行植树造林，适宜造林长度达 90%以上，造林时应预留出农机进出田间的作业通道；林树种一般应选择符合当地实际的林木，苗木胸径达到 5 cm；农田防护林网建设，应符合《江苏省农田林网建设工程技术标准》；造林当年成活率达到 95%以上，3 年后保存率要达到 90%以上，林相整齐，结构合理。

4.3.1.4 科技措施标准

在项目建设期间，推广 2 项先进适用技术，对区内农户进行先进适用技术培训，培训人次 400 人次。

4.3.1.5 其他标准

(1) 生产方式：优良品种的覆盖率达 100%，科技贡献率比一般农田平均水平提高 10 个百分点；区内农民专业合作社、农业龙头企业、农民种植大户等市场主体规模经营的面积达 60%以上。

(2) 产能效益：粮食生产能力每亩稳定在 1 000 kg 以上，亩均纯收入在 2 000 元以上，与一般农田相比单位面积产能效益提高 20%以上。

(3) 信息公开：农业综合开发项目区应设置永久性标识标牌，公示项目区基本情况、总投资、财政投资、工程项目建设、管护运营、监督举报等信息，接受社会监督。

4.3.2　高标准农田建设内容

4.3.2.1　水利措施

下面仅重点介绍设计规范、土方工程和灌溉泵站。

1. 设计规范和标准

①《灌溉与排水工程设计规范》(GB/T50288—2018);②《水利水电工程等级划分与供水标准》(SL252—2000);③《节水灌溉工程技术规范》(GB/T50363—2018);④《渠道防渗工程技术规划》(GB/T50600—2010);⑤《水闸设计规范》(SL265—2016);⑥《泵站设计规范》(GB/T50265—2010)等相关技术规范及规定。

2. 土方工程

计划疏浚 8 大队排沟 1 条,2.5 km,1.73 万 m^3;原 9 大队土质斗渠改建成衬砌渠道,需外运土方 1.1 万 m^3,全长 1.2 km。具体见下表 4.3-1 和图 4.3-1。

图 4.3-1　9 大队斗渠整治示意图

表 4.3-1　2015 年临海农场高标准农田建设项目土方工程明细表

序号	工程名称	性质	长度(m)	断面土方(m^2)	工程量(m^3)
1	8 大队排沟疏浚	疏浚	2 500	6.9	17 250
2	9 大队斗渠整治	回填	1 200	9.13	10 956
合计			3 700		28 206

3. 灌溉泵站

区内主要依靠提水灌溉,规划总控制面积约为 1.32 万亩,保留灌溉泵站 1 座,拆建灌溉泵站 2 座,新建泵站 1 座。

(1) 设计灌溉模数

控制区内作物灌溉定额为:水稻(泡田插秧期)120 m^3/亩。根据上述灌溉定额及泵站控制面积情况,确定泡田期为 5 d,泵站提灌每天的工作时间为 22 h,采用下列设计灌水率计算公式

$$q = \frac{\sum \alpha m}{7.92t} \tag{4.3-1}$$

式中：q 为设计灌水率，$m^3/(s \cdot 万亩)$；α 为某作物与灌溉总面积之比；项目区的水稻种植面积为 1 万亩，$\alpha=1.0$；m 为某作物的灌水定额，$m^3/亩$；t—灌水延续天数，$t=5$ d。根据上式，设计灌溉模数 3.03 $m^3/(s \cdot 万亩)$。

(2) 泵站选型设计，以 9 大队为例

9 大队泵站控制的灌溉面积为 1 800 亩，以灌溉面积为 1 800 亩计，故从防渗支渠配到田间的净流量：$Q_{田净}=qA_{斗}=3.03\times0.18=0.545$ m^3/s，灌溉水利用系数为 $\eta=0.7$，$Q_{设计}=Q_{田净}/\eta=0.545/0.7=0.78$ m^3/s。由此，该泵站的设计流量为 0.78 m^3/s。根据《泵站设计规范》(GB/T50265—2010)第 2.1.2 条表 2.1.2，知该泵站等级为Ⅴ等，泵站规模为小(2)型。设计引水河水位－0.4 m，出水池设计水位 2.73 m，由上述资料可知：设计净扬程 $H_{设计净}=2.73+0.4=3.13$ m。根据预估管路损失相当于实际扬程的 20%，故：设计扬程为 $H_{设计}=(1+20\%)\times3.13=3.76$ m。按设计扬程 3.76 m，设计流量 0.78 m^3/s，查阅水泵样本，拟选用 600ZLB-125 轴流泵 1 台(设计流量 0.9 m^3/s，设计扬程 3.79 m)，水泵配用电机功率为 55 kW。

4.3.2.2 田间道路措施

为了解决项目区机械化作业难问题，通过建设水泥路和田间机耕路，新建 3.5 m宽机耕路 8.5 km，同时为了方便生产，在新建机耕路一侧修建 5.0 m 宽压实土路 8.5 km。新建农桥 1 座，为跨度 5 m+6 m+5 m、净宽 6.0 m 平板桥。

4.3.2.3 农业措施

小麦品种主要采用淮麦 23 和 24，水稻品种采用淮稻 5 号。为了更好地存储良种，8 大队营区新建 1 座良种仓库用以存储良种，规格 18 m×80 m，面积 1 440 m^2，为 20 间总长 80 m、宽度 18 m 的砖混结构，房顶采用钢架结构，总高 9.1 m，室内净高 6.0 m。

4.3.2.4 科技措施

加大技术成果推广力度，大力推广国家、省农业科技成果和其他先进适用技术，示范推广面积 0.4 万亩，科技培训达到 400 人次。

4.3.2.5 建设内容汇总

疏浚 8 大队南排沟 2.5 km，开挖土方 1.73 万 m^3；整治 9 大队斗渠 1.2 km，回填压实土方 1.1 万 m^3；修建灌溉泵站 3 座；修建混凝土防渗渠道 7.3 km；新建排水埋管 0.27 km，新建拦河闸 2 座，斗渠节制闸 4 座，过路涵 6 座，农桥 2 座；新建排水涵洞 ϕ40 cm×9.0 m 共 287 座，新建农渠进水涵洞 ϕ50 cm×14.0 m 共 73 座，农渠进水涵洞 ϕ50 cm×10.0 m 共 52 座(见表 4.3-2)。

表 4.3-2 2015 年江苏省临海农场高标准农田建设项目建设内容明细表

名称	规格尺寸	建设地点	数量	单位
一、水利				
1. 泵站			3	座
灌溉站一	800ZLBc-125 双机	6 大队	1	座
灌溉站二	800ZLBc-125 单机	8 大队	1	座
灌溉站三	600ZLBc-125 单机	9 大队	1	
2. 河道疏浚治理			3.7	km
8 大队南排沟疏浚		8 大队	2.5	km
9 大队斗渠整治		9 大队	1.2	km
3. 防渗渠			7.3	km
8 大队防渗渠	梯形	8 大队	3.1	km
1、6 大队防渗渠	梯形	1、6 大队	3	km
9 大队防渗渠	梯形	9 大队	1.2	km
4. 拦河闸			2	座
喇叭河拦河闸	净宽 8.0 m	喇叭河	1	座
胜利河拦河闸	净宽 8.0 m	胜利河	1	座
5. 农桥	16 m×6 m	三排河	2	座
6. 过路涵	平板、净跨 3 m、净宽 8 m	6、9 大队	6	座
7. 斗渠节制闸	净宽 3.0 m	6、8、9 大队	4	座
8. 农渠进水涵洞			125	座
	ϕ 50 cm×14 m	6、8、9 大队	73	座
	ϕ 50 cm×10 m	6、9 大队	52	座
9. 排水埋管	ϕ 80 cm×270 m	8 大队	0.27	km
10. 排水涵洞	ϕ 40 cm×9.0 m	6、8、9 大队	287	座
二、农业				
良种仓库	18 m×80 m	8 大队	1	座
三、田间道路				
水泥路	3.5 m 宽、15 cm 厚	6、8、9 大队	8.5	km

续表

名称	规格尺寸	建设地点	数量	单位
机耕路	5.0 m宽	6、8、9大队	8.5	km
四、科技推广				
1. 技术培训			400	人
2. 示范推广			4 000	亩

4.3.3 节水效益分析

项目区建成后可改善灌溉面积0.5万亩，改善除涝面积0.5万亩，新增节水灌溉面积0.5万亩，年节约用水12万m^3，灌排条件改善，农产品产量将得到明显提高。

(1) 改变农业生产现状

项目的实施，基础设施标准得以大幅提高，抗御自然灾害和市场风险能力明显增强，机械化程度提高，职工从繁重的体力劳动中解放出来，使原来由高投入、低产出、高消耗、低效益的农业生产转变成低投入、高产出、节能降耗、增产增效的新兴技术的农业生产，为增产增收奠定了基础。

(2) 提高水资源的利用率

通过项目实施，改善灌溉面积1万亩，新增节水灌溉面积0.5万亩，灌溉水利用率从0.55提升到0.7，大大节约了水资源。

(3) 生态效益提升

项目实施，新建防渗渠及配套建筑物和农田保护性技术的实施，改变原有灌水方式，提高渠系水利用率、减少损失、节约水资源，可以减少农田面污染源的形成，从而减少对水环境的污染，保护生态环境。另外，项目区通过科学合理的灌溉、施肥，可以防止土壤盐碱化，促进土壤生态系统良性循环。

4.4 江苏省的农业用水计量方法

计量供水是农业水价改革的基础，其根本目标是通过完善用水计量设施、细化计量单元，逐步实现计量到户、计量收费，以此促进农业水价改革。2016年国务院办公厅印发《关于推进农业水价综合改革的意见》(国办发〔2016〕2号)提出：要加快供水计量设施建设，新建、改扩建工程要同步建设计量设施，尚未配备计量设施的已建工程要抓紧改造，严重缺水地区和地下水超采地区要限期配套完善；大中型灌区骨干工程要全部实现斗口及以下计量供水，小型灌区和末级渠系根据管理需

要细化计量单元，使用地下水灌溉的要计量到井，有条件的地方要计量到户。

4.4.1 当前计量存在的问题

首先，江苏省农业设施面广量大，计量设施建设仍需加强，计量精度亟待提高。江苏省农业水价综合改革核定的有效灌溉面积超过 6 000 万亩，分布在 13 个地级市的 75 个县(市、区)。受各地重视程度、思想认识的影响，改革进展不一，据不完全统计，全省水价改革覆盖有效灌溉面积的比例约为 70%，其中 14 个县的比例低于 50%。计量设施建设不平衡，大水漫灌的粗放灌溉模式仍然存在，典型的如兴化、姜堰等里下河水网地区，有近三分之一的农田仍采取流动机船方式进行灌溉，计量设施的建设已经远滞后于改革发展的迫切需求，泾河灌区实现计量的灌溉面积占灌区灌溉面积比例仅为 28.8%。此外，计量设施受水沙环境影响严重、缺乏简易经济有效的计量手段、“以电折水、计时折水”的折算系数精度等，都是亟待解决的计量难点问题。

其次，农业用水计量设施配套制度建设与维护保养难。灌区的计量设施安装之后，如果管理欠规范，后期的维护养护工作没有跟上，且计量数据没有及时有效地整理并加以利用，会导致安装后的计量设施不能充分发挥应有的效用。针对这一问题，江苏在相关制度建设方面进行了较大幅度的调整和改革，在 75 个县(市、区)成立农民用水合作组织，将直接面对灌区群众的斗渠的维护管理权力交由各个地方的农民用水合作组织，推进农民用水合作组织良性运行，积极发挥其在工程管护、用水管理、水费计收等方面的作用。但受“发改委、财政、水利、农业农村等部门建管协作困难”“基层水利服务力量薄弱”“维修养护经费不足”等的影响，部分地区农民用水合作组织参与计量工作的热度不够、积极性不高、计量设施维护保养困难，影响了农业水价综合改革的效果。

最后，江苏各地的信息化建设水平不均衡，计量管理智能化亟待推进。在线监控设施建设滞后，已成为用水量统计工作的最大制约因素。改进传统的水量统计方法，强化取用水计量和监控，规范统计制度和技术要求，提高统计的科学性、准确性和时效性，兼顾可操作性，具有重大意义。以常州市为例，其在灌区信息化建设方面成绩卓越：每个泵站现场安装水量监测采集装置，采集数据并将数据实时传输到乡镇水利站，由乡镇传输到县级水利局监控中心，实现水量采集、传输、处理、监测和综合管理的信息化。通过 PC 及手机 APP，各县水利局及乡镇水利站管理人员可以实时查看各泵站状态和灌溉用水量，实现了灌区农业用水量的动态跟踪和精准监管，为农业计划用水安排和调度提供支撑。但江苏灌区信息化程度总体水平不高，信息化意识和技术水平亟待加强。

4.4.2 高淳淳东灌区主要计量方式

4.4.2.1 灌区基本情况

淳东灌区位于南京市高淳区，辖东坝镇、桠溪镇、固城镇、漆桥镇、青山茶场、傅家坛林场四镇两场，灌区总面积 405 km^2，受益人口 21.91 万人，灌溉面积 31 万亩，其中水稻种植面积约 22 万亩，灌溉水源主要是当地地表径流，其中，固城湖为灌区最大水源地，经胥河引入灌区，南北两侧灌溉，位于南侧的支渠有三陇支渠、高竹岗支渠、姜家支渠等，北侧的支渠有青东支渠、青山支渠、朱家支渠等。

灌区自然地形属低山丘陵区，地形起伏较大，岗傍交错，耕地主要分布在岗、傍、冲之间，境内地面高程一般在 15～40 m(黄海零点)，蓄水条件差，因此灌区多修建塘坝等水源工程。在非灌溉季节，利用渠道引水灌瓜(塘坝)，到灌溉季节，尤其是用水紧张时，渠道水、“瓜水”同时灌田、供水，提高灌溉、供水保证率，形成典型的“长藤结瓜”式灌溉系统。

淳东抽水站是淳东灌区的一级提水站，分为南站和北站。南站位于东坝镇东风村，建成于 1979 年，有 7 台机组，离心泵，总流量为 3.5 m^3/s，设计扬程 29 m；北站位于东坝镇和睦涧村，建成于 1977 年，有 10 台机组，离心泵，总流量为 5 m^3/s，设计扬程 30.5 m。图 4.4-1 所示为淳东北站的现场照片。

图 4.4-1 淳东灌区北站

4.4.2.2 灌区管理机构

通过 2014 年小型水利工程管理体制改革，高淳地区的所有灌区相关管理单位均改为全额拨款事业单位。现有公益性人员数量 7 人，临时聘用员工 3 人。目前灌区主要问题是人才缺乏、经费不足，重建轻管局面急需改善。图 4.4-2 所示为灌区管理所照片。

图 4.4-2　淳东灌区管理所

4.4.2.3　计量设施情况

十几年前，淳东灌区就通过灌区改造项目在干渠和支渠口设置了计量设施，当时采用有线传输技术，但光缆容易被偷，因此在后期改造中，多采用无线传输计量设备。目前，淳东灌区在渠首、干支渠重要引水口、分水口、供用水分界断面等，共计配备计量设施 20 处，设施类型多采用水表、液位计等。图 4.4-3 所示为灌区内目前配套的常见计量设施。

(a) 抽水北站内泵站计量仪表

(b) 靠近北站干渠上的水表

(c) 干渠上的水位计

图 4.4-3　灌区内目前配套的计量设施

4.4.3　阜宁县灌区主要计量方式

4.4.3.1　计量设施基本情况

阜宁县主要采用的计量设施类型有:特设量水设备(巴歇尔槽)、量水仪表(管道流量计、电磁流量计、插入式流量计)和采用以电折水方式等,并在同一泵站装过 3 种不同的流量设施,以此对比优选计量方案。

4.4.3.2　巴歇尔槽量水设备

巴歇尔槽由上游收缩段、短直喉道和下游扩散段组成。收缩段的槽底向下游倾斜,扩散段槽底的倾斜方向与喉道槽底相反。应用时,一般要求过流为自由流、顺直河道安装。阜宁当地使用情况显示:成本高、精度较低,性价比不高,难以大规模推广应用。图 4.4-4 所示为当地太阳能供电的巴歇尔槽量水系统。

4.4.3.3　插入式电磁流量计

安装地点:距离泵房出口 3～5 m,渠道底部。适用条件:适合各类渠道。精度:超过 95%,在水质情况较差的情况下,测量精度仍然很高。配套现状:2018 年开始配套安装,截止到目前,阜宁县装了 200 多个。缺点:成本较高,单价 1 万元以上。图 4.4-5 所示为当地安装的一种插入式电磁流量计。

(a) 巴歇尔量水槽

(b) 太阳能板供能

图 4.4-4 巴歇尔量水槽

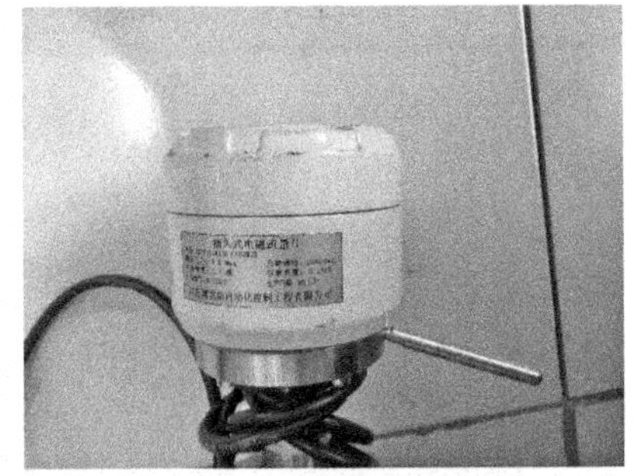

图 4.4-5 插入式电磁流量计

4.4.3.4 基于移动式管道流量计核定的以电折水

通过移动式管道流量计，以电折水，率定水电系数。计量原理：在每个泵站出水口修建一个蓄水池，通过水泵打水到蓄水池，计算蓄水池的流量，保证到管道流量计进行计量的时候管道是满管状态，然后通过管道上安装的电磁流量计读出用电量，多次测量校核，求出以电折水的系数(按照当地经验，平均 1 度电大致相当于 36 m^3 水)。移动式管道流量计可拆卸，一天可以测算 10 台泵，效率较高，因此，阜宁配备了 70 多台套移动式流量计。图 4.4-6 所示为基于移动式管道流量计核定水泵打水量的现场照片。

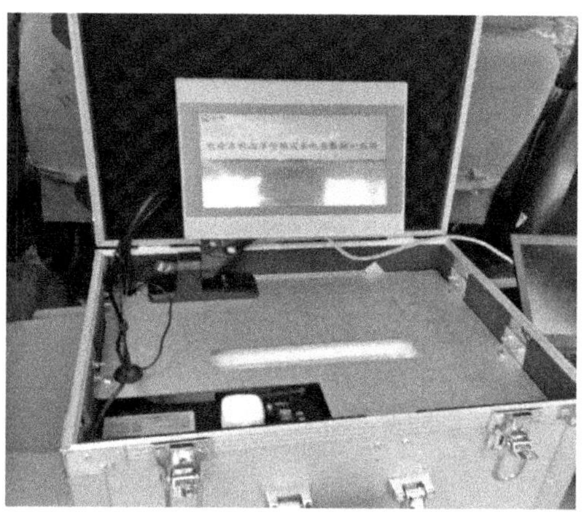

图 4.4-6　移动式管道流量计现场率定水泵以电折水系数

4.4.4　其他地市灌区计量的特色

4.4.4.1　溧阳

对全市 10 寸以上的水泵进行铭牌和实际流量率定。每个泵站现场安装水量监测采集装置，采集数据并将数据实时传输到乡镇水利站，由乡镇传输到水利局监控中心，实现水量的采集、传输、处理和综合管理。农灌期间，通过 PC 终端及手机 APP，市局及乡镇管理人员可以实时查看每台灌溉站的开关机状态及本次开关机后的灌溉水量；农灌结束后，可查询每台水泵当年的灌溉用水量。实现了灌区农业用水量的动态跟踪和精准监管。

4.4.4.2　洪泽

大型灌区(周桥灌区、洪金灌区)骨干工程自流灌溉以安装明渠流量计为主，小型提水灌溉泵站采用电磁流量计、泵站计时器和以电折水多种方式计量。明渠流量计、电磁流量计等固定设施基本实现在线监测，并纳入灌区信息化系统，基本实现了水量数据的自动采集、实施查询和初步分析等。全区大型灌区基本实现斗口计量以及协会管理片分界点计量，小型提水灌溉泵站出水口计量实现全面覆盖，全区基本实现农业取水计量有效监测。

4.4.4.3 常熟

截止到目前,全市已安装流量计 182 台套。常熟市将针对尚未安装计量设施的灌溉泵站,采取电表以电量折水量、计时器以计时折水量等方式,优化计量方式,实现计量全覆盖。针对全市各乡镇尚未安装流量计且具有代表性的灌溉站进行水电转换系数测定及以电折水计量方法制度设计。

4.4.4.4 沭阳

主要采用明渠流量计、泵站流量计、计时器、以电折水等方式计量。在各乡镇选取渠首、泵站安装流量计,并结合以电折水折算水量。共安装计量设施 815 套(其中流量计 295 套、计时器 520 套),实现了试点区用水计量。

4.4.4.5 睢宁

主要推行了电磁流量计、计时器、明渠流量计、以电折水等。在各镇区选取泵型不同、扬程不同、建设年代不同的典型泵站,安装流量计。同时,在与典型泵站相似的泵站上安装计时器,通过计时量和典型泵站以电折水流量折算系数,推算用水量。既满足灌溉水量计量精度的要求,又大大节约了计量设施成本。

4.4.4.6 高邮

沿运自灌区域以建筑物及仪表量水为主,通过在支渠口安装明渠智能超声波流量计、智能一体化闸门(下卧式)、装配式明渠管道流量计、便携式明渠雷达流量计,同时对支渠进行率定,另外选择典型斗渠口安装孔板直读量水设施等,实现高邮灌区灌溉面积计量全覆盖。里下河圩区和湖西丘陵山区,通过在提水泵站出水口配套安装电磁流量计、水压差传感器、计时器、泵站专用计量表等计量设施进行量水,共计安装 1 121 处。

4.4.4.7 句容

主要推行了插入式电磁流量计、非满管流量计、智能化明渠流量测量系统等计量方式。在各镇(街道、管委会)按不同泵型、不同扬程、不同建设年代选取典型泵站,安装流量计,计算用水量,既满足灌溉用水计量精度要求,又大大节约了计量设施成本。

4.5 江苏省的农业水价综合改革

做强农业,必须尽快从主要追求产量和依赖资源消耗的粗放经营转到数量质量效益并重、注重提高竞争力、注重农业科技创新、注重可持续的集约发展上来,走产出高效、产品安全、资源节约、环境友好的现代农业发展道路。为此,2015 年中央一号文件《关于加大改革创新力度加快农业现代化建设的若干意见》对涉农领域

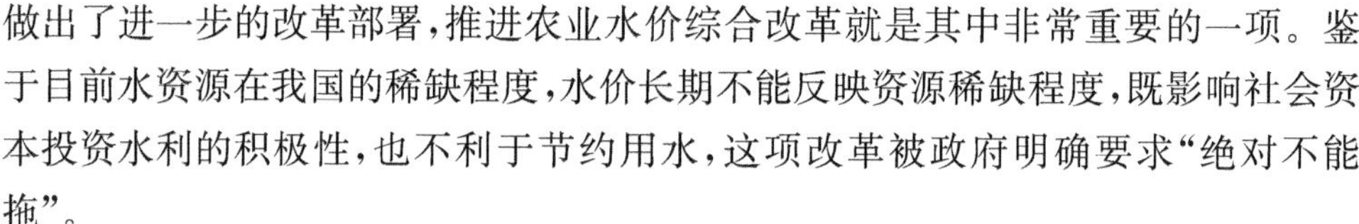

做出了进一步的改革部署，推进农业水价综合改革就是其中非常重要的一项。鉴于目前水资源在我国的稀缺程度，水价长期不能反映资源稀缺程度，既影响社会资本投资水利的积极性，也不利于节约用水，这项改革被政府明确要求“绝对不能拖”。

4.5.1 江苏农业水价改革简介

“推进农业水价综合改革，积极推广水价改革和水权交易的成功经验，建立农业灌溉用水总量控制和定额管理制度，加强农业用水计量，合理调整农业水价，建立精准补贴机制”，其根本目的是不在总体上增加农民负担，又促进节约用水。农业水价改革，是党中央、国务院着力推进水利发展方式转变而作出的重大决策部署，是促进农业节水、建设节约型社会的重要手段和有力杠杆。从 2014 年起，农业水价综合改革连续 5 年写入政府工作报告，纳入国务院对地方政府的量化目标考核。

坚决贯彻、落实农业水价综合改革工作，在优化农业结构上开辟新途径，在转变农业发展方式上寻求新突破，江苏走到了全国前列，先后出台了《关于推进农业水价综合改革的实施意见》(苏政办发〔2016〕56 号)、《关于 2019 年度全省农村水利工作意见的通知》(苏水农〔2019〕1 号)、《关于印发江苏省 2019 年农业水价综合改革工作要点的通知》(苏水农〔2019〕5 号)和《关于深入推进农业水价综合改革的通知》(苏水农〔2019〕22 号)等文件，进一步推动了水价改革事业。

江苏省水利厅农村水利与水土保持处(以下简称农水处)为江苏省农业水价综合改革的牵头单位。自 2016 以来，农水处坚持把农业水价改革放在水利工作的突出位置，因地制宜，由点及面，统筹推进各项改革工作，取得了明显成效：截至 2019 年 7 月，全省累计完成农业水价综合改革面积 4 274.4 万亩，占全省有效灌溉面积的 72.2%；“管理服务到位、水价核定到位、水费收缴到位、监督管理到位”的指标评价体系基本形成；水价核定、精准补贴和节水奖励机制逐步建立；建筑物量水、以电折水等多元计量措施全面推广，为 2020 年江苏省率先完成水价改革任务打下了坚实的基础。

4.5.2 典型地市改革卡片汇总

典型地市改革卡片汇总见表 4.5-1—表 4.5-5。

表 4.5-1 江宁区

【亮点特色】	水票
【改革对象】	全区 10 个街道

续表

【用水组织】	街道注册成立用水户联合会，街道管辖内涉农社区注册成立用水合作社；用水户联合会会员由规模种植户（企业）和各社区用水合作社组成，由街道水务站管理；用水合作社代表社区散户用水户权益，由社区统一管理
【工程管护】	用水户联合会或街道水务站委托专业养护公司对公共的（骨干的）灌排设施设备进行管护；用水户联合会或街道水务站与种植户（企业）或社区签订协议，规定田间工程由所属种植户或社区负责管护
【水量分配】	在修订完善江宁区灌溉用水定额的基础上分解落实农业用水水权。一是分解各行政区域的农业用水总量，即以文件《关于下达各街道园区年度用水总量控制指标的通知》分解各街道、园区农业用水总量，明确改革区的农业总量；二是分解具体用水单位的水权，根据定额和灌溉面积及种植结构将改革实施区域农业水权进一步细化分解到供水管理单位、农村集体经济组织、用水合作组织、农户等，实行总量控制、定额管理
【计量设施】	部分灌溉泵站安装电磁流量计，其他泵站以电折水
【水价制定】	通过成本测算、集体研究、成本监审等，区物价局、水务局联合下发《关于下达江宁区农业水价综合改革区农业用水价格的通知》，合理制订了改革实施区域农业水价调整计划：①水稻灌溉片基本水价为 0.037 元/m^3，计量水价为 0.016 元/m^3；②苗木灌溉片基本水价为 0.163 元/m^3，计量水价为 0.029 元/m^3；③蔬菜灌溉片基本水价为 0.098 元/m^3，计量水价为 0.018 元/m^3。超定额累计加价
【水费征收】	印制“农业水费结算凭证”（即水票），根据用水单位的水权，年底统一结算，水票上反映用水户的灌溉面积、用水量、协商水价、超定额累计加价、应收水费、补贴、节水奖励、实收水费等内容
【奖补机制】	区级出台《江宁区农业水价综合改革试点农业节水奖励基金筹集、使用与管理办法（试行）》，农业节水奖励标准是根据分配用水定额指标，按节水量划分等级进行奖励。农业水价综合改革试点期间的参考标准如下：①节水量在定额用水5%以内的，按执行水价标准的一半乘以节水量进行奖补；②节水量在定额用水5%～10%的，按执行水价标准乘以节水量进行奖补；③节水量在 10%～20%的，按执行水价标准的二倍乘以节水量进行奖补；④节水量在 20%以上的，按执行水价标准的三倍乘以节水量进行奖补。各街道根据实际财政情况可自行协商制定奖励政策，如谷里街道用水户节约用水量以 0.1 元/m^3 进行奖励，每亩封顶奖励 20 元，每户封顶奖励 5 万元。财政资金补贴给用水户联合会或用水合作社，用于工程维修养护

表 4.5-2 锡山区

【亮点特色】	节水奖励政策简单易操作、不受当年降水影响，实用性强
【改革对象】	锡山区范围内灌溉田

续表

【用水组织】	共建立起用水户协会56个,其中村级52个,镇级4个,实现了所有灌区农民用水组织全覆盖。正式下发了《关于在全区推广建立村级农民用水户协会的通知》(锡水发〔2018〕9号)文件,规范和指导村级协会建设及运作,并就机构、制度、责任和台账四块内容组织了专门验收,以奖励的形式鼓励各村委积极创建村级协会,以考核的形式督促协会切实起到管理作用
【工程管护】	根据工程产权归属确定相应管护主体和责任,并签订管护责任书,明确管护职责、管护标准和管护范围
【水量分配】	有农业灌溉任务的村(社区),均以村委为单位发放农业取水许可证,农业水权明确到位
【计量设施】	对全区灌溉站进行排查和筛选,基本确定10寸以上泵站安装超声波流量仪,10寸以下或地处偏僻、灌溉面积较小的泵站安装计时器。目前,已全面建立起灌溉站计量体系,共计安装计量设施351台套,其中超声波流量计244台套、计时器107台套,基本实现农业计量全覆盖
【水价制定】	锡山区水利局、锡山区物价局、锡山区财政局下发《关于加强农业用水价格管理的通知》(锡水发〔2017〕76号),明确锡山区农业用水价格核定管理办法,规范我区农业用水价格管理。由维修费、燃料及动力费、职工薪酬、管理维护费用、生产费用等组成我区农业用水价格,在政府指导水价(《关于调整全区农业灌溉水费指导价格的通知》(锡山价费〔2012〕12号))的基础上协商定价。2018年11月,区水利局按照农业灌溉成本的组成要素,开展了专项抽样调查。区水利局、区财政局、区物价局、区农林局召开联合会议,就调查结果进行分析探讨,决定暂时不调整农业用水指导水价
【水费征收】	由于我区灌区之间、各村委之间差异较大,收费标准由灌溉站性质和村委对农业支持力度而定,水费收取由灌溉站经营人员或村委收取,绝大部分村不向农户收取农业水费
【奖补机制】	锡山区水利局、锡山区财政局《关于印发〈锡山区农业水价综合改革节水奖励和精准补贴实施方案(试行)〉的通知》(锡水发〔2019〕32号)明确了我区精准补贴和节水奖励方法,按已经开展农业水价综合改革的田块计算田亩数,分水稻田和经济作物田两类发放补贴节水奖励,以种植水稻有效计量灌区为基本核算单位,区分超声波流量计和计时器计量两种方式的灌区,分别对实际亩均用水量按照由小到大进行排序,对亩均用水量好于该类灌区该年度平均亩用水量的灌区,按与平均亩用水量相比给予奖励:节水奖励=(全区平均亩用水量-灌区亩均用水量)×灌区作物种植面积×每方水奖励标准。每亩补贴标准和奖励标准由区农业水价综合改革工作领导小组办公室根据年度资金情况具体核定

表 4.5-3　铜山区

【亮点特色】	组建供水公司,实施分类水价;成立管理养护处,创新管护模式
【改革对象】	全区在册有效灌溉农田

续表

【用水组织】	成立了19家镇级供水公司，对全区灌溉面积全覆盖，形成了“供水公司＋村组(灌区管理者)＋农户”的水费收缴管理体系。镇供水公司主要承担工程建设监督、水权分配、灌溉管理以及水费计收等方面的职能
【工程管护】	出台系列管护考核制度，确保长效管护到位，责任落实到位。全区9 222处小型农田水利工程，由区政府统一印制管理使用权证书并100%颁发完毕；全区19个镇(场)成立了管理养护处，由各镇分管镇长任法人，成员主要由水利站人员、水管员、村代表、用水户代表等组成。主要承担小型水利工程管理、运行维护和维修等方面职能。并将镇工程维护全部推向市场，实行规范化运作；通过公开竞聘方式确定298名村级工程专管人员并签订管护合同，建立并完善村级水管员制度
【水量分配】	按照《徐州市农业灌溉节水规划》，水田(水稻、小麦轮作)末级泵站(斗口渠首)灌溉定额580 m^3/亩，旱田(小麦玉米轮作)灌溉定额86 m^3/亩，瓜果滴灌(两季轮作)定额114 m^3/亩。同时根据年降雨量确定年型，定期修订灌溉定额，实行农业用水总量控制、定额管理。水权分配自上而下逐级分配，区水利局按照各镇水、旱田等不同种植结构，将水权分配到各镇，各镇由供水公司进一步细化灌溉管理范围内的水权分配，将具体水权按照泵站灌溉面积分配至各村
【计量设施】	电磁流量计、明渠流量计、雷达表面流速＋雷达水位、远传以电计水、计时器等计量设施，综合运用。各主要灌区渠首采用远传功能的计量设施，高效节水泵站采用电磁流量计，各末级灌溉泵站大多采用计时器，不具备条件的灌区采用电表、以油折算等形式计量
【水价制定】	区分水、旱田以及自流、二级提水、三级提水等不同灌溉类型，分类制定水价。计量水价中末级渠系或泵站平均供水成本费用由用水户与末级泵站经营者在指导价基础上协商确定，报村委会审核。各镇在坚持民主协商、镇级监管、价格公示程序的基础上，将协商议定价报区水利部门和物价部门备案。同时实行定额管理，超定额用水实行累进加价制度
【水费征收】	水费收取由供水公司负责。各镇供水公司将水费统一管理使用，其中基本水费中区级农业水费上缴区供水公司，主要用于区管泵站、水闸等水利工程运行维护、区管管理单位人员工资等；镇级农业水费上缴各镇人民政府，主要用于镇级泵站、水闸等水利工程运行维护、看护人员工资等。年度水费足额收缴到位
【奖补机制】	按照水田10元/亩、旱田5元/亩标准，对计量水价的末级灌溉系统维修养护费进行精准补贴；按照0.02元/m^3的标准对节约水量进行节水奖励，奖补资金由区财政统筹解决。每年灌溉结束后，按照实际用水量测算奖励数额，由区水利局、财政局核查后，将资金下达到各镇管理养护处，用于各镇小型农田水利工程设施维修养护，使其良性运转

表 4.5-4 射阳县

【亮点特色】	建立了农业用水监测管理系统，实现计量安装到位、水量监测到位、协会保障到位、长效管护到位
【改革对象】	全县水田
【用水组织】	注册成立了15家农民用水者协会，对全县灌溉面积实现全覆盖管理。成立了千秋、临海、淮海农场、临海农场和新洋农场等5家用水协会的分会，具体负责管理范围内集中灌溉用水和收费管理。把全县1 000多万元的水工程水费按10%返还(计100多万元)，通过县长常务会议批复用于保障协会的运行
【工程管护】	①摸清家底，建好台账。我县于2017年进行了为期半年的调查摸底和确权颁证等基础工作。在全省率先建成了射阳县小型水利工程管理系统。②出台管护办法和考核意见。办法中规定县财政每年安排1 224万元用于小型水利工程维修和管护(含省级以上补助)，镇、村每年安排1 836万元(9元/亩)的标准做好河道、绿化、农村环境、道路、垃圾清运等五位一体的清理和管护。③分类测算，算好维修管护大账。对全县所有的小型水利工程和河道，分类确定管护标准，每年编制《射阳县小型农田水利工程维修养护实施方案》，上报市局批准后实施。④规范管理，落实责任。当地村民或会员公开招投标，择优比价确定管护人，公示后签订管护合同，落实好管护责任。县水利局和财政局每年随机抽查不少于四次，并委托第三方中介机构对管护成效进行考核打分，根据考核结果下达管护资金，确保资金使用规范合理
【水量分配】	根据省综合灌溉用水定额，确定稻麦两季灌溉用水定额580 m^3/(亩·年)、水浇地用水定额为83.3 m^3/(亩·年)、菜地用水定额为200 m^3/(亩·年)、林果用水定额为32 m^3/(亩·年)。测算得出全县农业用水量总量为5.4亿m^3，并根据农作物布局和用水定额将水权分配至各镇区和灌区
【计量设施】	采用插入式电磁流量计、以电折水流量计算等设备。2019年在全省率先建成农业水量监测管理系统
【水价制定】	按照补偿运行成本核定，考虑维修费、燃料及动力费、职工薪酬、管理维护费用、生产费用等，联合财政局和物价局对全县分四个区域进行实地调研，于2017年12月份制定出台了《射阳县农业用水价格核定管理试行办法》。我县水价区间水价从45～60元不等，最高不超过60元/亩。按照定额，不超过0.11元/m^3
【水费征收】	水费收取由协会负责，协会把所有机工、管理人员及放水员都登记造册，建立并管理台账。按照水价核定办法，确定收费价格和管护报酬及收费金额。全县农业灌溉水费收缴率达96%
【奖补机制】	奖补资金由县财政统筹，镇区协会负责具体监管。协会设有银行账号，协会汇总水田面积和用水量等资料上报县水利局进行核查，水利局核查后会同财政局拨付奖补资金。奖补资金拨付至各用水协会，然后再由协会按实补贴给泵站管理人员(机工)或用水大户

表 4.5-5 宝应县

【亮点特色】	奖补机制可实现性强
【改革对象】	全县 14 个镇区固定灌溉泵站稻麦两季田块
【用水组织】	成立以镇区为管理单位的用水者协会 14 家，均已落实了办公场所，配置了办公设备，制定了协会章程、工作责任、管理制度、服务内容等
【工程管护】	根据工程产权归属确定相应管护主体和责任
【水量分配】	县水务局印发了《关于下达 2018 年度宝应县各镇区农业用水指标分解计划的通知》(宝水发〔2018〕72 号)，明确了各镇区农业用水指标。同时改革实施区域农业水权，采用“多年平均，结合定额”的方式，核定单位灌溉用水量，在保障合理灌溉用水的基础上，按照适度从紧的原则，分配给工程单元或终端用水主体，宝应县分配农业初始水权为 620 m^3/亩。并进一步细化分解到农村集体经济组织和用水合作组织，以便实行农业用水总量控制，定额管理
【计量设施】	电磁流量计、以电量折水量
【水价制定】	实行用水指导价格；按照各镇区补偿运行维护成本进行测算，根据灌溉方式分别制定提水灌区和自流灌区农业水价，同时制定经济作物和水产养殖分类水价
【水费征收】	农业水费全部采取委托代收方式，委托镇区代收，各镇区在规定时间内将代收农业水费上缴到县水费专户。按方收费水价已经核算完毕，并在与物价部门对接后向群众公示，通过精准补贴的方式补贴给用水合作组织
【奖补机制】	①我县于 2017 年 12 月出台《宝应县农业水价精准补贴实施办法(试行)》(宝水发〔2017〕245 号)、《宝应县农业节水奖励基金筹集、使用与管理办法(试行)》(宝水发〔2017〕246 号)，在已实施农业水价综合改革的灌区，对用水量小于灌溉定额的种粮农户或农民用水合作组织，定额内用水的提价部分由财政给予补贴。②农业节水奖励标准：根据取水许可证所明确的初始水权额度，按节水效果进行奖励。未超出初始水权额度，节水量占全县平均用水量 10%～20%的，节水奖励按照节水量乘以计量水价的 10%计算；节水量占全县平均用水量 20%～30%的，节水奖励按照节水量乘以计量水价的 20%计算；节水量占全县平均用水量 30%以上的，节水奖励按照节水量乘以计量水价的 30%计算

5 防洪排涝实用技术

江苏省沿海地区现状防洪、除涝、调水和防风暴潮工程体系虽已基本形成，但工程总体标准不高，灾害形成机理不明，水文资料收集不全，基础研究难有进展，不能满足沿海地区经济社会发展要求。加上襟江临海，上有高水压境，下有海潮、台风袭击，中有梅雨、暴雨，是洪、涝、旱、潮、台“五灾”易发地区。本章首先分析了江苏沿海地区的致灾因子和致灾特征，然后介绍了洪涝水文致灾因子联合遭遇概率分析、桥梁桩群存在条件下的河道水面线计算方法、涉水建设项目洪水影响评价等多项实用技术。

5.1 江苏沿海地区总体洪涝特征分析

江苏沿海地区位于三大流域水系尾闾，废黄河以北属沂沭泗水系，流域面积 8 961 km^2，占沿海地区总面积的 27.59%；废黄河以南至 328 国道、如泰运河为淮河下游区，流域面积 17 684 km^2，占 54.51%；如泰运河以南属长江流域，流域面积 5 813 km^2，占 17.90%。除北部连云港市有低山丘陵分布外，其他大部分为黄淮海与滨海平原区。地面高程在 1.5～5.0 m，局部洼地地面高程不足 1 m。江苏省沿海地区具有四季分明的气候特征，苏北灌溉总渠以南属亚热带气候，以北属暖温带气候。水气充沛，气候湿润，台风活动频繁，台风雨、对流性强降雨和梅雨多且强度大。因此，江苏沿海地区受地势低洼、上游来水、台风、暴雨、天文大潮等多因素影响甚至是叠加影响，极易引发洪涝灾害，具有发生频率高、突发性强、危害范围广、损失严重的特征。

举例而言，2007 年淮河流域发生了大洪水，里下河地区、洪泽湖主要行洪河湖周边地区出现了严重洪涝，而涝水主要发生梅雨期，面平均雨量 421.1 mm，是常年的 1.9 倍。受连续降水影响，7 月 8 日至 10 日各主要河道相继逼近历史最高水位，南官河兴化站、西塘河建湖站、串场河盐城站、射阳河阜宁站最高水位超过警戒水位。此次灾情共造成盐城市受灾人口 220.67 万人，紧急转移安置 9 634 人，农作物受灾面积 278.7 万亩，成灾面积 103.0 万亩，绝收面积 27.6 万亩；倒塌房屋2 326 间、损坏房屋 6 973 间；造成直接经济损失约 10.45 亿元。

5.1.1 沿海闸下淤积问题及其洪涝影响

现状江苏沿海除灌河口外，其他入海水道均已修建了挡潮闸，共 118 座，其中大、中型挡潮闸就有近 60 座（见图 5.1-1）。建闸后，由于闸下潮波变形、港道纳潮量减少、闸门长期关闭、下泄径流条件改变、滩涂围垦导致闸下港道变长等原因，破坏了径流及潮流之间的平衡，带来了一系列的淤积问题，严重影响了入海河流的防洪排涝能力，不能满足围垦区经济发展所需的防洪安保需求。

5.1.1.1 江苏沿海闸下淤积现状

据 1985 年的资料统计，江苏沿海修建的 58 座大中型挡潮闸中，闸下发生严重淤积的就有 15 座，一般淤积的有 20 座，淤积较少的有 18 座，基本淤死的 5 座，其中，排水量较大的射阳河闸河槽容积减少 50%，河段普遍发生淤积。这种淤积状况一直持续到 20 世纪 90 年代末，自 90 年代末以及进入 21 世纪以来，随着沿海滩涂大规模围垦和疏浚不及时等原因，闸下港道淤积情况明显加重，据 2008 年的统计资料，江苏沿海严重淤积和基本淤死的挡潮闸数量从 20 座增加到 34 座。

5.1.1.2 江苏沿海闸下淤积特征

河口建闸后，边界条件和来水来沙条件发生了明显变化，港道内的冲淤特性也产生相应的变化，一般具有时间和空间上的变化特性。时间变化主要指淤积的多年变化和季节变化，空间变化主要指河道的纵向和横向变化，时间和空间变化交错发展、共同作用。对于常见的长引河河道型闸下港道，其淤积特性如下：

1. 多年变化

淤积发展初期：建闸后 1～3 年内，回淤速率大，最大淤积区发生在闸前，淤积体向下游递减，淤积段和严重淤积段向下游发展的速度较快。淤积发展中期：建闸后 1～3 年至淤积段发展至海口这段时期，淤积趋于平稳，淤积段和严重淤积段下移趋缓。淤积发展末期：淤积发展至海口后，河道淤浅至新的平衡状态，闸下河道深槽基本淤平，严重淤积段主要发生在口门处，口门形态与两岸滨岸融合。3 个淤积发展阶段示意图如图 5.1-2 所示。

2. 季节变化

河口建闸后，开闸泄水量主要取决于上游来水的多寡。汛期排水量较大，非汛期排水量小，甚至关闭闸门，无径流下泄。当下泄径流量大于河床的平衡流量时，河道冲刷，反之淤积。因此，闸下河道一般呈现洪冲枯淤的季节性变化，但并不绝

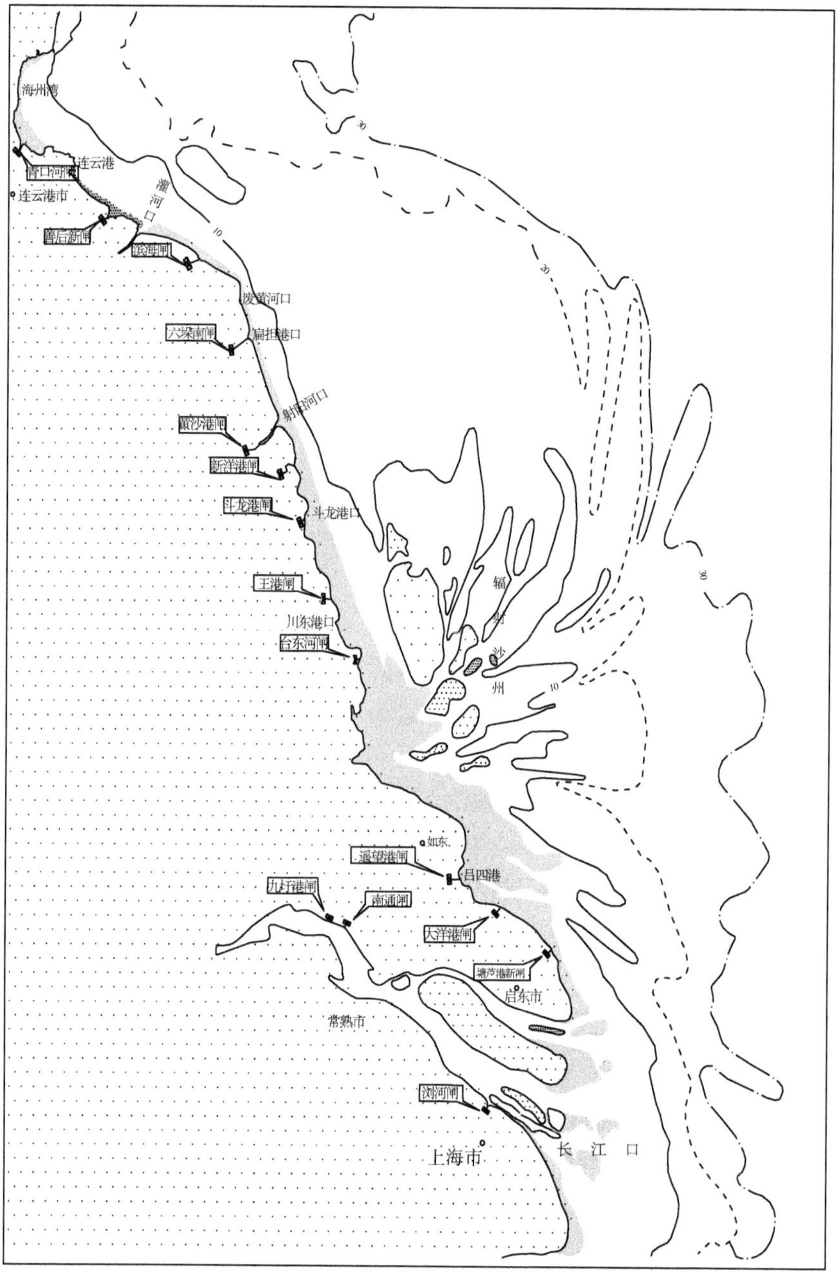

图 5.1-1　江苏沿海建闸河口示意图

对，如果洪季下泄的径流量小于河床的平衡流量，河床仍会淤积，只是淤积量相对较少。

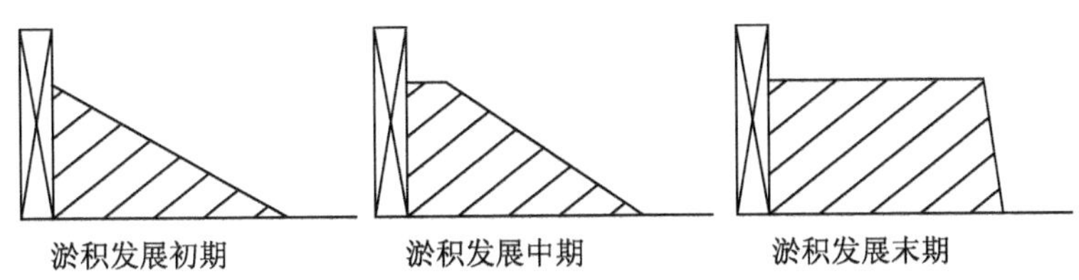

图 5.1-2 长引河河道型淤积发展趋势示意图

3. 空间变化

洪季冲刷时，近闸段先遭到冲刷，河口受潮水顶托略有淤积；枯季淤积时也是近闸段先淤，且强度较大，口门处则略有冲刷。

5.1.2 江苏海堤致灾因素及其洪涝影响

江苏海堤达标工程对沿海地区防灾减灾效果明显，但是，当极端气象条件发生时，在风暴增水和极端风浪的共同作用下，加上沿海地区存在海堤堤心多采用土心、海堤堤顶和后坡防护不足的问题，沿海海堤可能形成大量越浪、堤身破坏、胸墙破坏甚至是溃决垮堤等问题，从而导致堤后洪涝灾害。

5.1.2.1 江苏海堤的灾害形式

通常，海堤失事可分为整体和局部两种。整体是指海堤因其整体稳定性不够而产生的滑移或溃决以及海堤高程过低而造成的沿线溢流失事等；局部是指越浪量过大、堤前冲刷、波浪冲击等造成的海堤护面结构破坏、防浪墙失稳、堤身渗透、甚至是局部海堤溃决等灾害形式。江苏海堤主要灾害形式归纳如下：

(1) 在极端天气条件下，洪、潮、风、浪联合作用下，海堤不破坏，但洪水位高，大潮大风大浪导致海水越过海堤，使得内涝严重；

(2) 一些海堤建于软土地基上，甚至一些海堤所在地区还存在地震的可能性，且一定程度可能产生液化，使得海堤整体损坏的可能性还是存在的；

(3) 穿(跨)堤建筑物，如挡潮闸(涵)等，是海堤重要组成部分之一，但沿线大部分穿堤涵闸老化失修，带病运行，且普遍存在建设标准低于海堤工程的防潮(洪)标准，一旦失事，也将形成灾害；

(4) 局部损失导致海堤失事的可能性为江苏海堤安全的主要因素，特别在一些侵蚀严重的岸段，存在局部破坏导致海堤决口甚至溃决的风险。

5.1.2.2 江苏海堤建设标准及存在的问题分析

1. 海堤达标工程建设要求及进展

1997 年 10 月，江苏颁布了海堤达标工程的设计标准。2006 年 6 月，规定全省海堤达标建设的目标任务是，在已经实施部分海堤达标建设的基础上，按照抗御50年一遇高潮加10级风(风速24.5～28.4 m/s)浪防潮建设标准，用3年时间，全面完成海堤达标建设任务，有条件的地方力争提前完成。海堤达标建设内容，主要包括堤防土方工程、冲刷地段的防护工程、病险建筑物加固改建工程、堤顶公路建设工程、管理设施的更新改造以及险段保滩应急工程。

其中，设计潮位按重现期50年一遇高潮位，作为海堤的设计潮位，给出了沿海各代表站设计潮位、设计堤顶高程，对于历史最高潮位超过设计潮位的岸段，可取历史最高潮位为设计潮位。堤顶超高采用10级风风浪爬高加安全加高。穿堤建筑物设计防洪标准应不低于堤防的防洪标准，即根据设计洪(潮)水位重新对穿堤建筑物进行稳定、强度、防渗验算，不足的应进行接长、加固或重建；闸门高度、强度不能保证安全运行的要进行加固或更新改造，启闭机启闭力不足或陈旧老化影响安全运行的要进行更新改造。

2. 海堤达标建设存在的问题分析

(1) 沿海海堤设计潮位存在进一步校核的问题

1997年省水利厅发布的江苏江海堤坝达标工程设计标准中，给出了沿海绣针河口、九里、兴庄闸、大浦、燕尾港、滨海闸、翻身河闸、六垛闸、射阳河闸、新洋港闸、斗龙港闸、王港闸、东台河闸、新港闸、小洋口闸、遥望港闸、大洋港闸、七门闸、协兴港闸、连兴港闸等站点的设计潮位，然而这些设计潮位值在今后海堤设计中存在以下两个问题：①大多依据的水文站点邻近河口闸，而这些闸大多离河口还有一定距离，港道狭窄且长，潮波从海岸传播到闸下多有变形；②受闸下及港道淤积影响，尤其是1997年以来的影响，有些闸在有记录期间数易其所，其记录的连续性值得怀疑。

(2) 穿堤涵闸老(病)化、建设标准不足的问题

江苏沿海大部分穿堤涵闸老化失修，带病运行，且普遍存在建设标准不能满足海堤达标建设要求的问题，一旦失事，将形成灾害。以灌河海堤挡潮闸为例，灌河系一条天然河道，上起灌南县境内盐东控制工程，下至灌云县燕尾港入海，河道全长72.5 km，其中灌南县境内的灌河堤防138.75 km，其大体走向为东西走向，总体上可以分成4段：①堆沟至长茂段。堤段长46.35 km，该段海堤上共建成挡潮闸24座，穿堤涵洞10座，除了已经加固的15座挡潮闸完好外，其余涵闸都带病运行，一到汛期，险象环生。②武障河闸至窑河口段。海堤长30 km，该段灌河堤上共建有挡潮闸14座，均带病运行，其中孙庄闸闸底板断裂，经鉴定为Ⅳ类闸，需拆除重建，其余闸需进行全面加固。③义泽河闸至长茂段。海堤长21 km，该段灌河堤上共有挡潮闸11座，大多数带病运行，其中台河闸和沂南闸损坏特别严重，经安全鉴

定为Ⅳ类闸，需进行拆除重建，其余挡潮闸需进行全面加固。④龙沟河堤、北六塘河堤、武障河北堤，长 41.4 km，该段堤上共建成挡潮闸 4 座，均带病运行，其中小圈闸损坏严重，经安全鉴定为Ⅳ类闸，需拆除重建，其余挡潮闸需进行除险加固。

(3) 未列入达标建设的堤防建设标准不足的问题

未列入海堤达标工程建设的岸段堤防，其建设标准也亟待提高。例如，灌河长茂以上段由于没有被列入海堤达标工程，该段堤防多年来没有得到有效治理。目前该段(除小圈段外)灌河及其支流现状堤顶高程在 6.0 m 左右，堤顶高程基本满足防潮要求，但部分堤段堤身单薄、断面不足现象较为突出，小圈段两岸河堤仅略高于地面、基本为无堤段，每到雨洪季节防汛形势即非常严峻；翻身河南港堤380 m浆砌块石挡土墙护岸工程于 1998 年作为海堤达标附属工程实施，因设计标准低，经过长时间海潮侵蚀，墙前滩面刷降过快，挡土墙底板露深达 50 cm 以上，且墙体开裂，形成空洞，已严重威胁该段海堤安全。南通市现状海堤尚有部分堤防“三度”(高度、堤顶宽度、内外坡度)未达标，局部地段堤顶高程低于标准 0.3～1.0 m，个别地段堤身单薄、堤顶宽不足，边坡较陡，防渗长度不够，影响堤身稳定。

(4) 已达标建设完成的堤防也存在险工险段问题

经过调查发现，已完成达标工程建设的江苏沿海部分堤段，由于工程建设年限长，加之受环境因素的影响，暴露出一些设计、管理上的问题，下面仅以有代表性的赣榆县海堤达标工程为例，进行说明：

①赣榆县海堤达标工程自 1998 年开始实施，通过多年观察，已建护坡工程一级坡冲刷严重，主要原因是：一级坡底部采用 35～40 cm 厚灌砌块石、表面采用 5 cm厚的 C20 混凝土抹面并设置消浪石防护，施工期间受海水条件限制，施工时间较短，混凝土强度难以达到设计要求，造成混凝土抗冲刷能力差，一级坡多处存在冲毁现象。

②灌云县海堤防护工程标准太低，其沿海海岸为淤泥质侵蚀型海岸，由于堤前保滩护岸工程设计标准低，仅在迎海面堤脚前设置了简易的抛石护脚，没有在迎海面滩面设置丁顺坝进行保滩护岸，导致海岸侵蚀速度较快，堤前滩面逐年缩减，一级护坡槽形块损坏较为严重。海堤迎海面护坡设计结构型式也存在不足，经过多年运行实践对比，其采用的混凝土预制槽形块结构形式明显不如灌砌石结构。

③灌河长茂以上段堤顶防汛道路断、缺、损严重，两岸大堤未能贯通，工程管理设施残缺不全，给防汛抢险带来较大的难度，且堤防背水坡缺少防护措施，汛期易导致水土流失。

5.2 洪涝水文致灾因子联合遭遇概率分析

江苏沿海地区洪涝灾害的水文致灾因子主要包括台风、暴雨、天文大潮等，如果以上要素中有两个甚至更多要素共同作用，极易引发洪涝灾害。为此，对这些要素进行联合遭遇概率的分析，对防洪排涝系统的规划和设计具有十分重要的意义。

5.2.1 基于Copula函数的联合概率分析方法

水文事件遭遇组合概率的计算是水文分析计算中的常遇问题，在数学上主要采用多维变量联合分布函数进行求解。对于完全独立的不同水文事件，其联合分布函数可以通过简单的单变量分布函数相乘而得到，如国内常使用的单变量分布函数——皮尔逊Ⅲ型分布函数。但对于大多数水文事件，彼此之间总是或多或少存在一些相关性，以洪潮组合为例，刘曾美等[80]统计了1954—2007年广东漠阳江上的双捷水文站流量资料和北津港潮位站潮位资料，计算出最大洪水流量和相应潮位Kendall秩相关系数$\tau=0.0196$，最高潮位和相应洪水流量的Kendall秩相关系数$\tau=0.2460$，表明最大洪水流量和对应潮位存在着非常弱的正相关关系，而最高潮位和对应洪水流量则存在着相对强些的正相关关系。所以对于非完全独立的水文事件，尚需要进一步研究和构造其联合分布函数。

目前，在水文事件组合频率分析研究方面，国内外广泛采用理论和应用都比较成熟的Copula连接函数来建立多变量的联合分布函数。Copula理论最早由Sklar于1959年提出，是一种通过Copula函数和边缘分布构造多元分布函数的理论。其作为一种简单有效的相关性分析和多元统计分析工具，于20世纪90年代后期，在金融、保险等诸多领域的相关分析、投资组合分析和风险管理等方面获得了大量应用，其自身的理论也得到了快速发展。由于Copula函数是一种将联合分布与它们各自边缘分布连接在一起的函数，因此人们也称它为连接函数。Copula函数有很多种，应用时基本上都是首先确定随机变量的边缘分布，然后选用不同的Copula函数构造变量间的关系，最后分析其结果的合理性。本节列出其中应用较多的4种Copula函数如下：

(1) Gumbel-Hougaard Copula

$$C(u,v)=\exp\{-[(-\ln u)^{\theta}+(-\ln v)^{\theta}]^{\theta}\} \tag{5.2-1}$$

式中：u，v代表不同变量的边缘分布函数；θ为Copula函数的参数，描述相关程度，θ越大，相关性越强，当$\theta=1$时，变量独立，$C(u,v)=uv$。当$\theta\to+\infty$时，变量完全

一致相关。参数 θ 可用 Kendall 相关系数 τ 估算

$$\theta = 1/(1-\tau) \tag{5.2-2}$$

（2）Clayton Copula

$$C(u,v) = (u^{-\theta} + v^{-\theta} - 1)^{-1/\theta} \tag{5.2-3}$$

式中：u，v 代表不同变量的边缘分布函数；θ 为 Copula 函数的参数，θ 越大，相关性越强，当 $\theta \to 0$ 时，变量独立。当 $\theta \to +\infty$ 时，变量完全一致相关。参数 θ 可用 Kendall 相关系数 τ 估算

$$\theta = 2\tau/(1-\tau) \tag{5.2-4}$$

（3）Ali-Mikhail-Haq（AMH）Copula

$$C(u,v) = \frac{uv}{1-\theta(1-u)(1-v)} \tag{5.2-5}$$

式中：u，v 代表不同变量的边缘分布函数；θ 为 Copula 函数的参数，参数 θ 一般取 $[-1,1]$。

（4）Frank Copula

$$C(u,v) = -\frac{1}{\theta}\ln\left[1 + \frac{[\exp(-\theta u)-1][\exp(-\theta v)-1]}{\exp(-\theta)-1}\right] \tag{5.2-6}$$

式中：u，v 代表不同变量的边缘分布函数；θ 为 Copula 函数的参数，参数 $\theta>0$ 时，随机变量 u，v 正相关，$\theta \to 0$ 时随机变量 u，v 趋向于独立，$\theta<0$ 时随机变量 u，v 负相关。

目前，Copula 理论在我国水文工程中得到了大量应用，获得了很好的效果。下面列出部分相关研究成果：

（1）刘曾美等[80]以漠阳江河口段的洪潮遭遇组合分析为实例，采用 AMH Copula 函数构建感潮河段的年最大洪水流量和相应潮位的联合分布以及年最高潮位和相应洪水流量的联合分布，再基于联合分布提出遭遇组合的风险分析模型，其边缘分布函数采用皮尔逊Ⅲ型分布函数。

（2）侯芸芸等[81]以陕北地区窟野河流域神木水文站为例，应用三维 Gumbel-Hougaard Copula 函数，构建洪峰和洪量均服从皮尔逊Ⅲ型分布、洪水历时服从指数分布的 3 变量联合概率分布及条件概率分布，其分析结果直接为陕北地区水利工程规划设计和风险评估提供依据。

（3）熊立华等[82]以同一河流上的上下游两水文站洪水流量资料为例，采用 Clayton Copula 函数建立起两个站点的年最大洪水联合分布函数，其边缘分布函

数采用皮尔逊Ⅲ型分布函数。结果表明:两站的洪水流量具有一定的相关性,相关系数 $\tau=0.25$,Clayton Copula 连接函数能够比较好地模拟这两个站点的年最大洪水联合分布概率。

综上,由于 Copula 连接函数可以采用各种各样的边缘函数来推求联合分布函数,具有灵活和应用范围广等特点,因此在多变量水文频率分析中具有广泛的应用前景。另外,由于各地区水文特性不同,各地区推求的水文事件联合分布函数也会有所不同,由此带来的问题是水文事件的联合分布函数带有明显的地域性,并不能完全借用其他学者的研究成果,所以利用 Copula 连接函数进行江苏沿海地区致灾因子组合联合分布概率研究具有十分重要的意义。

5.2.2 洪水和潮位联合概率分析

以灌溉总渠为例,总渠上游发生不同大小的洪水时,下游河口可能发生不同潮位,这种不同的洪水潮位遭遇情况对总渠的防洪和安全运行将产生不同的影响。

5.2.2.1 洪潮遭遇组合风险分析模型

以洪水 Q 为主,组合相应潮位 Z,在满足小于等于 Q 的洪水条件下,将其遭遇的潮位超过 Z 发生的概率作为其组合遭遇风险率,如下式:

$$P(z>Z \mid q \leqslant Q)=\frac{P(q \leqslant Q, z>Z)}{P(q \leqslant Q)}=\frac{F(Q)-F(Q, Z)}{F(Q)} \tag{5.2-7}$$

式中:Q 和 Z 为组合的洪水和潮位数值;$P(z>Z \mid q \leqslant Q)$ 是不超过洪水 Q,即满足洪水安全条件下,其遭遇到的潮位超过 Z 的条件概率,并作为 Q 遭遇 Z 的组合风险率;$F(Q)$ 代表洪水分布函数;$F(Q,Z)$ 代表洪水和潮位的联合分布函数,表示两者的遭遇频率,需要根据历年实测最大洪水和其对应当日内发生的最高潮位资料,寻求联合分布函数模型分析获得。

5.2.2.2 洪水及对应的潮位分布函数

根据 1991—2010 年总渠历年年最大洪水流量(高良涧闸年最大过闸流量)及其对应当日最高潮位序列,分别采用 P-Ⅲ型频率分析,确定其分布函数 F,计算结果如表 5.2-1 所示。

表 5.2-1 总渠历年年最大洪水流量及其对应的潮位分布函数

洪水 $Q(m^3/s)$	$F(Q)(\%)$	潮位 $Z(m)$	$F(Z)(\%)$
824.87	99.5	3.92	99.5
800.95	99	3.65	99

续表

洪水 $Q(m^3/s)$	$F(Q)(\%)$	潮位 $Z(m)$	$F(Z)(\%)$
774.18	98	3.38	98
732.78	95	3.01	95
694.70	90	2.73	90
646.96	80	2.44	80
550.53	50	2.03	50
468.32	25	1.82	25
390.49	10	1.71	10
342.15	5	1.67	5
247.86	1	1.63	1

5.2.2.3 洪水及对应的潮位联合分布函数

对于洪水和潮位这两种不完全独立的水文事件，其联合分布函数 $F(Q,Z)$ 可以通过目前应用广泛的 Copula 连接函数来建立。经过比选，选择 Gumbel-Hougaard Copula，建立灌溉总渠 1991—2010 年历年实测最大洪水及其对应当日最高潮位的联合分布函数

$$F(Q,Z) = \exp\{-[(-\ln F(Q))^{\theta} + (-\ln F(Z))^{\theta}]^{1/\theta}\} \qquad (5.2\text{-}8)$$

式中：θ 为参数，描述相关程度，θ 越大，相关性越强。当 $\theta=1$ 时，变量独立，$F(Q,Z) = F(Q) * F(Z)$ 。当 $\theta \to +\infty$时，变量完全一致相关。

参数 θ 根据经验分布函数与联合分布函数计算结果对比后确定。图 5.2-1 显示了实测洪潮数据的分布情况，其中 $F(646,2.458)$ 的经验分布函数＝图上线框包

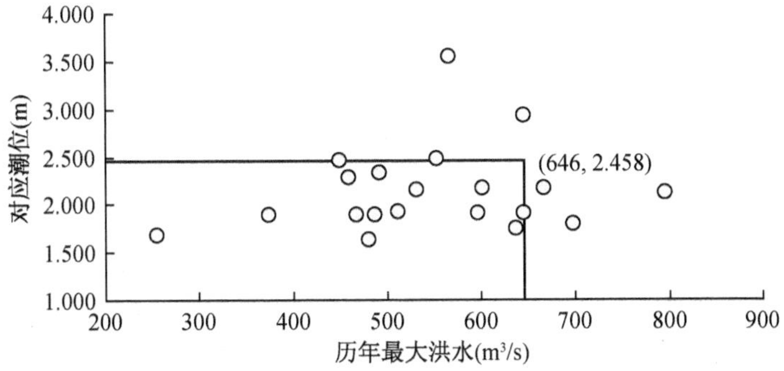

图 5.2-1 洪潮数据点的分布

围的点数/总的点数。图 5.2-2 显示了由公式(5.2-8)计算的理论分布函数($\theta=1.16$)和经验分布函数吻合较好。

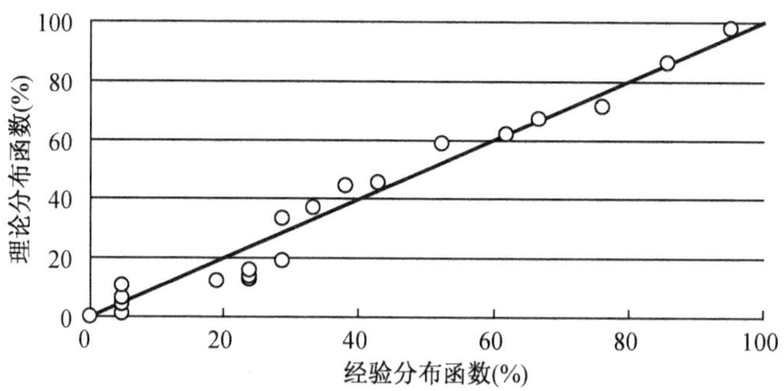

图 5.2-2 理论分布函数和经验分布函数对比

5.2.2.4 总渠洪潮组合风险率计算

对于任意一组洪水和潮位的组合值(Q,Z),将计算获得的 $F(Q)$、$F(Q,Z)$ 代入公式(5.2-7),即可获得其组合风险率,如表 5.2-2 所示。

表 5.2-2 总渠洪水及其对应潮位组合风险率

洪水 $Q(m^3/s)$	分布函数 $F(Q)$(%)	洪水发生概率(%)	组合潮位(m)	组合风险率 P(%)
824.87	99.5	0.5	2.03	49.85
			2.44	19.79
			2.73	9.79
			3.01	4.81
			3.38	1.84
			3.65	0.88
			3.92	0.41
800.95	99	1	2.03	49.72
			2.44	19.62
			2.73	9.63
			3.01	4.67
			3.38	1.75
			3.65	0.82
			3.92	0.38

续表

洪水 $Q(m^3/s)$	分布函数 $F(Q)$(%)	洪水发生概率 (%)	组合潮位 (m)	组合风险率 P(%)
774.18	98	2	2.03	49.48
			2.44	19.33
			2.73	9.37
			3.01	4.47
			3.38	1.64
			3.65	0.75
			3.92	0.34
732.78	95	5	2.03	48.88
			2.44	18.65
			2.73	8.83
			3.01	4.11
			3.38	1.46
			3.65	0.66
			3.92	0.30
694.7	90	10	2.03	48.03
			2.44	17.82
			2.73	8.25
			3.01	3.77
			3.38	1.32
			3.65	0.59
			3.92	0.26
646.96	80	20	2.03	46.62
			2.44	16.68
			2.73	7.55
			3.01	3.39
			3.38	1.17
			3.65	0.53
			3.92	0.23

5.3 桥梁叠加影响下的河道水面线计算方法

河道水面线计算是判断河道防洪及跨河建筑物过洪能力、工程布置规划、工程费用估算的重要依据，是河道防洪排涝治理规划中的重要工作之一。在河道上修建桥梁工程，桥墩多采用桩群基础结构型式。若桩群设置不当或当桩群阻水面积占河道过水面积的比例较大时，就可能会对河道行洪、围堤安全等造成一定的影响。特别是洪水期，水中桩群的存在会显著抬高河道的水位，造成阻水，使河道的泄洪能力降低，实际工程中必须进行论证。因此，为了正确认识修建桥梁以后河道水位的变化，优化桩基布置和结构设计，开展“桥梁桩群存在条件下的河道水面线计算方法的研究”具有十分重要的意义和应用价值，研究解决桥梁桩群存在情况下的河道水面线计算问题，也一直都是河道工程研究中的重要课题。

5.3.1 采用的主要技术思路

河道水流运动严格地讲，其水力要素是时空同时变化的水流运动，即三维非恒定流。可是三维非恒定的问题在数学求解及其基本方程的理论假设上还有很多问题，在实际计算中常常将问题简化为二维、一维非恒定流问题进行求解。在没有足够的观测资料时，推求水位流量关系用一维水流运动的圣维南方程组即可。

连续性方程：

$$\frac{\partial Q}{\partial x}+\frac{\partial A}{\partial t}=0 \tag{5.3-1}$$

运动方程：

$$\frac{\partial Z}{\partial x}+\frac{1}{g}\frac{\partial U}{\partial t}+\frac{(\alpha+\xi)}{2g}\frac{\partial U^2}{\partial x}+\frac{U^2}{C^2R}=0 \tag{5.3-2}$$

式中：A 为过水面积，m^2；Q 为流量，m^3/s；U 为断面平均流速，m/s；Z 为水位 m；a 为断面动能修正系数，为计算方便起见，一般取 $a\approx1$；ξ 为局部阻力损失系数；R 为水力半径，m，对于宽浅河道，一般可用水深值代替；C 为谢才系数。

以上圣维南方程组适合非恒定渐变流水流计算，如果是恒定流，可将圣维南方程组简化，其连续性方程自动满足，运动方程第 2 项为 0，简化后的非均匀渐变流的水位沿流程变化微分方程式为：

$$\frac{\partial Z}{\partial x}+\frac{(\alpha+\xi)}{2g}\frac{\partial U^2}{\partial x}+\frac{U^2}{C^2R}=0 \tag{5.3-3}$$

式(5.3-3)一般按有限差分离散,即将河道划分成若干计算段,每段分别采用离散后的方程计算,式(5.3-3)离散后的方程其实就是不可压缩流体恒定流能量方程(伯努利方程),如下:

$$\begin{cases} Z_2+\alpha_2\dfrac{U_2^2}{2g}=Z_1+\alpha_1\dfrac{U_1^2}{2g}+h_f+h_j \\ h_f=\dfrac{Q^2}{K^2}\Delta L \\ K=AC\sqrt{H} \\ C=\dfrac{1}{n}H^{1/6} \\ h_j=\xi\dfrac{U_1^2}{2g} \end{cases} \tag{5.3-4}$$

式中:符号的下标 1、2 分别代表计算段的下游断面和上游断面;Z_2、Z_1 为计算段上下游断面水位,m;U_2、U_1 为计算段上下游断面平均流速,m/s;a_2、a_1 为计算段上下游断面动能修正系数,为计算方便起见,一般取 $a\approx1$;h_f 为计算段沿程水头损失,m;h_j 为计算段局部水头损失,m;ξ 为局部阻力损失系数,对于收缩河段 ξ 值很小;H 为计算断面平均水深,m;C 为谢才系数;n 为计算段糙率。

根据方程(5.3-4),已知上游流量 Q、下游出口断面水位以及河道地形的情况下,只要确定河道糙率即可求得河道水面线。河道糙率为综合糙率,由床面及河岸糙率组成,一般需要根据现场实测水面线资料进行标定,如果现场资料匮乏,也可根据河床和河岸的粗糙度、流量及水深按经验或规范取值。河道综合糙率系数 n 与河床糙率系数 n_b、河岸糙率系数 n_w的函数关系如下:

$$n=\left(n_b^{3/2}\frac{\chi_b}{\chi}+n_w^{3/2}\frac{\chi_w}{\chi}\right)^{2/3} \tag{5.3-5}$$

如上所述,一维水流公式包括恒定流和非恒定流,美国陆军工兵团认为除了特殊状况外,一般采用恒定流能量方程(伯努利方程)计算河道水面线,作为防洪工程堤高的设计即可,并将能量方程与非恒定流计算河道水面线的结果进行了比较发现:非恒定流洪峰流量因河道储蓄效应,其随距离略有消减,因此能量方程计算的洪峰水位略大于非恒定流计算值。

由此,本研究仅考虑设计流量下的一维恒定流水面线计算,即根据河道地形及纵横断面把河道划分成若干计算河段,每个河段之间用不可压缩流体恒定流能量方程(伯努利方程)计算,其唯一存在的计算难点是对桩群的处理。桩群对河道流场的影响需要考虑桩体的阻力影响和桩基存在而使过水断面减小的影响。本书中拟对水流绕过桩群而造成的能量损失按两部分概化处理：在计算河段桩群工程区加糙以考虑桩体的阻力影响，相当于将其转换成计算河段的沿程阻力损失；增加局部阻力损失以考虑桩基存在使过水断面缩小产生的影响。

5.3.2 桩群阻力概化计算方法

单桩水流阻力 F 通常表示为：

$$F=\frac{1}{2}C_d\rho u^2 A \tag{5.3-6}$$

式中：C_d为单桩阻力系数；u 为来流速度；A 为桩体在垂直于水流运动方向上的投影面积；ρ 为流体密度。阻力系数 C_d的大小主要取决于物体形状，来流方向和桩径雷诺数 Re，其中圆桩桩径雷诺数表示为：

$$\mathrm{Re}=\frac{ud}{\nu} \tag{5.3-7}$$

式中：u 为来流速度；d 为桩径；ν 为液体的运动黏滞系数。

对单桩阻力研究较多的为单圆柱和方形柱。一光滑的圆柱在均匀来流的条件下，阻力系数与 Re 数的关系如图 5.3-1 所示。在 Re 数较低时，由于圆柱上绕流分离点位置变化及尾流涡街的改变，其阻力系数较大。当尾流充分形成后阻力系数则几乎不变，雷诺数处于 $10^4\sim2\times10^5$ 之间时，一般可取阻力系数为恒定的常数 1.1，天然河道桩径雷诺数基本处于这一范围，这对我们研究桩群问题带来极大的方便。当 Re 数达到临界 Re 数（$3.5\times10^5\sim5\times10^5$）后，阻力系数急剧降低，此后随 Re 数增加，阻力系数有上升趋势。方形柱由于分离点位置不变，Re 数从 10^4 至临界雷诺数，阻力系数 $C_d=2.0$，Re 数再增加阻力系数也变化较小。

参照单桩阻力公式，桩群阻力可以表示为：

$$F=\frac{1}{2}C_D N\rho u^2 A \tag{5.3-8}$$

式中，C_D为桩群中单根桩的平均阻力系数；N 为总桩数；u 为来流速度；A 为单根桩体在垂直于水流运动方向上的平均投影面积。

由桩群工程区长度 L、宽度 B（图 5.3-2）、河床糙率和水深以及桩群的数量、直径可计算出包含桩群对水流作用的河床等效糙率，采用这种等效方法可模拟桩群对水流的作用，其具体的推导过程如下：

桥梁工程区桩群与河道对水流的阻力之和可以表示为：

$$\sum F=F_{桩群}+F_{河道} \tag{5.3-9}$$

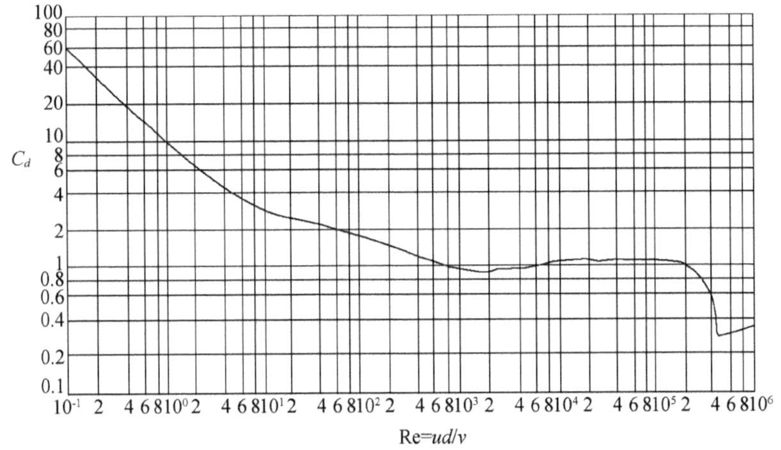

图 5.3-1　圆柱阻力系数 C_d -桩径雷诺数 Re 关系曲线图

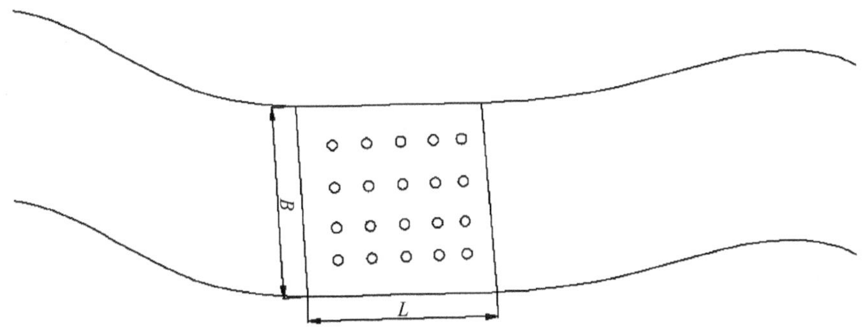

图 5.3-2　河道桩群工程区

其中桩群阻力公式如式(5.3-8)，河道阻力可按床面切应力计算公式和谢才公式推导得到：

$$F_{河道}=\rho gRJLB=\rho gu^2\frac{LB}{H^{1/3}}n^2 \tag{5.3-10}$$

式中：L 为桩区长度；B 为桩区宽度；n 为河道糙率；H 为水深；ρ 为水密度；u 为水流流速。将公式(5.3-8)和式(5.3-10)代入到式(5.3-9)得到总阻力：

$$\begin{aligned}\sum F=F_{桩群}+F_{河道}&=\frac{1}{2}C_DN\rho u^2A+\rho gu^2\frac{n^2}{H^{1/3}}LB\\&=\frac{1}{2}C_DN\rho u^2DH+\rho gu^2\frac{LB}{H^{1/3}}n^2\\&=\rho gu^2\frac{LB}{H^{1/3}}n^2\left(1+\frac{NC_D}{2gn^2}\frac{DH^{4/3}}{LB}\right)\end{aligned} \tag{5.3-11}$$

将总阻力公式(5.3-11)按河道阻力公式(5.3-10)表示，则可用等效糙率 n_t 替代 n，n_t 的计算公式如下：

$$n_t=\sqrt{n^2(1+\frac{NC_D}{2gn^2}\frac{DH^{4/3}}{LB})}=(1+\frac{NC_D}{2}\cdot\frac{DH^{4/3}}{gn^2LB})^{1/2}\cdot n \quad (5.3\text{-}12)$$

5.3.3 局部阻力损失计算方法

桩群的存在，占据部分河道过水断面，致使过水断面缩小产生的局部阻力损失系数 ξ 可按水力学上相关计算公式考虑：

$$\xi=0.5\left(1-\frac{A_2}{A_1}\right) \quad (5.3\text{-}13)$$

式中：A_1 为原河道断面面积；A_2 为河道收缩以后的断面面积。对于一般收缩河段，其局部阻力损失系数非常小，几乎为 0，但对于桩群，阻水面积占河道断面面积比例较大时，该值不可忽略。

5.4 洪水影响评价方法——以渔光互补项目为例

为减少江苏省煤炭消耗，发展新能源，中节能兴化太阳能发电有限公司拟在兴化市西郊镇东潭湖泊 I 115 圩区内兴建 5 MWp 渔光互补光伏并网发电项目。兴化市地处江淮之间，里下河地区腹部，东邻大丰、东台，南接姜堰、江都，西与高邮、宝应接壤，北与盐都隔河相望，是一座古老的历史文化名城和新兴的旅游城市。兴化市太阳能资源丰富，项目地点水平面年总辐射量为 4 940.64 MJ/(m^2 · a)，相当 1 372.4 kW · h/(m^2 · a)，日照时间长，辐射强，年日照时数 2 236 h，具有良好的开发前景。另外，项目地对外交通便利，并网条件好，开发建设条件优越，是建设太阳能光伏发电站适宜的站址。但是该工程是涉水项目，建在东潭湖泊 I 115 圩区内(图 5.4-1 和图 5.4-2)，因此对可能造成的东潭洪水调蓄及行洪的影响必须进行科学合理的评价。

5.4.1 主要的编制依据

5.4.1.1 *法律法规及有关规定*

(1)《中华人民共和国水法》(2002 年 8 月 29 日第九届全国人民代表大会常务委员会第二十九次会议修订，自 2002 年 10 月 1 日起施行)；

(2)《中华人民共和国防洪法》(1997 年 8 月 29 日第八届全国人民代表大会常

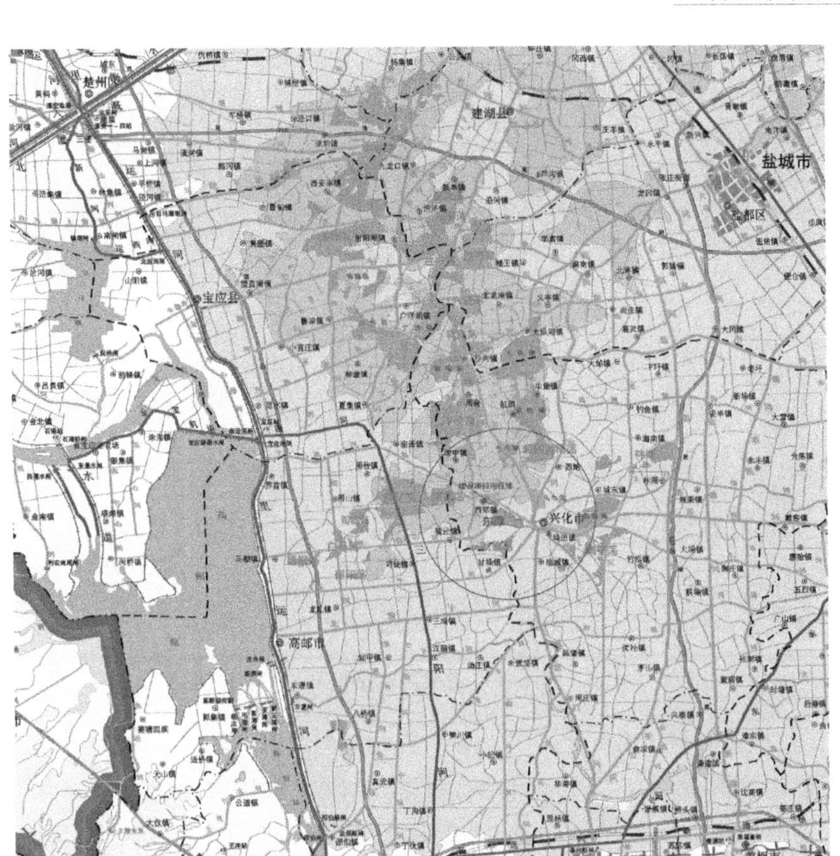

图 5.4-1 东潭地理位置图

务委员会第二十八次会议通过，自 1998 年 1 月 1 日起施行）；

（3）《中华人民共和国河道管理条例》（1988 年 6 月 10 日国务院令第 3 号公布，2011 年 1 月 8 日国务院令第 588 号修正，2017 年 3 月 1 日国务院令第 676 号第二次修正，2017 年 10 月 7 日中华人民共和国国务院令第 687 号第三次修正，2018 年 3 月 19 日中华人民共和国国务院令第 698 号第四次修正）；

（4）《河道管理范围内建设项目管理的有关规定》（1992 年 4 月 3 日国家计委、水利部水政〔1992〕7 号文）；

（5）《江苏省水利工程管理条例》（1986 年 9 月 9 日江苏省第六届人民代表大会常务委员会第二十一次会议通过，根据 1994 年 6 月 25 日江苏省第八届人民代表大会常务委员会第八次会议《关于修改〈江苏省水利工程管理条例〉的决定》第一次修正，根据 1997 年 7 月 31 日江苏省第八届人民代表大会常务委员会第二十九次会议《关于修改〈江苏省水利工程管理条例〉的决定》第二次修正，根据 2004 年 6

图 5.4-2　东潭保护范围及项目批准用地控制点图

月 17 日江苏省第十届人民代表大会常务委员会第十次会议《关于修改〈江苏省水利工程管理条例〉的决定》第三次修正，根据 2017 年 6 月 3 日江苏省第十二届人民代表大会常务委员会第三十次会议《关于修改〈江苏省固体废物污染环境防治条例〉等二十六件地方性法规的决定》第四次修正，根据 2018 年 11 月 23 日江苏省第十三届人民代表大会常务委员会第六次会议《关于修改〈江苏省湖泊保护条例〉等十八件地方性法规的决定》第五次修正）；

(6)《江苏省防洪条例》(1999 年 6 月 18 日江苏省第九届人民代表大会常务委员会第十次会议通过，根据 2010 年 9 月 29 日江苏省第十一届人民代表大会常务委员会第十七次会议《关于修改〈江苏省防洪条例〉的决定》第一次修正，根据 2017 年 6 月 3 日江苏省第十二届人民代表大会常务委员会第三十次会议《关于修改〈江苏省固体废物污染环境防治条例〉等二十六件地方性法规的决定》第二次修正，根据 2018 年 11 月 23 日江苏省第十三届人民代表大会常务委员会第六次会议《关于修改〈江苏省湖泊保护条例〉等十八件地方性法规的决定》第三次修正）；

(7)《江苏省河道管理条例》(已由江苏省第十二届人民代表大会常务委员会第三十二次会议于 2017 年 9 月 24 日通过，现予公布，自 2018 年 1 月 1 日起施行）；

(8)《江苏省湖泊保护条例》(2004 年 8 月 20 日江苏省第十届人民代表大会常务委员会第十一次会议通过，根据 2012 年 1 月 12 日江苏省第十一届人民代表大

会常务委员会第二十六次会议《关于修改〈江苏省湖泊保护条例〉的决定》第一次修正，根据 2018 年 11 月 23 日江苏省第十三届人民代表大会常务委员会第六次会议《关于修改〈江苏省湖泊保护条例〉等十八件地方性法规的决定》第二次修正）；

(9)《江苏省建设项目占用水域管理办法》(2012 年 1 月 4 日省人民政府第 82 次常务会议讨论通过，自 2013 年 3 月 1 日起施行)。

5.4.1.2 相关技术规范和标准

(1)《防洪标准》(GB/T50201—2014)；

(2)《水利工程水利计算规范》(SL104—2015)；

(3)《洪泛区和蓄滞洪区建筑工程技术标准》(GB/T50181—2018)；

(4)《河道管理范围内建设项目防洪评价报告编制导则(试行)》(办建管〔2004〕109 号，水利部)；

(5)《高压输变电设备的绝缘配合》(GB311.1—2012)；

(6)《低压系统内设备的绝缘配合》(GB/T16935—2008)；

(7)《光伏发电站设计规范》(GB 50797—2012)。

5.4.1.3 相关规划文件及参考资料

(1)《江苏省里下河腹部地区湖泊湖荡保护规划》；

(2)《里下河地区水利规划(征求意见稿)》；

(3)《江苏省防洪规划》；

(4)《里下河湖泊湖荡(兴化市域)退圩还湖专项规划》；

(5)《中节能兴化一期 5 MWp 渔光互补光伏并网发电项目初步设计报告》；

(6)《中节能兴化一期 5 MWp 渔光互补光伏并网发电项目可行性研究报告》。

5.4.2 工作内容和技术路线

5.4.2.1 工作内容

根据建设项目的基本情况、所在河道和湖泊的防洪任务和要求，对建设项目的防洪影响进行评价计算，并形成防洪影响综合评价，主要工作内容如下：

(1) 根据项目建设区水利工程现状、规划，分析研究本工程与现有水利规划的关系与影响，与现有防洪标准、湖泊相关规划的适应性；

(2) 以《光伏电站设计规范》中的防洪设计要求为基础，通过数学模型和经验公式等技术手段进行水文分析，以此对极端天气下工程防洪设计高程进行安全分析，并对工程占用湖泊的滞蓄面积和有效滞蓄库容进行计算；

(3) 根据工程建设的规模与布局，定性分析工程建成后对湖泊防洪库容、行水通道、占用水域、第三人合法水事权益及其他相关水利工程或设施的影响，提出必要的防治与补救措施；

(4) 针对洪涝对工程设施可能产生的不利影响，提出必要的防治与补救措施；

(5) 结论与建议。

5.4.2.2 技术路线

在收集工程所在地相关的地形、地质和水文资料基础上，对工程建成后带来的湖泊防洪影响进行分析，对电站防洪设计安全进行计算，论证其可行性，形成防洪影响综合评价，同时，对工程可能造成的防洪影响以及洪涝可能造成的工程影响提出防治与补救措施。本次防洪影响评价工作技术路线如图 5.4-3 所示。

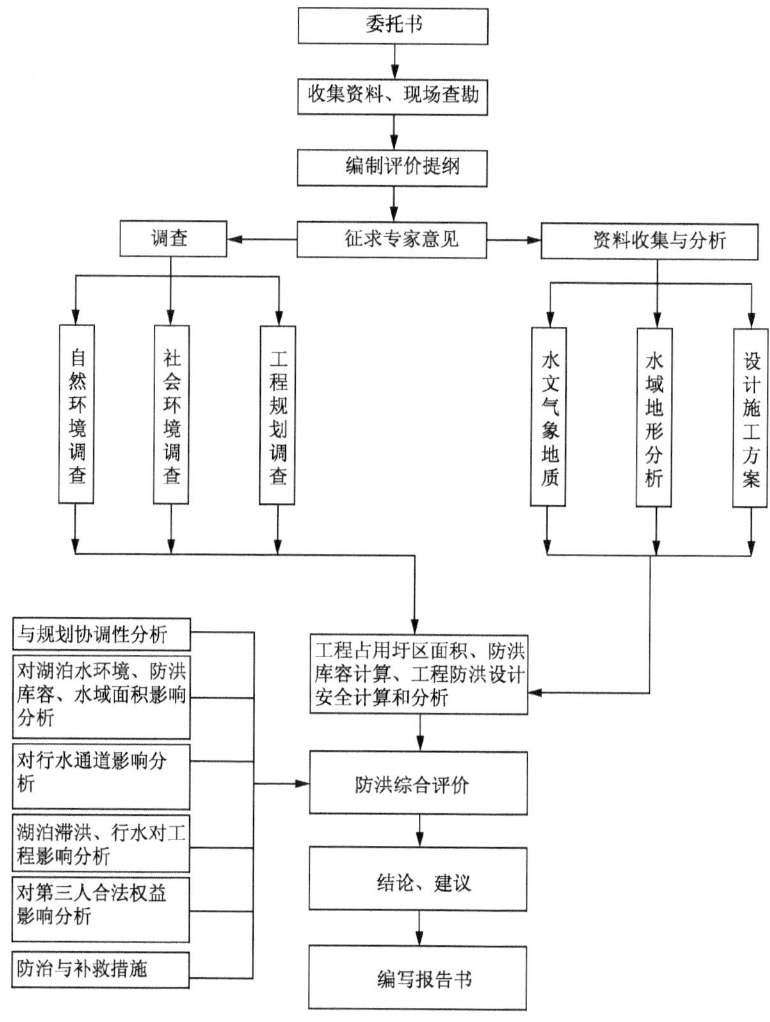

图 5.4-3 防洪影响评价技术路线图

5.4.3 工程基本情况

5.4.3.1 工程概况

中节能兴化一期 5 MWp 渔光互补光伏并网发电项目位于兴化市西郊镇荡朱村附近，江苏省省管湖泊里下河腹部地区湖泊湖荡（如图 5.4-1 所示）之一的东潭第一批滞涝区内，编号 I 115（如图 5.4-2 所示）。I 115 圩区保护面积约 1.213 km^2，主要以鱼塘为主。该圩区内无水闸、泵站、滚水堰等水利设施，圩区外水利工程设施主要有北侧的西坝西闸，西侧的荡朱西闸、荡朱东闸，南侧的杨家北闸、杨家站、荡朱南闸，东侧的金舍闸、焦家闸等（如图 5.4-4 所示）。

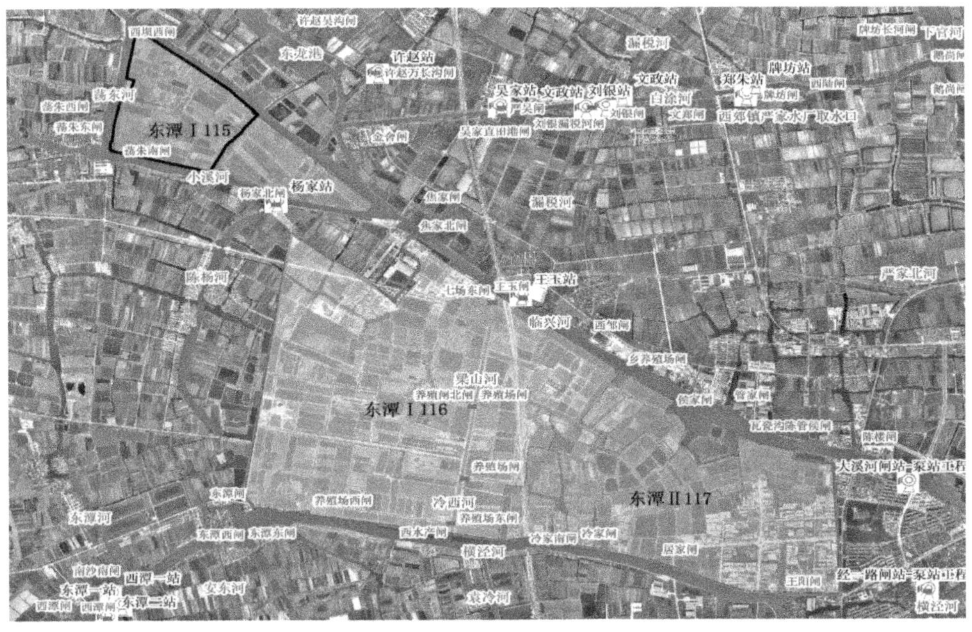

图 5.4-4 项目区周边水利工程

项目总用地面积 0.127 km^2，一期工程按容量 5 MWp 建设，未来容量将扩建至 50 MWp。项目主要由 1 套光伏组件系统（分 5 个子方阵，管桩支撑）、3 个设备（逆变升压）系统（管桩支撑）、1 个开关站系统（方桩支撑）、1 个集装箱式 SVG 室（管桩支撑）以及配套的电气管路等组成（表 5.4-1）。其中圆桩 3 304 根，直径0.3 m，方桩 16 根，边长 0.5 m，桩间距 2.9～5 m，以上桩基础合计 3 320 根。工程设计年限为 25 年，批准用地代表点位置及相关坐标值参考表 5.4-2。

表 5.4-1　电站主要子系统概况

名称	主要功能	桩基础	设计防洪高程
光伏组件系统	发电	桩径φ 300 mm，合计 3 280 根	光伏电池组件底沿最低高程 3.85 m
设备(逆变升压)系统	逆变升压	桩径φ 300 mm，合计 18 根	设备平台标高为 4.2 m
10 kV 开关站站系统	通断电	500×500 mm，合计 16 根	设备平台标高为 4.8 m
集装箱式 SVG 室	动态无功补偿装置	桩径φ 300 mm，合计 6 根	设备平台标高为 4.2 m

表 5.4-2　项目批准用地控制点坐标

代表点＼坐标	经度	纬度
1	119°45′13.257″	32°58′28.036″
2	119°45′49.607″	32°58′04.578″
3	119°45′35.909″	32°57′48.806″
4	119°45′06.908″	32°57′55.084″
5	119°45′10.223″	32°58′10.983″
6	119°45′12.669″	32°58′10.759″
7	119°45′13.612″	32°58′13.739″
8	119°45′11.300″	32°58′14.650″

5.4.3.2　工程区地形

项目总用地面积 0.127 km²，其中渔业养殖区(图 5.4-5)长 446.5 m，宽 271.9 m，面积占约 95.3%，达到 0.121 km²(光伏组件系统和逆变升压设备系统布置其中)，养殖区鱼塘(图 5.4-6)底高程 0.52 m 左右；东边陆地(图 5.4-5)长 154 m，宽 40 m，面积约 6 160 m²(10 kV 开关站和集装箱式 SVG 室布置其中)，多为坟地，高程为 1.5～2.5 m。项目西邻河流为荡东河，宽约 92 m；南邻河流为小溪河，宽约 51 m。

5.4.3.3　工程设计

光伏并网发电系统并网模式可分为直接并网模式和带功率流向检测的并网模式。直接并网模式就是光伏系统产生的电能部分被本地负荷消耗，其余部分的电能直接馈入电网。带功率流向检测并网光伏系统要求其产生的电能完全由本地负载消耗，不允许将光伏系统产生的电能馈入电网。本工程所建设的光伏发电系统采用直接并网模式，所产生的电能全部馈入电网。

图 5.4-5　项目地渔业养殖区和东边陆地

图 5.4-6　工程区鱼塘现场照片

参考原理图 5.4-7：光伏电站系统整体由光伏发电系统和机电系统两个部分组成，其中光伏发电系统指从太阳电池组件至逆变器之间的所有电气设备，包括光伏电池组件、直流接线箱、直流电缆、直流汇流柜、逆变器等；机电部分指从逆变器交流侧至电站送出部分的所有电气、控制保护、通信及通风等。

具体涉及本项目，整套系统包含 1 套光伏组件系统(分 5 个子方阵，管桩支撑)、3

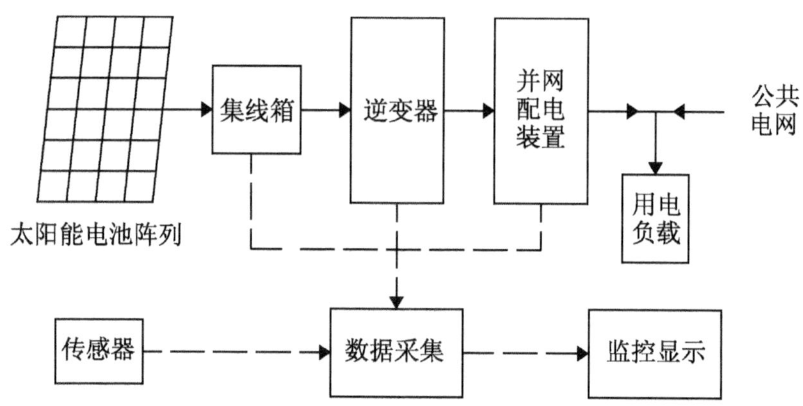

图 5.4-7 光伏并网发电原理图

个设备(逆变升压)系统(管桩支撑)、1 个开关站系统(方桩支撑)、1 个集装箱式 SVG 室(管桩支撑)以及配套的电气管路等组成。

5.4.3.4 施工条件

1. 交通条件

本项目拟建设场地位于江苏省泰州市兴化市西郊镇境内,场址西南距离西郊镇直线距离约 1.3 km,场址东南距兴化市直线距离约 11 km、距泰州市直线距离约 58 km。场址东侧 3 km 处有 233 省道经过,紧邻滨八公路,交通方便。

生产区包括光伏阵列、逆变器、10 kV 箱式变等,共 3 座平台,位于主干道路附近。生产区内设纵横向主干道路,逆变器、箱变等位于主干道路边,便于较大设备的运输,满足日常巡查和检修的要求。

开关站和集装箱式 SVG 室位于生产区东北角的陆地上,采用渔埂作为连接生产区的道路,道路高程为 2.37 m。生产区内根据地形地貌设置站内连接道路,逆变器、箱变等位于道路边,便于较大设备的运输,满足日常巡查和检修的要求。

2. 材料供应

本工程所需的主要材料为砂石料、水泥、钢材、端板等。主要建筑材料来源充足,砂石料可从兴化市西郊镇附近砂石料场采购;水泥和钢材可从兴化市或附近地区购买,通过 S233 省道运至施工现场。生活及小型生产物资,其他材料(端板)等可在真武镇购买。

3. 力能供应

本工程施工用电引自周边 10 kV 高压电源,供混凝土搅拌站、钢筋制作场、生产、生活房屋建筑等各项用电,经初步计算,本工程高峰期施工用电负荷为 200 kW。

光伏电站施工用水包括建筑施工用水、施工机械用水、生活用水等。水源引自市政给水管网。根据国内已建光伏电站的施工经验，确定本工程施工高峰期用水量为 100 m^3/d。

4. 施工场地及施工生活区

本光伏电站场区内临时设施主要有施工生活区、综合加工厂、综合仓库、混凝土搅拌站等生产、生活分区。

本工程装机为 5 MWp，施工工期较短，鱼塘占地面积较大，光伏组件布置相对集中，初步考虑施工区按集中原则布置，在与光伏组件相邻区域进行施工活动。从安全和环保角度出发，生活区靠近仓库，远离混凝土搅拌站。

5.4.3.5 施工方案

1. 渔埂拆除及场地平整

场址区项目建设前主要为鱼塘。参考图 5.4-8，本次工程保留 1 条渔埂作交通，拆除 3 条渔埂，以形成南北两个大渔塘(出于美观考虑)。渔埂平均高程2.37 m，宽度 4 m，3 条渔埂合计占水域面积约 2 650.2 m^2，土方总量约 4 902.9 m^3，土方不做弃渣外运，全部用于东边陆地整平；对鱼塘进行局部清淤、平整，平整后的鱼塘塘底标高约为 0.52 m，和平整前等同。东边陆地高程为 1.5～2.5 m，进行迁坟并整平后标高为 1.8 m。

图 5.4-8 渔埂拆除

2. 电池组件支架基础施工

本工程支架基础拟采用 PCϕ300A 型预应力混凝土管桩基础，PC 预应力桩委托具有施工资质的预制品加工厂生产，由专人负责与厂方联系，采用 400T 方驳运输预制桩，装运过程中需做好桩的加固工作，托运至现场后，提交改桩的合格证，由现场项目部施工人员核对数量，型号、出厂日期，并对质量情况进行检查，对有问题的桩退回预制厂处理。采用打桩机依靠 GPS 准备定位管桩位置后分别打桩。

(1) 打桩施工应合理安排预应力管桩的运输，堆放顺序，作业面布置图和施打顺序图，包括打桩作业循环的时间控制，打桩机台班安排和估算等，保证打桩作业的顺利进行。

(2) 打桩精确定位科学合理安排沉桩顺序，沉桩定位测量控制，计算扭角，偏位控制，碰桩计算，掌握双控施打的原则以及相应的应对措施。

3. 支架安装

支架制造、安装工程包括固定支架的制作及安装施工。支架制作的关键问题是控制其焊接变形和连接螺栓孔的精度。保证单个构件工作的直线度、扭曲及装配、加工后各构件连接的准确性等。要在下料、校正、组装、焊接、构件校正、加工等各道工序的制造工艺上加以保证。总体施工工序为：测量（标高）就位准备→预埋螺栓孔钻制→安装立柱→安装横梁→安装檩条等。

4. 光伏组件安装

待支架基础验收合格后，进行光伏组件的安装，光伏组件的安装分为两部分：支架安装、光伏组件安装。光伏阵列支架表面应平整，固定光伏组件的支架面必须调整在同一平面；各组件应对整齐并成一直线。

5. 箱式变压器、一体化逆变器房等电气设备安装

箱式变压器以及一体化逆变器房等主要设备和配套电气设备通过汽车运抵阵列区附近，再运输到设备安置平台处。

6. 设备安置平台土建施工

(1) 施工顺序：整体施工顺序为先土建、后配套；先样板、后整体。

(2) 桩基-主体工程施工工序：打桩机就位→复核桩孔位置→定位打桩→桩基验收→梁、板支模→梁板钢筋绑扎→复核→梁板浇混凝土→养护→主体工程验收。

7. 开关站土建施工

(1) 施工顺序：整体施工顺序为先地下、后地上；先结构、后装修；先土建、后配套；先样板、后整体。

(2) 主体工程施工顺序：放线→复核→柱钢筋绑扎→预留预埋→验收→柱支模板→复核→柱混凝土→梁、板模板支设→复核→梁板钢筋绑扎→预留预埋→验

收→梁板浇混凝土→养护→主体工程验收。

5.4.3.6 施工度汛及施工环保措施

1. 度汛预案

包括：成立防汛小组，责任落实到人；组织全体人员学习防汛知识，提高防汛意识；备好防汛器材、物质、非防汛抢险不得擅自使用；及时向水利部门了解汛情、服从防汛指挥；做好度汛预案，并以防汛安全为前提，一旦遭遇超标准洪水，应立即撤出施工人员和不能淹水的电气设备，切断电源。

2. 施工环保措施

包括：施工时严格控制污染源；施工废水、污水、废油进行集中回收处理，禁止直接排入周边水域；严禁向周边区域倾倒或排放危险废物，防止污染水质和土地；废弃的钢木材料、边角料及其他物品等集中回收处理；施工生活区设垃圾桶，所有生活垃圾，待收集后定期用汽车运至当地专门的垃圾卫生填埋场进行无害化卫生填埋处理；采取这些措施符合环境管理体系的要求，充分保证了施工期间不对湖泊和周围的土壤造成污染，保护了湖泊和周围的生态环境。

5.4.4 项目区湖泊基本情况

5.4.4.1 湖泊概况

东潭位于泰州兴化市西郊镇和邵阳镇境内，总面积 8.778 km^2。该湖荡西北面与荡朱村、东坝头接壤，东面与王阳村接壤，南面与袁家村交汇。湖泊气候特征为昼暖夜凉，空气湿度大，属小型淡水湖泊，其功能主要用于滞涝、蓄洪。东潭地理位置如图 5.4-9 所示。

5.4.4.2 周边水系

本工程位于东潭保护范围内的第一批滞涝圩区内，编号为 I 115。I 115 圩区现状为水产养殖圩区，面积为 1.213 km^2。I 115 圩区附近河流主要有小溪河、荡东河、陈杨河、临兴河等，项目区周边水系图见图 5.4-10。

5.4.4.3 水文特征

东潭多年平均降水量约 1 025 mm，进出湖河道有 2 条，分别是横泾河和袁冷河，正常蓄水位 1.00 m。正常年份的水位，荡内蓄水较少，多为裸露的荡地。洪水期，荡内水位较高，可以滞蓄部分雨水，减轻河道的行洪压力，但调节利用水量较少，枯水期自然流失。历史最高洪水位 3.34 m。其水文特征详见表 5.4-3。

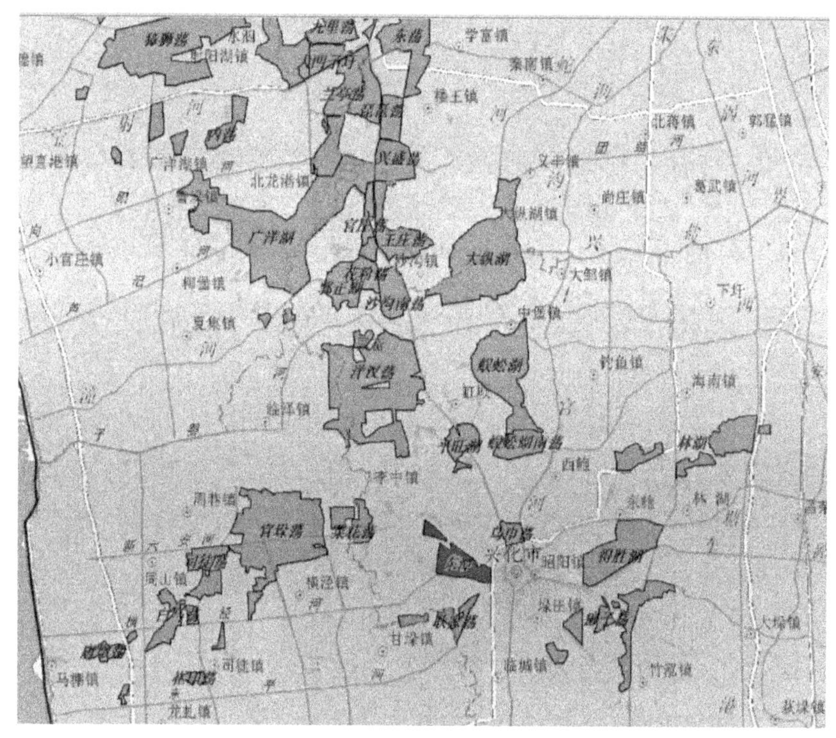

图 5.4-9　东潭地理位置

图 5.4-10　周边水系图

表 5.4-3　东潭湖泊水文特征表(来自《里下河湖泊资料整编》)

<table>
<tr><td>概况</td><td>所在行政区划</td><td>泰州市
兴化市</td><td>地理
位置</td><td>E119°47′01″
N32°56′40″</td><td>湖泊
类型</td><td>浅水型</td></tr>
<tr><td rowspan="10">水文特征</td><td>蓄水面积
(km^2)</td><td>8.778</td><td>一般湖底
高程(m)</td><td>0.80</td><td>最低湖底
高程(m)</td><td>0.30</td></tr>
<tr><td>死水位
(m)</td><td>——</td><td>相应容积
(亿 m^3)</td><td>——</td><td></td><td></td></tr>
<tr><td>正常蓄水位
(m)</td><td>1.00</td><td>相应容积
(亿 m^3)</td><td>0.017 6</td><td></td><td></td></tr>
<tr><td>设计洪水位
(m)</td><td>——</td><td>相应容积
(亿 m^3)</td><td>——</td><td></td><td></td></tr>
<tr><td>校核洪水位
(m)</td><td>——</td><td>相应容积
(亿 m^3)</td><td>——</td><td></td><td></td></tr>
<tr><td rowspan="2">历史最高水位
(m)</td><td>1991.7.15</td><td rowspan="2">相应容积
(亿 m^3)</td><td rowspan="2" colspan="3">0.223</td></tr>
<tr><td>3.34</td></tr>
<tr><td>水准基面</td><td colspan="5">废黄河高程</td></tr>
<tr><td colspan="2">多年平均
年降水量(mm)</td><td>1 025</td><td colspan="2">多年平均年水面
蒸发量(mm)</td><td>1 410</td></tr>
<tr><td colspan="2">多年平均年入湖
径流量(m^3/s)</td><td>——</td><td colspan="2">多年平均年出湖
径流量(m^3/s)</td><td>——</td></tr>
</table>

5.4.5　防洪安全综合评价

5.4.5.1　工程与相关规划的协调性分析

《江苏省里下河腹部地区湖泊湖荡保护规划》(以下简称《保护规划》)中对湖泊保护的总体意见:“保护湖泊湖荡面积不减少,防止侵占湖域……”。“在所控制的 479 km^2 范围内的滞洪圩,应尊重历史,按其开发利用程度,按规定的水位分三批滞洪和 1992 年省政府规定保留水面。”本次工程项目位于东潭第一批滞洪区内,圩区编号为Ⅰ115,工程设计寿命为 25 年。工程鱼塘上面积约 0.121 km^2,为生产区沿鱼塘呈异形布置,基本未改变养鱼的现状,而是在鱼塘内兴建光伏电站,利用太阳能发电,鱼塘内继续养鱼;东边陆地上有开关站和集装箱式 SVG 室,开关站平台标高和 SVG 设备平台标高均在历史最高洪水位 0.5 m 以上,并对不可避免占用的湖泊滞蓄面积和有效滞蓄库容进行补偿,故光伏电站项目与《保护规划》不冲突。

《里下河地区水利规划(征求意见稿)》:“湖荡滞涝和滞洪圩分批启用的标准:

当兴化水位达到警戒水位 2.00 m 时，周边地区涝水不能排入里下河地区，滞蓄控制范围的 216 km^2 湖泊湖荡及时调蓄；当兴化水位达到 2.50 m 时，第一批滞洪圩开放滞蓄；当兴化水位达到 3.00 m 时，第二批滞洪圩开放滞蓄；当兴化水位超过 3.00 m 时，并有继续上涨趋势时，第三批滞洪圩开放滞蓄”。本次工程位于东潭第一批滞涝圩Ⅰ115 内，为渔光互补项目，光伏项目太阳能组件下沿位于历史最高洪水位以上 0.5 m 处，工程基本未改变鱼塘养鱼的现状，也不影响周边滞涝圩的滞涝功能。故本工程与《里下河地区水利规划(征求意见稿)》基本不冲突。

5.4.5.2 防洪库容影响分析

现根据设计洪水位 3.10 m 来进行东潭湖泊滞蓄面积和有效滞蓄库容影响分析计算，其中有效滞蓄库容是指正常蓄水位以上库容，正常蓄水位采用东潭多年平均水位 1.00 m。桩基工程、鱼埂拆除和东边陆地的土地整平是影响东潭Ⅰ115 圩区防洪的主要因素，其中桩基工程包括光伏支架基础(管桩)和设备(逆变升压)平台基础(管桩)，开关站基础(方柱)和集装箱式 SVG 室基础(管桩)，按照仅考虑建筑物实际占有的水体体积和面积的计算原则，计算工程新占Ⅰ115 圩区的滞蓄面积和有效滞蓄库容，结果如表 5.4-4 所示。

表 5.4-4 项目占用东潭湖泊Ⅰ115 圩区滞蓄面积和库容情况表

位置	部位名称	桩尺寸(mm)	数量(根)	占用圩区滞蓄面积(m^2)	占用圩区有效滞蓄库容(m^3)
鱼塘	光伏组件基础预应力管桩	ϕ300	3 280	231.7	486.6
	设备(逆变升压)平台预应力管桩	ϕ300	18	1.3	2.7
	鱼埂拆除	/	/	0	−3 630.8
陆地	10 kV 开关站钢筋混凝土柱	500×500	16	4	8.4
	SVG 设备平台预应力管桩	ϕ300	6	0.4	0.9
	场地整平	/	/	0	4 902.9
共 计			3 320	237.4	1 770.7

东潭保护面积为 8.778 km^2，有效滞蓄库容近 1 843.4 万 m^3，Ⅰ115 圩区滞蓄面积约 1.213 km^2，有效滞蓄库容近 254.7 万 m^3。由此计算，本次工程新占Ⅰ115 圩区滞蓄面积约万分之二，占东潭滞蓄面积万分之零点三；占Ⅰ115 圩区有效滞蓄库容约万分之七，占东潭有效滞蓄库容万分之一。因此本工程对东潭湖泊的滞蓄面积和有效滞蓄库容影响较小，不会对东潭防洪产生影响。

5.4.5.3 工程与行水通道影响分析

根据《中华人民共和国防洪法》第二十二条“河道、湖泊管理范围内的土地和岸线的利用，应当符合行洪、输水的要求。禁止在河道、湖泊管理范围内建设妨碍行洪的建筑物、构筑物，倾倒垃圾、渣土，从事影响河势稳定、危害河岸堤防安全和其他妨碍河道行洪的活动。禁止在行洪河道内种植阻碍行洪的林木和高秆作物”和第四十二条“对河道、湖泊范围内阻碍行洪的障碍物，按照谁设障，谁清除的原则，由防汛指挥机构责令限期清除；逾期不清除的，由防汛指挥机构组织强行清除，所需费用由设障者承担”等规定，行水通道内不得设置行水障碍，已有障碍按照“谁设障，谁清除”的原则限期清除。东潭周边的一级行水通道有：东部的下官河。二级行水通道有场址区西部的李中河、南部的横泾河。本次工程位于东潭保护范围Ⅰ115圩区内，位于一级行水通道下官河的西侧，二级行水通道李中河的东侧、横泾河的北侧。本次项目实施区域与该三条河都并不直接相通，未占用行水通道，故本次工程对行水无影响。

5.4.5.4 湖泊水环境影响分析

光伏发电是一种清洁的能源，既不直接消耗资源，基本不释放污染物，也不产生温室气体破坏大气环境，其当前考虑的污染主要为光污染、固体废弃物污染等。本次工程位于东潭内，项目位置较偏，周边基本没有大型集中居民区，故光污染对周围影响较小。光伏发电系统废弃物对环境具有一定的破坏性，该系统使用的蓄电池大部分为铅蓄电池，该电池内有大量有毒物质，会对土壤、水等造成污染，更换频率较高，如果不妥善处理更换下来的废弃物，会对水环境造成影响。本工程光伏发电工程是由专业人员负责运营维护，具备较好的专业技术水平，拆除的组件由厂家回收，不会对环境造成二次污染。另外，本次工程为渔光互补项目，基本未改变Ⅰ115圩区的鱼塘状况，故本次工程对湖泊水环境基本无影响。

5.4.5.5 湖泊滞洪、行水对工程的影响

本次工程建设位于东潭保护范围Ⅰ115圩区内，为保证项目自身防洪安全，光伏电池组件底沿高程为3.85 m，设备(逆变升压)平台标高为4.2 m，开关站平台标高为4.8 m，SVG设备平台高程为4.2 m，均比历史最高洪水位(3.35 m)高0.5 m及以上，符合相关规范设计要求，保证其正常设计条件下，自身不被洪水淹没。但是，滞涝时，水流携带的部分漂浮物遇到光伏电池组件支撑时会产生较大的阻力，可能影响支撑的稳定，建议运营管理单位做好防洪预案工作，保证工程安全。当超设计条件发生时，因工程越浪或淹没引发的工程灾害必须采取相应的措施进行预防。

5.4.5.6 工程对第三人合法权益的影响分析

本次工程距离周边航道较远,且与航道不连通,对航道无影响;场址区域内无饮用水取水口;工程在鱼塘内设置了光伏支架,但是未改变鱼塘养鱼的现状。光伏组件板会挡住阳光,故鱼塘的养鱼种类将发生变化,主要养一些喜阴、经济价值较高的鱼类,如虎头鲨、大塘虱鱼等,养殖效益较之前大大提高,故对鱼塘养殖未产生影响。

5.4.6 防治与补救措施

5.4.6.1 项目建设对防洪影响的补救措施

经建设单位与当地水行政主管部门积极沟通,征得同意后就补偿方案达成一致意见,对工程挤占的 237.4 m^2 滞蓄面积以及挤占的 1 770.7 m^3 有效滞蓄库容,利用工程区西侧鱼塘进行补偿,鱼塘长 83 m、宽 64 m,塘底高程 0 m,鱼塘目前水位 1.5 m,总滞蓄面积约 5 312 m^2,总有效滞蓄库容 11 155.2 m^3。本项目按 1 770.7 m^3 有效滞蓄库容(折算为 843.2 m^2 滞蓄面积)置换,约占该鱼塘滞蓄面积和有效滞蓄库容的 15.9%,鱼塘其余水面面积和库容拟作为后续剩余 45 MWp 光伏工程的补偿区域,以满足湖泊保护的要求。

5.4.6.2 洪水对建设项目影响的措施

根据里下河腹部地区洪水调度方案,当项目区外河水位超过 2.50 m 时,I 115 滞涝圩开放滞洪,届时中节能兴化一期 5 MWp 渔光互补光伏并网发电项目的部分基础设施将不同程度地受到洪水淹没影响。经洪水淹没分析,当洪水位低于 3.85 m时,光伏支架基础、设备(逆变升压)平台基础、开关站和集装箱式 SVG 室基础受洪水淹没,光伏电站的正常运行不受影响。当洪水位超过 3.85 m 时,光伏电板开始受到洪水淹没;当洪水位超过 4.20 m,设备(逆变升压)平台和集装箱式 SVG 室也开始受到洪水淹没,这些设备通电遇水有一定程度的损坏。为减少洪水对建设项目的影响,业主应做到以下几个方面:

(1) 组织全体人员学习防汛知识,提高防汛意识,成立防汛小组,责任落实到人;

(2) 备好防汛器材、物资、非防汛抢险不得擅自使用;

(3) 做好防汛预案,并以防汛安全为前提,一旦遭遇超标准洪水,应立即撤出工作人员和不能淹水的电气设备;

(4) 考虑项目区为滞涝圩区,故不能通过新建阻水设施来消除影响,为减轻洪水对建设项目的影响,当洪水位达到或接近历史最高洪水位 3.35 m 时,即切断设备电源或采取停电措施;

(5) 若光伏电站设备及其结构被洪水淹没后,灾后使用前,管理运营方应对电站设备性能和结构安全进行检测,确认安全后方可恢复正常运行;

(6) 当极端天气条件发生且平台存在越浪风险时,应采取断电、设备转移、排水等必要的防护应急措施;

(7) 对不能合理预见的自然灾害(洪水、大风等),业主应具有规避工程风险的意识,建议采取工程投保的方式,通过支付保险费将风险转移给有承担能力的保险公司。

6 工程安全实用技术

受江苏沿海地区特殊的地理地貌、水文气象条件以及施工因素、材料因素等的影响，该地区水(海)工结构易遭受风、雨、潮、台、盐等侵害，影响到结构的耐久性、安全性等。此外，沿海地区城市化和工业化的快速推进、新农村建设、土地利用结构的变化、产业布局的调整、人口的不断增长，涉河资源开发力度持续加强，河道各功能间矛盾有所激化，河道空间侵害严重，涉水项目的安全监管面临巨大的挑战，因此，本章将着重介绍混凝土腐蚀环境作用等级划分方法、干湿交替作用下混凝土耐久性影响试验装置、水闸和粮食筒仓安全性有限元分析、北斗卫星 GNSS 水闸泵站自动变形监测技术以及农田水利设施三维实景管理平台建设技术等。

6.1 混凝土腐蚀环境作用等级划分方法

江苏沿海地区的混凝土结构，受海洋环境的腐蚀，加上存在一些设计标准低、施工质量差以及管理混乱的问题，因而易因海水氯离子侵蚀而产生钢筋锈胀破坏的问题，不仅降低了混凝土结构耐久性能，而且损坏的结构需要花费大量的财力进行维修补强，已成为实际工程亟待解决的问题。本节以江苏沿海水闸为例，通过对江苏沿海水闸的老化病害现场情况调研，分析各种不同结构型式和运用环境的老化病害和损伤的成因与特点。

6.1.1 腐蚀环境调查及混凝土环境作用等级划分

6.1.1.1 腐蚀环境调查范围

本次调查范围包括赣榆县、连云港市、灌云县、滨海县、射阳县、大丰市、东台市、如东市、通州市和启东市共 10 个市县的现有挡潮闸。调查内容包括：工程邻近区土样、水样盐碱含量，以此来进一步分析江苏沿海地区钢筋混凝土环境作用等级，作为混凝土配合比设计参考；混凝土结构表层碳化情况和内部氯离子渗透情况，以实现对混凝土耐久性的有效评价和钢筋腐蚀的适时防护与有效修复。

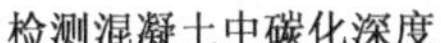

检测混凝土中碳化深度

回弹检测混凝土强度

图 6.1-1　现场调研照片

6.1.1.2　混凝土环境作用等级划分

1. 碳化深度和混凝土氯离子渗透情况

依据国内外大量试验、研究和工程实践表明，混凝土中氯离子浓度在 0.3～0.6 kg/m^3 范围内有引起钢筋锈蚀的可能。为此，选择有代表性的混凝土结构，回弹测试混凝土表层强度，然后凿开表层，现场测试碳化深度(如图 6.1-1 所示)。混凝土结构内部氯离子渗透情况测试依据《水运工程混凝土试验规程》(JTJ270—98)、检测混凝土中砂浆水溶性氯离子浓度。检测结果显示：

(1) 混凝土碳化程度主要受结构运行时间和设计强度的控制，对于强度较低且处于大气区的混凝土结构(回弹强度低于 30 MPa)，混凝土碳化较为严重些，3 年碳化深度可达 10 mm。

(2) 江苏沿海地区除启东外，近海 5 km 范围内，混凝土中氯离子浓度均达到可能引起钢筋锈蚀的临界值(相当于砂浆重量的 0.025%)，值得一提的是，在射阳地区离海 15 km 处混凝土基础中氯离子浓度也超过临界值(砂浆氯离子浓度 0.078%)。

(3) 氯离子在混凝土中是渗入积蓄和反向扩散的过程，即随着混凝土所处环境氯离子浓度的变化，氯离子时而进入混凝土内层，时而向外扩散。其中，当其处在盐碱环境时，氯离子的渗入导致混凝土内外层氯离子浓度不断增加，而当处于淡水环境时，表层混凝土中的氯离子反向向外扩散，造成表层混凝土氯离子浓度低于内层。在连云港、射阳和如东地区均有此现象。

(4) 氯离子在混凝土内外层中浓度的不同与混凝土表层的碳化深度关系密切，统计此次数据可以发现，在连云港地区，当碳化深度超过 1.5 mm 时，混凝土内部氯离子浓度均高于表层，而表层未碳化的混凝土内部氯离子浓度低于表层；同样是在射阳地区，当碳化深度超过 2 mm 时，混凝土内部氯离子浓度均高于表层，而表层未碳化的混凝土内部氯离子浓度低于表层；在如东地区，同样是有碳化的混凝土内部氯离子浓度高于表层的，未碳化的混凝土内部氯离子浓度低于表层。

2. 沿海钢筋混凝土腐蚀环境作用等级

依据《混凝土结构耐久性设计规范》(GB/T 50476—2019)，钢筋混凝土环境作用等级按其对钢筋混凝土结构的侵蚀程度分为 4 级：B 级——轻度，C 级——中度，D 级——严重，E 级——非常严重，如表 6.1-1 所示，环境类别如表 6.1-2 所示，环境作用等级划分如表 6.1-3 所示，其中，环境水样依据《水工混凝土试验规程》(SL 352—2018)检测水样 pH 值、氯离子浓度和硫酸根离子浓度。环境土样依据《水电水利工程岩土化学分析试验规程》(DL/T5357—2006)检测土样氯离子浓度和硫酸根离子浓度。检测结果包含了连云港市沿海地区(含连云港市、赣榆县和灌云县)、南通市沿海地区(含如东市、通州市和启东市)，如表 6.1-4 至表 6.1-6 所示。根据以上环境作用等级的划分，即可按现行规范优化设计混凝土配合比。

表 6.1-1　不同环境作用等级划分

作用等级	B	C	D	E
水中 SO_4^{2-} (mg/L)	≤200	200～1 000	1 000～4 000	4 000～10 000
土中 SO_4^{2-} (mg/kg)	≤300	300～1 500	1 500～6 000	6 000～15 000
pH 值	≥6.5	5.5～6.5	4.5～5.5	<4.5
氯离子浓度(mg/L) 水中(干湿交替) 土中(干湿交替)		 100～500 150～750	 500～5 000 750～7 500	 >5 000 >7 500

表 6.1-2　环境类别

环境类别	名称	劣化机理
Ⅰ	一般环境	正常大气作用引起钢筋锈蚀
Ⅱ	冻融环境	反复冻融导致混凝土损伤
Ⅲ	海洋氯化物环境	氯盐侵入引起钢筋锈蚀
Ⅳ	除冰盐等其他氯化物环境	氯盐侵入引起钢筋锈蚀
Ⅴ	化学腐蚀环境	硫酸盐等化学物质对混凝土的腐蚀

表 6.1-3 环境作用等级

环境作用等级 环境类别	A 轻微	B 轻度	C 中度	D 严重	E 非常严重	F 极端严重
一般环境	Ⅰ-A	Ⅰ-B	Ⅰ-C	—	—	—
冻融环境	—	—	Ⅱ-C	Ⅱ-D	Ⅱ-E	—
海洋氯化物环境	—	—	Ⅲ-C	Ⅲ-D	Ⅲ-E	Ⅲ-F
除冰盐等其他氯化物环境	—	—	Ⅳ-C	Ⅳ-D	Ⅳ-E	—
化学腐蚀环境	—	—	Ⅴ-C	Ⅴ-D	Ⅴ-E	—

表 6.1-4 连云港市沿海地区环境作用等级划分

<table>
<tr><th>距海岸线距离</th><th>钢筋混凝土所处位置</th><th>部位</th><th>环境作用等级</th></tr>
<tr><td rowspan="6">0～1 000 m</td><td rowspan="3">海水、通海河水、海边滩涂、盐池</td><td>水中</td><td>Ⅴ-D</td></tr>
<tr><td>水位变动区</td><td>Ⅳ-E</td></tr>
<tr><td>空气中</td><td>Ⅲ-D</td></tr>
<tr><td rowspan="3">荒地、滩涂高地、盐池高地</td><td>土中</td><td>Ⅳ-D</td></tr>
<tr><td>土和空气交界处</td><td>Ⅳ-E</td></tr>
<tr><td>空气中</td><td>Ⅲ-D</td></tr>
<tr><td rowspan="7">1 000～5 000 m</td><td rowspan="3">通海河水</td><td>水中</td><td>Ⅴ-D</td></tr>
<tr><td>水位变动区</td><td>Ⅳ-E</td></tr>
<tr><td>空气中</td><td>Ⅲ-C</td></tr>
<tr><td rowspan="2">内河水、鱼塘</td><td>水位变动区</td><td>Ⅳ-D</td></tr>
<tr><td>水中、空气中</td><td>Ⅳ-C</td></tr>
<tr><td rowspan="2">农田</td><td>土和空气交界处</td><td>Ⅲ-C</td></tr>
<tr><td>土中、空气中</td><td>B</td></tr>
<tr><td rowspan="3">>5 000 m</td><td rowspan="2">河水、鱼塘</td><td>水位变动区</td><td>Ⅲ-C</td></tr>
<tr><td>水中、空气中</td><td>B</td></tr>
<tr><td>农田</td><td>全部</td><td>B</td></tr>
</table>

表 6.1-5 盐城市沿海地区环境作用等级划分

距海岸线距离	钢筋混凝土所处位置	部位	环境作用等级
0～2 000 m	海水、通海河水、海边滩涂、盐池、海水养殖池	水中	Ⅴ-D
		水位变动区	Ⅳ-E
		空气中	Ⅲ-D
	荒地、滩涂高地、盐池高地	土中	Ⅳ-D
		土和空气交界处	Ⅳ-E
		空气中	Ⅲ-D
2 000～5 000 m	通海河水	水中	Ⅳ-C
		水位变动区	Ⅳ-E
		空气中	Ⅲ-C
	内河水、淡水养殖池	水位变动区	Ⅳ-D
		水中、空气中	Ⅳ-C
	农田	土和空气交界处	Ⅲ-C
		土中、空气中	B
>5 000 m	通海河水	水中	Ⅳ-C
		水位变动区	Ⅳ-D
		空气中	B
	内河水、鱼塘	水位变动区	Ⅳ-C
		水中、空气中	B
	农田	全部	B

表 6.1-6 南通市沿海地区环境作用等级划分

距海岸线距离	钢筋混凝土所处位置	部位	环境作用等级
0～2 000 m	海水、通海河水、海边滩涂	水中	Ⅴ-D
		水位变动区	Ⅳ-E
		空气中	Ⅲ-D
	荒地、滩涂高地	土中	D
		土和空气交界处	Ⅳ-E
		空气中	Ⅲ-D

续表

距海岸线距离	钢筋混凝土所处位置	部位	环境作用等级
2 000～5 000 m	河水、淡水养殖池	水中	Ⅳ-C
		水位变动区	Ⅳ-D
		空气中	Ⅲ-C
	农田	土和空气交界处	Ⅲ-C
		土中、空气中	B
＞5 000 m	河水、鱼塘	水中	Ⅲ-C
		水位变动区	Ⅳ-D
		空气中	B
	农田	全部	B

6.1.2 存在的问题及混凝土结构病害老化原因分析

根据现场取样检测分析，江苏省沿海地区存在从 B 级到 E 级多种环境作用等级。当环境作用等级为 B 级和 C 级时，盐碱腐蚀危害较轻，当环境作用等级为 D 级至 E 级时，海水环境氯离子侵蚀和硫酸盐腐蚀的共同作用加剧，导致不少混凝土结构中氯离子浓度超过临界值，这是江苏沿海水闸混凝土结构面临的主要威胁，也是其老化病害的主要因素。另外，设计和管理上的缺陷加重了病害老化程度。具体表现在：①大中型涵闸在结构设计上混凝土标号偏低，采用素混凝土结构或少筋混凝土，对今后工情、水情发展和变化估计不足；②闸身、闸室结构混凝土老化严重，混凝土裂缝、剥蚀、脱落、碳化、钢筋锈蚀严重；③混凝土闸门碳化、裂缝、强度不足，钢闸门锈蚀严重；④观测设施缺乏，管理水平及效率也较低。分析其成因有：

(1) 历史原因及经济技术条件限制

20 世纪 50 至 70 年代，正值我国“大跃进”“文革”和“农业学大寨”时期，水利工程建设主要受“边勘测、边设计、边施工”的影响，施工上大搞群众运动、长官意志、土法上马以及以降低工程标准和质量为代价的所谓“技术革新”等，盲目追求高速度、高数量，严重忽视工程质量及工程配套质量，使工程规划、设计、施工严重偏离科学和规范的轨道。同时受当时社会生产力限制，在建筑材料取用、施工质量控制等方面均存在不合理之处，水闸建设在取得成绩的同时也埋下严重的质量“隐患”，导致许多工程先天不足，达不到国家规定的标准和要求。

(2) 自然环境对工程的影响

同内陆水工建筑物相比，沿海挡潮闸所处环境恶劣，不仅受阳光、空气、负荷、

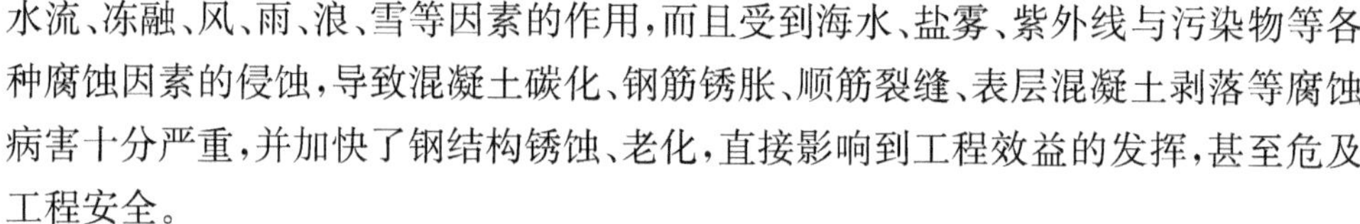
水流、冻融、风、雨、浪、雪等因素的作用，而且受到海水、盐雾、紫外线与污染物等各种腐蚀因素的侵蚀，导致混凝土碳化、钢筋锈胀、顺筋裂缝、表层混凝土剥落等腐蚀病害十分严重，并加快了钢结构锈蚀、老化，直接影响到工程效益的发挥，甚至危及工程安全。

(3) 除险加固投入少、加固不彻底

自淮河上游发生“75.8”大洪水后，各级政府开始重视除险加固工作，但病险水闸主要靠各地投入，仅有25亿元左右，投入远远不足。从已加固过的工程看，由于处理不彻底，续建工程量很大，遗留项目很多。总之，加固投入不足与加固任务繁重反差较大，导致加固速度抵不上水闸形成病险的速度。

(4) 长期运用而工程管理投入不足

受“重建轻管”观念和倾向束缚，使得沿海工程管理的长期投入严重不足，工程运行管理处于无标准、无定额、无稳定投入的不正常状态，个别管理单位发工资都困难，更谈不上日常维护。加上沿海挡潮闸地处偏僻，信息闭塞，生产生活条件艰苦，经济上又无吸引力，使得优秀的管理人才缺失，工程运行管理难以形成良性运行机制，效益和作用衰减严重。

6.2 干湿交替作用下混凝土耐久性影响试验装置

现有的研究表明，干湿交替是导致混凝土结构性能衰退最为严酷的环境条件之一，中国的《混凝土结构耐久性设计与施工指南》，日本的《混凝土标准示方书》，以及欧洲的混凝土结构耐久性研究项目均将干湿交替区域作为混凝土结构耐久性设计的控制部位。本书中涉及的干湿交替作用下沿海钢筋混凝土耐久性影响试验装备主要技术特征在于：采用了多泵比例控制、稳态调节的方法，通过主副水槽、微机、PLC、压力式水位传感器和相应的软件系统，实现了主水槽水位过程的平稳控制，另外，通过水槽水体配重加压来简化模拟一定潮差下的平均水压力，为干湿交替作用下沿海钢筋混凝土耐久性影响的试验分析提供了较为完善的试验装备。

6.2.1 装置设计思路

潮汐现象是沿海地区的一种自然现象，指海水在天体(主要是月球和太阳)引潮力作用下所产生的海面垂直方向涨落现象。图6.2-1、图6.2-2、图6.2-3分别显示了连云港、射阳河口、天生港等3个潮位站实测的潮位过程。

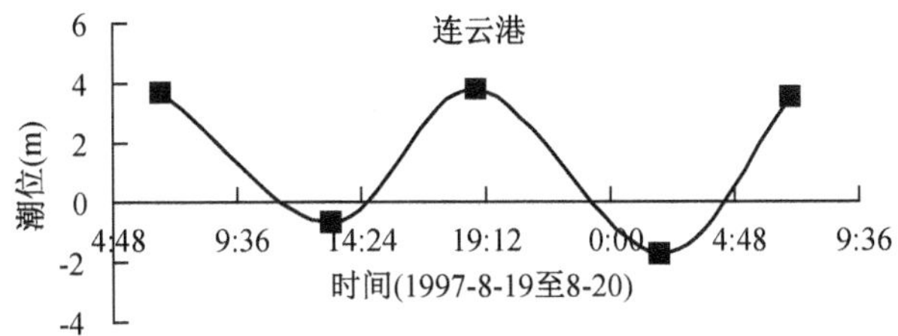

图 6.2-1　连云港潮位站 1997-8-19　06:40:00 至 1997-8-20　07:00:00 潮位过程

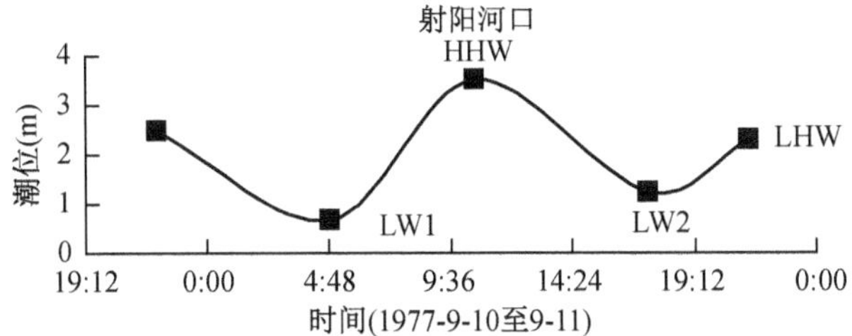

图 6.2-2　射阳河口潮位站 1977-9-10　22:03:00 至 1977-9-11　21:24:00 潮位过程

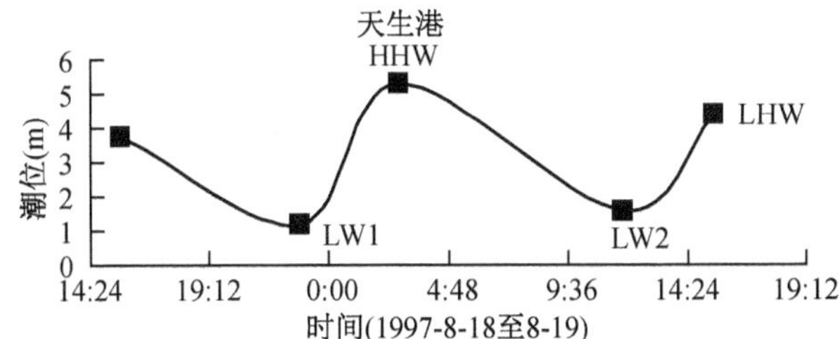

图 6.2-3　天生港潮位站 1997-8-18　15:40:00 至 1997-8-19　15:30:00 潮位过程

本干湿交替作用下沿海钢筋混凝土耐久性影响试验装置，是通过主水槽、副水槽的水体交换(如图 6.2-4 所示)，实现主水槽的水位升降，以此模拟自然界海水对沿海建筑物钢筋混凝土材料的干湿交替作用。其中，主水槽用于混凝土试件的干湿交替试验，副水槽起到调节主水槽水位的作用。特别的，对于要在主水槽中实现图 6.2-1 至图 6.2-3 所示的水位过程曲线，最重要的设计思路是，如何保持水槽中水位上升和下降过程的相对平滑，防止出现图 6.2-5 所示的锯齿震荡的过程线。另外，参考图 6.2-1 至图 6.2-3，天然条件下潮汐水位的高低潮位之间的潮差可达到 5 m 左右，受试验成本和试验场地的限制，设计如此巨大的水槽来模拟天然条件下的潮差是不经济和不方便的。但是，对于不同的水位，钢筋混凝土材料受侵蚀的影响必然不同，举例来说，如图 6.2-6 所示，水位 1 比水位 2 高出很多，所以，在水位1下,钢筋混凝土试件受到的水压力更大,其相对于水位2,海水中的氯离子等有害物更易侵入材料中。综上因素,本设计采用了多泵比例控制、稳态调节、配重加压的方法。下面结合试验装置,具体介绍。

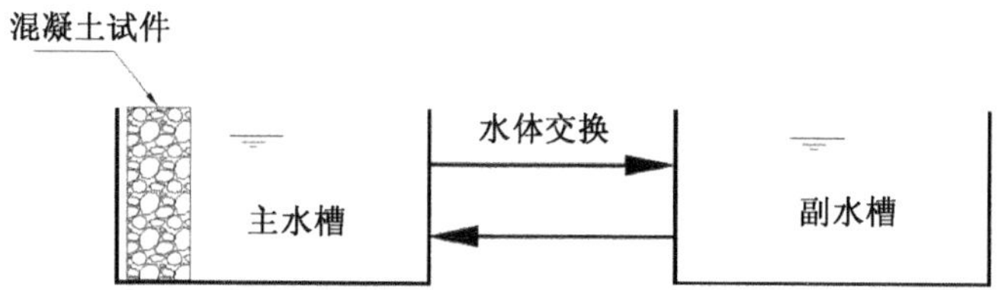

图6.2-4　主、副水槽的水体交换示意图

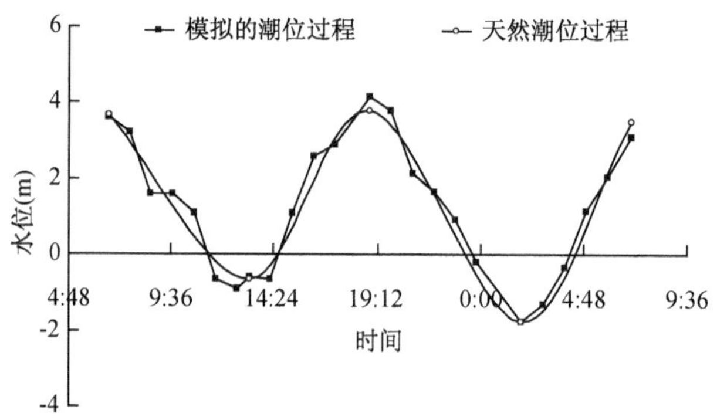

图6.2-5　模拟的潮位过程锯齿震荡状态示意图

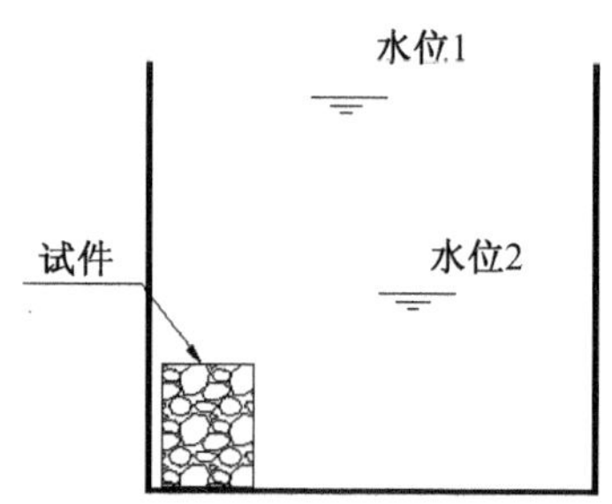

图6.2-6　不同水位模拟的潮位过程锯齿震荡状态示意图

6.2.2　硬件层面设计

按前所述,本设计采用了多泵比例控制、稳态调节、配重加压的方法,来实现水槽水体的平稳上升或下降,以及通过水槽水体配重加压来简化模拟一定潮差下的

平均水压力。为此,如图 6.2-7 至图 6.2-10 所示以具体说明。

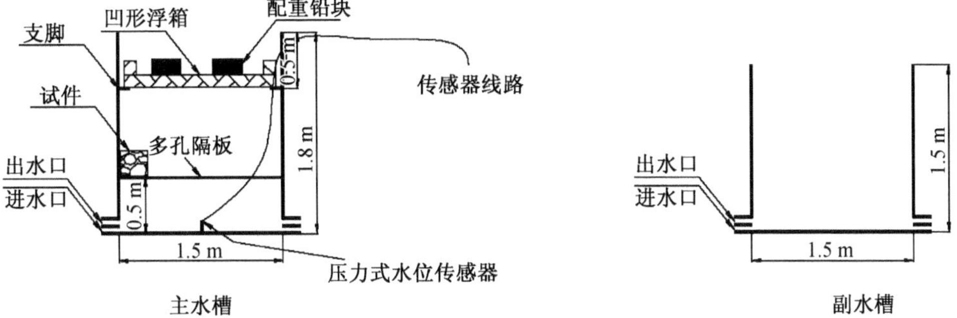

图 6.2-7 主、副水槽的立面图

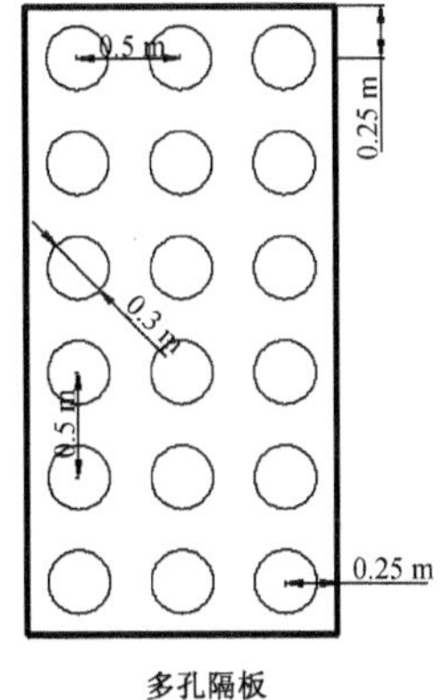

图 6.2-8 主水槽隔板平面图

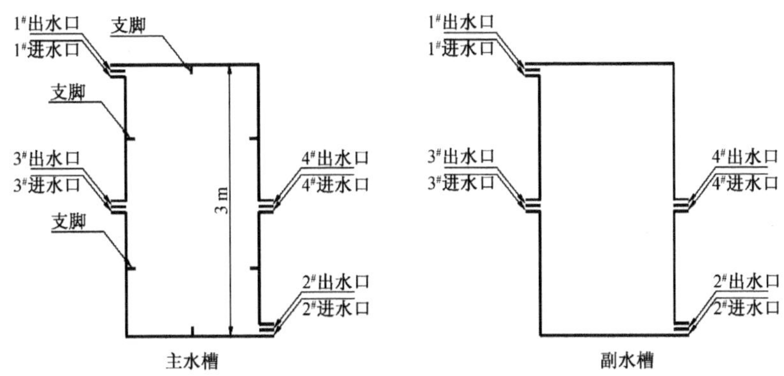

图 6.2-9 主、副水槽进、出水口布置

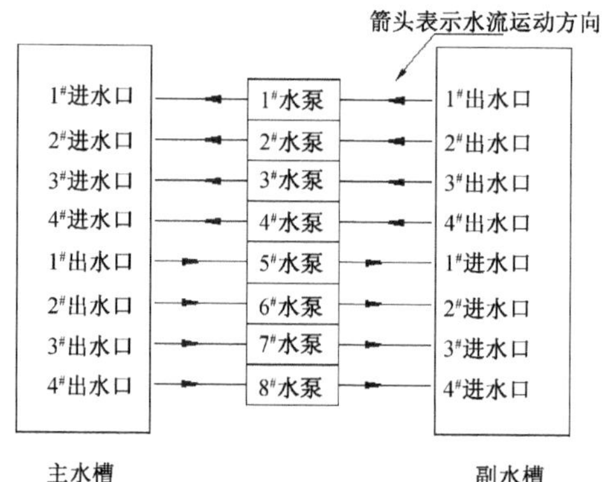

图 6.2-10　主、副水槽进、出水口连接水泵布置

(1) 主、副水槽,其中主水槽是钢筋混凝土试件试验用水槽,长宽深分别为 3 m、1.5 m、1.8 m;副水槽用于调节主水槽的水量,长宽深分别为 3 m、1.5 m、1.5 m。主、副水槽还各配置了 4 组进、出水口,并用 8 台离心式水泵连接(1#、2#、5#、6#泵最大流量为 25 L/min,3#、4#、7#、8#泵最大流量为 15 L/min),通过控制水泵的同时开启或者部分开启,可以实现两个水槽之间水体的快慢交换。

(2) 多孔隔板,存在于主水槽中。水流通过隔板时,隔板上的圆孔会对水流运动起到一个过滤稳态的作用,从而使得主水槽的水位可以相对平稳的升高或降低,如此可以削弱水泵扰流的影响。

(3) 凹形浮箱和配重铅块,当主水槽的水上升顶起凹形浮箱时,此时停止水位上升,配重铅块的重量会通过箱体向水面施加一定的压力,以此模拟一定潮差下传导到混凝土试件的平均水压力。根据水压强公式,可以近似计算出配置铅块的重量(配置重量不能无限大,当超出装置承受的重量范围后,应在试验方法上进行概化)。参考公式(6.2-1):

$$\rho gh = \frac{\text{凹形浮箱重量} + \text{配重铅块重量}}{\text{水面面积}} \\ \Rightarrow \text{配重铅块重量} = \rho gh \times \text{水面面积} - \text{凹形浮箱重量} \tag{6.2-1}$$

式中:ρ 为水密度;h 为潮差。为了说明配置的意义,如图 6.2-11 所示,当模拟的潮位过程的潮差超出了水槽承受的范围,例如从 0 m 上升到 2.8 m,显然水会溢出主水槽。实际上,当主水槽的水位上升到约 0.8 m 高的位置时,刚刚能顶起浮箱,为此,我们试验时控制水位上升到 1 m 的位置,另外,其与 2 m 之间存在 1 m 的潮差,为了考虑该潮差产生的平均水压力的影响,用 $h = 0.5$ 配置铅块重量。

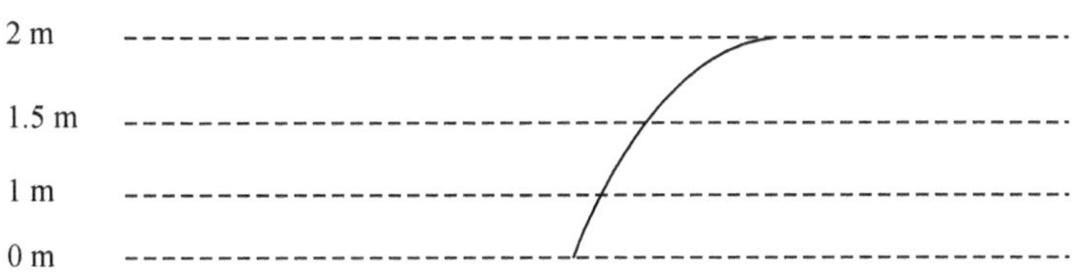

图 6.2-11　模拟一段上升过程曲线

(4) 压力式水位传感器,带变送器 4～20 mA 输出,用于主水槽水位测量。

另外,为了完成上述这些硬件系统的集成,还需要配置微机 1 台、西门子 S7—200PLC(CPU 224XP CN)1 台以及连接导线等。硬件系统连接原理(图6.2-12):主水槽上安装 1 个压力式水位传感器,传感器根据水槽水位变化会输出 4～20 mA 电流信号,S7—200PLC 通过 AIW0 模拟量输入口来采集这些电信号,并将其转换成数字信号通过其自身的 0# 通讯口传输到微机上,由微机处理后转换成水位数据,并比较当前的水位设定值,若主水槽水位偏离设定值,即发出指令给 S7—200,由其通过端口 Q0.0 至 Q0.8 控制 1# 至 8# 水泵的启停,为实现主水槽水位升高和降低的平稳性,防止出现图 6.2-5 所示的锯齿震荡状态,需要规定水泵的调度规则,如表 6.2-1 所示。

表 6.2-1　1# 至 8# 水泵启停调度原则

主水槽水位当前设定值	主水槽进水	主水槽排水
<10 cm	1# 至 4# 水泵均开启	5# 至 8# 水泵均停止
<7 cm	2#、3#、4# 水泵开启,1# 水泵停止	
<4 cm	3#、4# 水泵开启,1#、2# 水泵停止	
<1 cm	4# 水泵开启,1#、2#、3# 水泵停止	
>10 cm	1# 至 4# 水泵均停止	5# 至 8# 水泵均开启
>7 cm		6#、7#、8# 水泵开启,5# 水泵停止
>4 cm		7#、8# 水泵开启,5#、6# 水泵停止
>1 cm		8# 水泵开启,5#、6#、7# 水泵停止

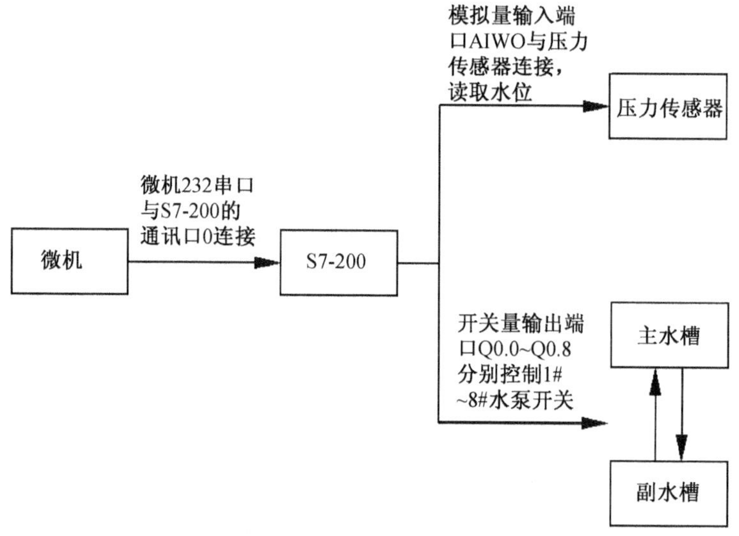

图 6.2-12 硬件系统连接原理

6.2.3 软件层面设计

如图 6.2-13 所示，需要不断循环执行"读取主水槽水位数据→判断该时刻水位是否满足水位设定值→水体交换"的操作步骤。

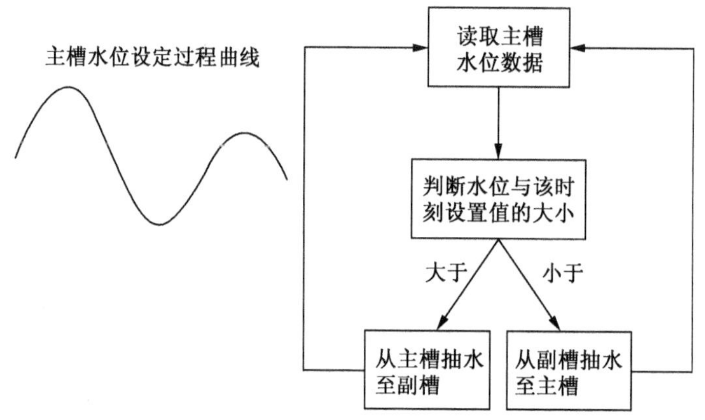

图 6.2-13 装置的软件运行原理

软件系统包括微机上的装置控制程序、西门子 S7—200 PLC 上的控制程序，两者的编制需要用到的工具软件包括 Delphi7.0、STEP_7-MicroWIN_V4_SP4 和 S7—200 PC Acess，具体功能如表 6.2-2 所示。其中，装置控制程序运行在微机平台上，通过 Delphi7.0 编制，并通过 PC Access（OPC 服务器软件）与 S7—200 通

讯，以读取 S7—200 采集到的水位信号，并以此向 PLC 发送启动或者停止水泵的指令。西门子 S7—200PLC 上的控制程序则是 PLC 完成信号采集、开关控制必需的软件元素，通过梯形图编制，压力信号通过 PLC 上的模拟量输入端口 AIW0 采集，时间间隔由 PLC 内部的特殊存储器 SMB35 控制，SMB35 用于定时中断，可以用来以固定的时间间隔作为采样周期对输入 PLC 的模拟量进行采样，采样周期可以在 1～255 ms 的范围内设定，如图 6.2-14 所示。另外，PLC 还要根据微机上的控制程序指令，执行水泵抽水调度，使得主水槽水位按照试验要求、在指定时刻上升或下降到设定位置，从而模拟海水干湿交替作用。软件通讯流程如图 6.2-15 所示。

表 6.2-2　干湿交替作用下沿海钢筋混凝土耐久性影响试验装备软件编制工具

软件名称	说明
Delphi7.0	编程软件，用于微机上编制 PLC 指令传输、用户水位设定值输入等干湿交替作用下沿海钢筋混凝土耐久性影响试验装置控制程序
STEP_7-MicroWIN	西门子 S7—200 PLC 的编程软件，主要用于编制 PLC 模拟量信号（压力传感器）采集、水泵开关信号控制程序
S7—200 PC Acess	OPC 服务器，支持各类 S7—200 通讯协议，用于微机与 PLC 的通讯

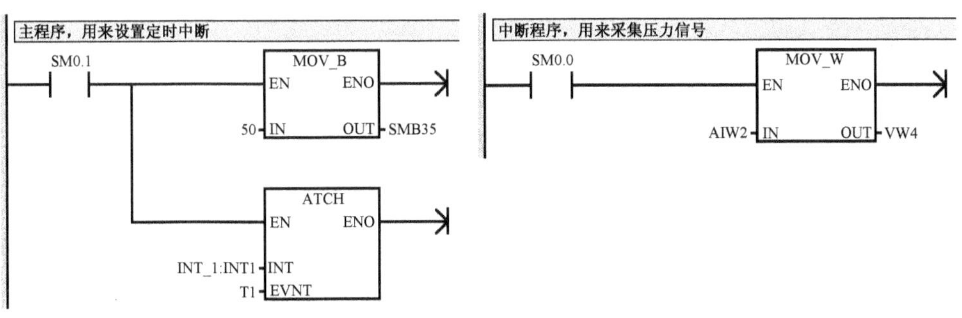

图 6.2-14　压力传感器模拟量信号采集程序

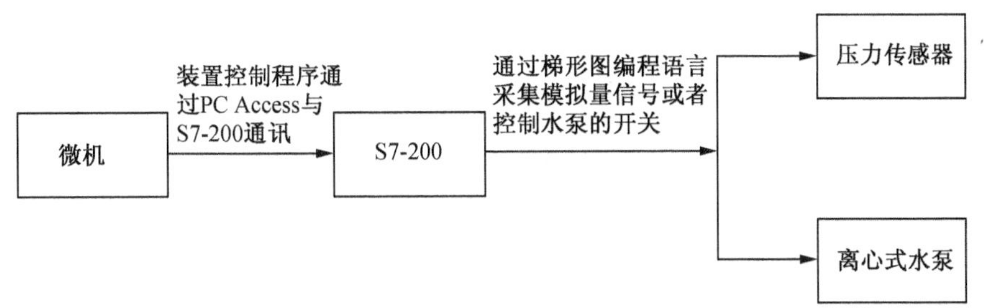

图 6.2-15　干湿交替作用下沿海钢筋混凝土耐久性影响试验装备软件控制原理图

6.3 水闸闸室结构位移与应力有限元分析方法

有限元分析作为目前工程领域中的一种重要数值模拟方法，在水工建筑物的可靠性分析方面应用十分广泛。本节以某拦河闸为例，采用有限元软件建立水闸的数值模型，并对水闸闸室结构在不同工况下的位移和应力进行模拟分析。

6.3.1 某水闸工程概况

某水闸所担负的任务是拦河截水、抬高水位，以利灌溉。该闸为开敞式钢筋混凝土结构，共 3 孔，每孔净宽 8.0 m。闸门为露顶式平面钢闸门，门顶高程▽18.80 m，门底高程▽12.00 m。闸墩为钢筋混凝土结构，边墩和中墩厚为 1.0 m，闸室总宽 28.0 m。闸底板为混凝土结构整体式平底板，顺水流方向长 18.0 m，底板厚 1.0 m，闸底板高程为▽12.0 m。工作桥为钢筋混凝土 T 型梁式结构。工作桥总宽 3.5 m。排架采用实体式支墩结构，支墩顶高程▽30.00 m，底高程▽22.0 m。公路桥为 C25 钢筋混凝土铰接板结构，公路桥标准：公路Ⅱ，双车道，桥面高程▽22.48 m，桥面宽 8.0 m，两边人行道各为 0.5 m。

6.3.2 有限元模型建立

6.3.2.1 模型网格划分

根据工程的结构特征和受力特点，将地基、闸室、闸门等一起建模，考虑它们之间的相互作用。各种结构离散成四面体单元等参单元，单元之间通过有限个点连接起来。所考虑的荷载按有关规范进行处理。本次计算闸室的地基在顺水流方向取 54 m，垂直水流方向取 84 m(均取闸室底板长和宽的 3 倍)，深度取至高程▽−40 m(取工作桥面高程到底板高程差的两倍大小)。为了提高网格的划分质量，在不影响计算结果的前提下，对所建的模型做了一定的简化处理。由于考虑到了地基模型的尺寸范围的选择，故对地基采取全约束，除了与底板接触的面外，其余 5 个面均固定。闸室与地基整体三维有限元模型如图 6.3-1 所示，闸室整体三维有限元模型如图 6.3-2 所示。

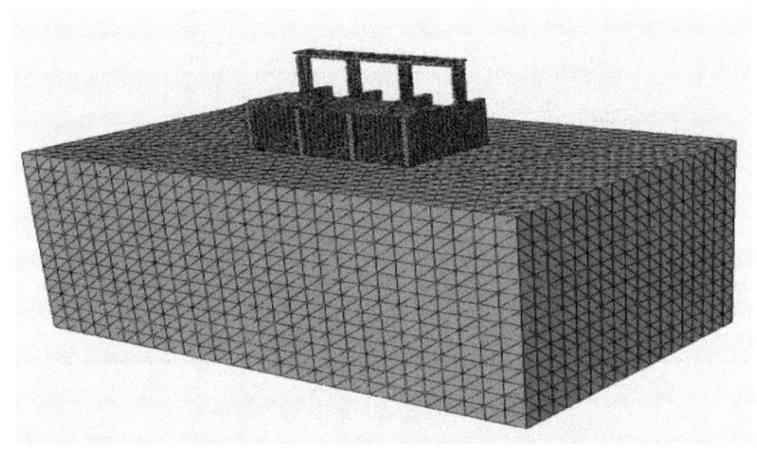

图 6.3-1 闸室与地基整体三维

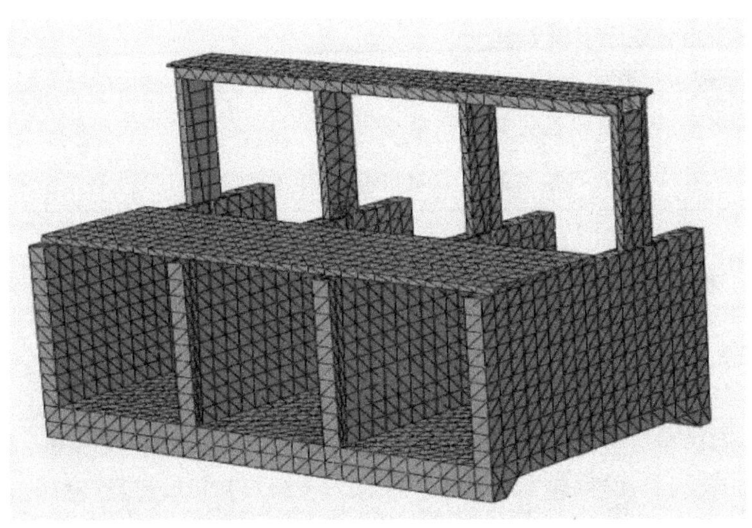

图 6.3-2 闸室三维有限元模型图

6.3.2.2 材料性质和力学参数

工程结构采用线弹性材料模拟，土体为弹塑性材料，假定服从 Mohr-Coulomb 屈服准则，由于土体自重产生的变形已基本完成，故计算中不计入土体自重引起的应变。本次计算的材料强度值应选取原设计强度等级与检测结果中的较小值，材料计算参数如表 6.3-1 及表 6.3-2 所示。

表 6.3-1 结构材料计算参数表

部位	材料名	弹性模量	泊松比	容重
		MPa		kN/m³
底板	混凝土 C25	2.20×10^4	0.167	25.0
中墩	混凝土 C25	2.20×10^4	0.167	25.0
边墩	混凝土 C25	2.55×10^4	0.167	25.0
工作桥	混凝土 C25	2.80×10^4	0.167	25.0
交通桥	混凝土 C25	2.80×10^4	0.167	25.0

表 6.3-2 地基土材料计算参数表

名称	材料名	压缩模量(MPa)	泊松比	备注
地基	中、重粉质壤土	12.2	0.3	不考虑地基土的自重

6.3.2.3 基本荷载和计算工况

固定荷载包括闸室结构自重。水荷载包括上游水压力、下游水压力、底板所受的扬压力，水荷载的加载工况如表 6.3-3 所示。

表 6.3-3 设计情况计算水位组合表

工 况	上游水位(m)	下游水位(m)	备注
设计情况	19.75	19.60	$Q=320\ m^3/s$

6.3.3 计算结果与分析

按前所述，首先创建部件(包括：底板、边墩、中墩、工作桥、交通桥、支墩、地基等)，然后定义材料属性(包括 C25 混凝土跟壤土材料)，接着进行部件的装配，定义分析步，定义边界条件(本工程选择将闸室段合成整体与地基接触)，完成后定义荷载，进行网格划分，然后分别对闸室结构的各种工况进行空间有限元计算，求出设计工况下闸室结构在荷载作用下的各点位移和应力。

6.3.3.1 位移分析

各工况下的整体结构竖向位移(沉降)和水平位移(顺水流方向)计算成果如表 6.3-4 所示，整体结构竖向位移(沉降)和水平位移(顺水流方向)云纹图如图 6.3-3 和图 6.3-4 所示。

表 6.3-4 闸室整体结构竖向和水平位移计算成果表

计算工况	竖向位移(沉降)(mm)			水平位移最大值(mm)
	最大值	最小值	沉降差	
设计情况	50.8	42.1	8.7	2.1

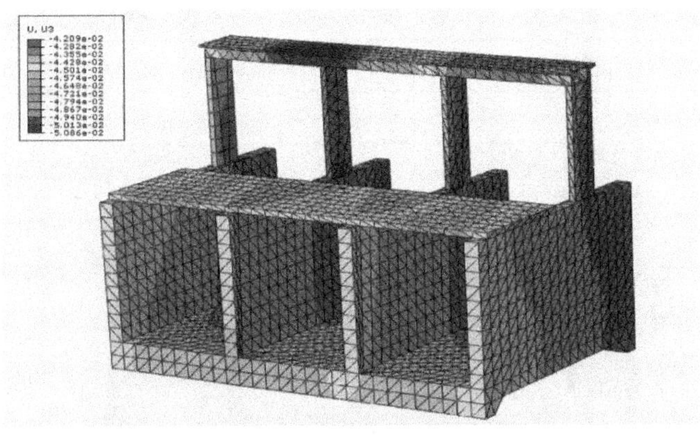

图 6.3-3 设计竖向位移(沉降)分布图(单位:m)

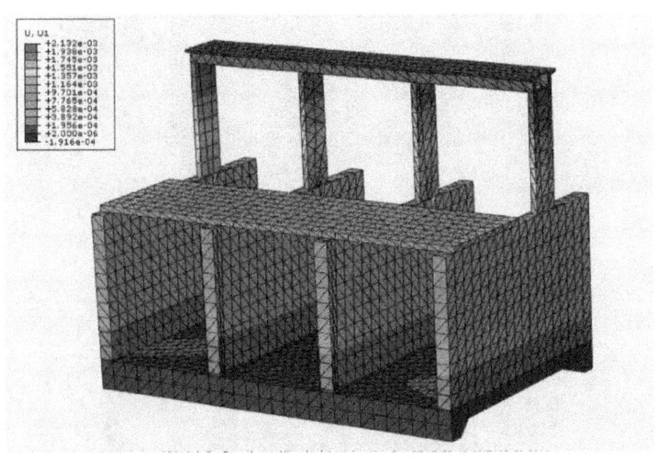

图 6.3-4 设计水平位移分布图(单位:m)

6.3.3.2 应力分析

各工况下整体结构最大主拉应力和整体结构最大主压应力计算成果如表6.3-5和表 6.3-6 所示,整体结构最大主拉应力和整体结构最大主压应力云纹图如图6.3-5 和图 6.3-6所示。

表 6.3-5　闸室结构最大主拉应力计算成果表　　单位:MPa

计算工况	上游段底板		下游段底板		中墩	边墩
	面层	底层	面层	底层		
设计情况	0.6	0.66	0.8	0.78	0.6	1.0

表 6.3-6　闸室结构最大主压应力计算成果表　　单位:MPa

计算工况	上游段底板		下游段底板		中墩	边墩
	面层	底层	面层	底层		
设计情况	1.2	0.7	0.9	0.7	1.0	1.7

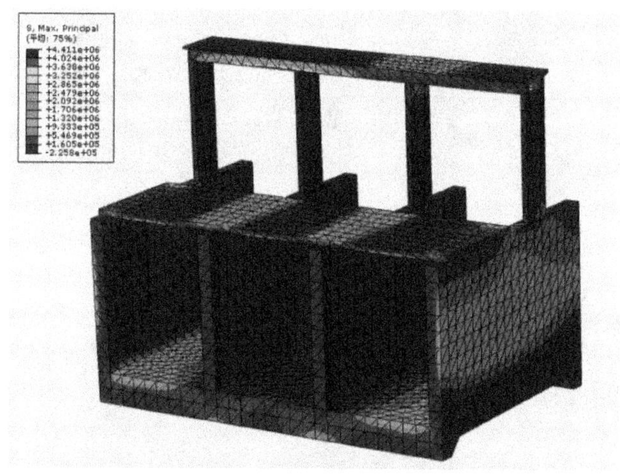

图 6.3-5　设计最大主拉应力分布图(单位:Pa)

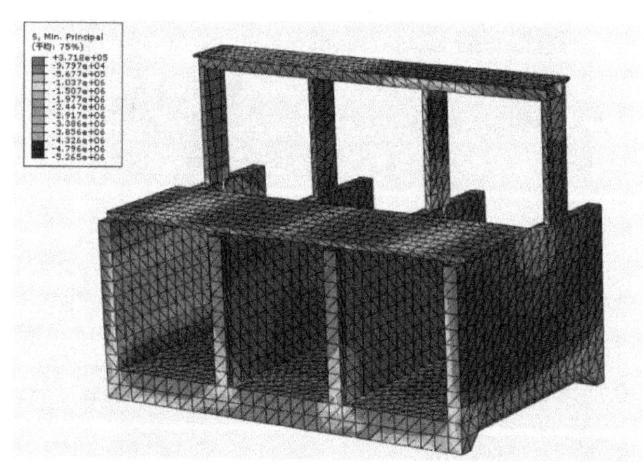

图 6.3-6　正向设计最大主压应力分布图(单位:Pa)

6.3.3.3 综合分析

C25 混凝土容许拉应力为 0.508 MPa，容许压应力值为 7.735 MPa。闸室底板、闸墩的最大主拉应力在各工况下均超过了混凝土的允许拉应力，故这些结构混凝土的抗拉强度不满足要求，因此应通过结构配置钢筋满足抗拉强度要求。底板、闸墩等结构最大主压应力均未超过混凝土的允许压应力，故这些结构混凝土的抗压强度满足要求。

6.4 风荷载作用下的粮食筒仓安全性有限元分析

钢板筒仓结构复杂，在实际工程中，受台风等极端天气影响，会导致钢板筒仓发生开裂、损毁等现象，因此，有必要对强风作用下的钢板筒仓风压进行研究。

6.4.1 基本资料

6.4.1.1 筒仓结构

某港钢板仓的结构如图 6.4-1 和图 6.4-2 所示。钢板仓直径为 23.630 m，高度为 32.305 m。钢板仓直立部分由波纹钢板和加强筋组成，高度为 25.705 m，波纹板厚度 2～8 mm，每圈高度为 1.117 6 m；加强筋是热轧钢，厚度 2～12.6 mm。装配式钢板仓顶部为锥形体，锥体顶部设有顶环（10 mm×20 mm）和底环（壁厚为 3.5 mm、直径为 60 mm），顶环和底环之间有 26 个 30 a 槽钢斜梁连接。中间设有壁厚为 5 mm 且直径为 42 mm 的 3 道安全环和壁厚为 3 mm 且直径为60 mm的 2 道桥型环。在筒仓 1 号、3 号、4 号、5 号、6 号加强筋中部设有管厚为 3.5 mm、直径为 54 mm 的抗风环。加强筋截面示意图如图 6.4-3 所示，截面特征如表 6.4-1 所示。其他构件的截面特征如表 6.4-2 所示。

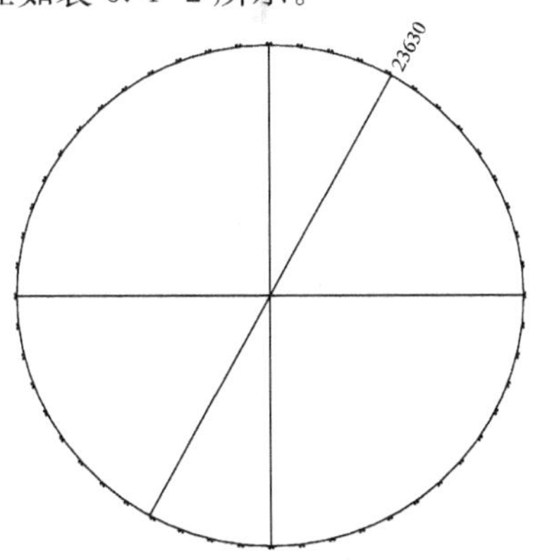

图 6.4-1 钢板贮仓俯视图（单位：mm）

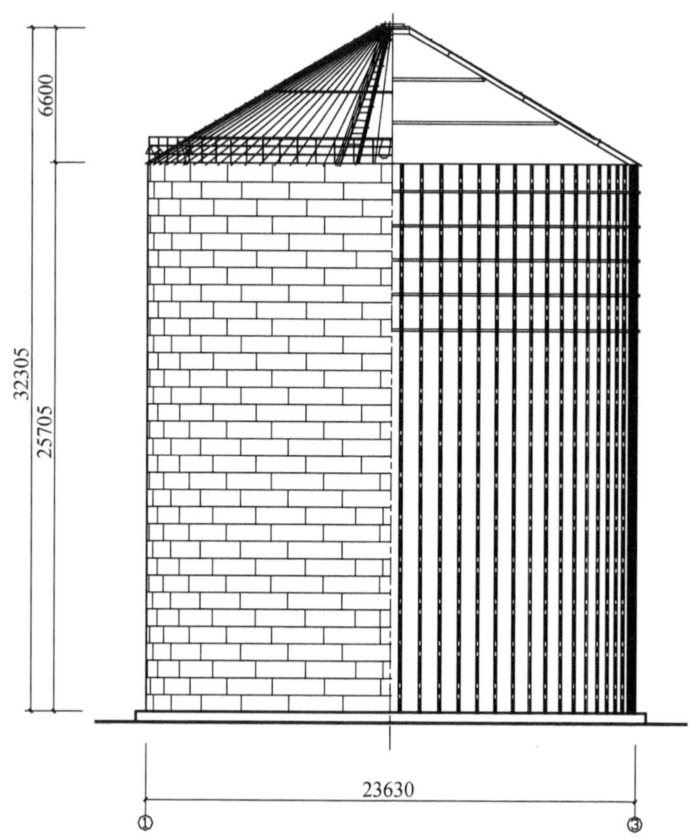

图 6.4-2　钢板仓正视图(单位:mm)

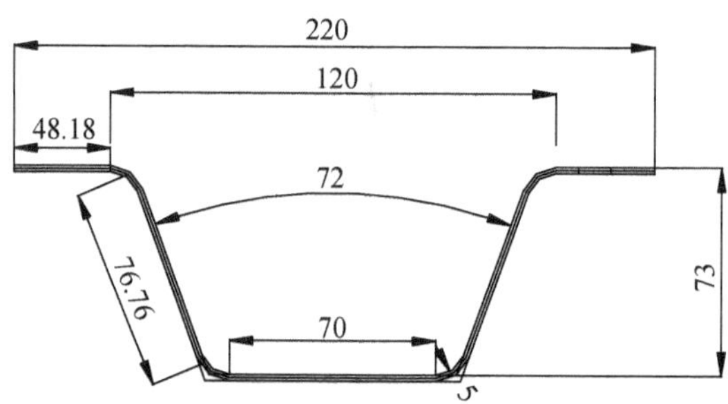

图 6.4-3　加强筋横截面示意图(单位:mm)

表 6.4-1 装配式钢板仓的构件截面参数

加强筋厚度	$A(m^2)$	$I_x(m^4)$	$I_y(m^4)$
2.0	6.521E-04	5.917 91E-07	2.314 22E-06
2.5	8.152E-04	7.399 90E-07	2.892 80E-06
4.2	1.369E-03	1.245 33E-06	4.860 12E-06
4.2+2.5	2.185E-03	1.994 79E-06	7.753 90E-06
4.2+4.2	2.737E-03	2.507 79E-06	9.719 39E-06
4.2+4.2+4.2	4.108E-03	8.862 44E-06	1.458 24E-05

表 6.4-2 其他构件的截面特征

构件名称	$A(m^2)$	$I_x(m^4)$	$I_y(m^4)$
斜梁截面	2.410E-03	3.015 79E-05	1.808 94E-06
顶环截面	1.134E-02	5.140 50E-04	2.356 69E-04
抗风环截面	5.553E-04	1.778 62E-07	1.778 62E-07
加强环截面	6.213E-04	2.488 49E-07	2.488 49E-07

6.4.1.2 材料物理性能

材料的物理性能如表 6.4-3 所示。

表 6.4-3 材料的物理性能及参数

序号	项　目	指　标
1	钢板弹性模量	206 kN/mm^2
2	钢板抗剪模量	79 kN/mm^2
3	钢板密度	7 850 kg/m^3
4	钢材料的允许强度	230 N/mm^2
5	钢板屈服抗压强度	340 N/mm^2
6	钢板屈服抗拉强度	440 N/mm^2
7	钢板箔松比	0.28
8	谷物重度(大豆)	7.5 kN/m^3
9	谷物内摩擦角	25°
10	谷物与钢板壁摩擦系数	0.3

6.4.1.3 风荷载系数指标

风荷载计算公式：

$$w_k = \beta_z \mu_s \mu_z w_0 \ (\mathrm{kN/m^2}) \tag{6.4-1}$$

式中：β_z 为 Z 高度处的风振系数，按《建筑结构荷载规范》计算；μ_s 为风荷载体型系数，由《建筑结构荷载规范》取 1.3；μ_z 为风压高度变化系数，由《建筑结构荷载规范》选用 A 类地面粗糙度类别；w_0 为基本风压，由《建筑结构荷载规范》按公式 $w_0 = 0.5\rho v_0^2$ 计算，v_0 为基本风速，建议选用 60 m/s；

6.4.2 荷载计算

6.4.2.1 荷载效应组合

粮食钢板筒仓按承载能力极限状态设计时，应采用荷载效应的基本组合，荷载分项系数应按下列规定取值：①重力荷载分项系数取 1.0；②储粮荷载分项系数取 1.0；③风荷载分项系数取 1.0；④其他可变荷载分项系数取 1.0。

6.4.2.2 风荷载的计算

为了详细地计算作用于贮仓上的荷载，沿贮仓高度方向分为 9 个区域。风荷载按式(6.4-1)计算，其中 $\beta_z = 1 + \xi \nu \varphi_z / \mu_z$，$\mu_s = 1.3$，$\mu_z = 0.794 Z^{0.24}$。分区范围及计算结果如表 6.4-4 所示。

表 6.4-4 分区范围与风荷载(整体计算)

分区号	分区高程范围		高程 Z	β_z	μ_s	μ_z	w_0	w_k
1	8.0	9.1	8.559	1.112	1.3	1.33	2.248	4.320
2	9.1	10.2	9.676	1.143	1.3	1.37	2.248	4.574
3	10.2	11.4	10.794	1.173	1.3	1.41	2.248	4.818
4	11.4	12.5	11.912	1.202	1.3	1.44	2.247	5.054
5	12.5	13.6	13.029	1.233	1.3	1.47	2.247	5.297
6	13.6	14.7	14.147	1.264	1.3	1.50	2.247	5.538
7	14.7	15.8	15.264	1.294	1.3	1.53	2.247	5.773
8	15.8	16.9	16.382	1.325	1.3	1.55	2.246	6.012
9	16.9	18.1	17.500	1.361	1.3	1.58	2.246	6.273
10	18.1	19.2	18.617	1.397	1.3	1.60	2.246	6.532
11	19.2	20.3	19.735	1.431	1.3	1.62	2.246	6.787

续表

分区号	分区高程范围		高程 Z	β_z	μ_s	μ_z	w_0	w_k
12	20.3	21.4	20.852	1.467	1.3	1.65	2.245	7.049
13	21.4	22.5	21.970	1.504	1.3	1.67	2.245	7.316
14	22.5	23.6	23.088	1.540	1.3	1.69	2.245	7.581
15	23.6	24.8	24.205	1.576	1.3	1.71	2.245	7.843
16	24.8	25.9	25.323	1.614	1.3	1.72	2.244	8.121
17	25.9	27.0	26.440	1.652	1.3	1.74	2.244	8.396
18	27.0	28.1	27.558	1.689	1.3	1.76	2.244	8.670
19	28.1	29.2	28.676	1.735	1.3	1.78	2.244	8.993
20	29.2	30.4	29.793	1.795	1.3	1.79	2.243	9.384
21	30.4	31.5	30.911	1.853	1.3	1.81	2.243	9.774
22	31.5	32.6	32.028	1.910	1.3	1.82	2.243	10.163
23	32.6	33.7	33.146	1.934	1.3	1.84	2.243	10.369
24	33.7	40.3	37.005	1.999	1.3	1.89	2.242	11.003

6.4.2.3 储粮荷载的计算

贮料荷载计算参照《粮食钢板筒仓设计规范》(GB50322—2011)》,计算结果如表 6.4-5 所示。

表 6.4-5 满荷载情况下水平压力和摩擦力计算表

S(m)	Phk(kN/m^2)	1.3Phk(kN/m^2)	Pfk(kN/m^2)	1.3Pfk(kN/m^2)
2.200	6.696 666	8.705 666	2.009 000	2.611 7
3.318	10.098 572	13.128 14	3.029 571	3.938 442
4.435	13.500 478	17.550 62	4.050 143	5.265 186
5.553	16.902 384	21.973 1	5.070 715	6.591 93
6.670	20.304 290	26.395 58	6.091 287	7.918 673
7.788	23.706 196	30.818 05	7.111 859	9.245 417
8.906	27.108 102	35.240 53	8.132 431	10.572 16
10.023	30.510 008	39.663 01	9.153 002	11.898 9
11.141	33.911 914	44.085 49	10.173 574	13.225 65
12.258	37.313 820	48.507 97	11.194 146	14.552 39

续表

S(m)	Phk(kN/m²)	1.3Phk(kN/m²)	Pfk(kN/m²)	1.3Pfk(kN/m²)
13.376	40.715 726	52.930 44	12.214 718	15.879 13
14.494	44.117 633	57.352 92	13.235 290	17.205 88
15.611	47.519 539	61.775 4	14.255 862	18.532 62
16.729	50.921 445	66.197 88	15.276 433	19.859 36
17.846	54.323 351	70.620 36	16.297 005	21.186 11
18.964	57.725 257	75.042 83	17.317 577	22.512 85
20.082	61.127 163	79.465 31	18.338 149	23.839 59
21.199	64.529 069	83.887 79	19.358 721	25.166 34
22.317	67.930 975	88.310 27	20.379 293	26.493 08
23.434	71.332 881	92.732 75	21.399 864	27.819 82
24.552	74.734 787	97.155 22	22.420 436	29.146 57
25.670	78.136 693	101.577 7	23.441 008	30.473 31
26.787	81.538 600	106.000 2	24.461 580	31.800 05
27.905	84.940 506	110.422 7	25.482 152	33.126 8

6.4.3 有限元建模与分析

6.4.3.1 有限元建模

1. 板单元的剖分

图 6.4-4(a)为钢板仓面板的划分图，单元采用矩形单元，为便于计算，板在垂直方向取 0.558 8 m，宽度取竖梁之间距。板单元按考虑横向剪切变形影响的壳体单元进行计算。

2. 梁单元的划分

将竖向的梁沿高度分成 0.558 8 m 高的短梁。梁单元的划分如图 6.4-4(b)所示。

3. 荷载施加方法

(1) 风荷载和集中荷载的施加方法

风荷载属于面荷载，在分区内按均匀荷载计算，将风荷载以表面荷载的形式施加在面板单元上，其荷载情况如图 6.4-5 所示。

(2) 水平压力和垂直摩擦力的施加方法

水平压力和垂直摩擦力在分区内按均匀荷载计算，水平压力垂直作用于面板上;将水平压力和垂直摩擦力以表面荷载的形式施加在面板单元上。

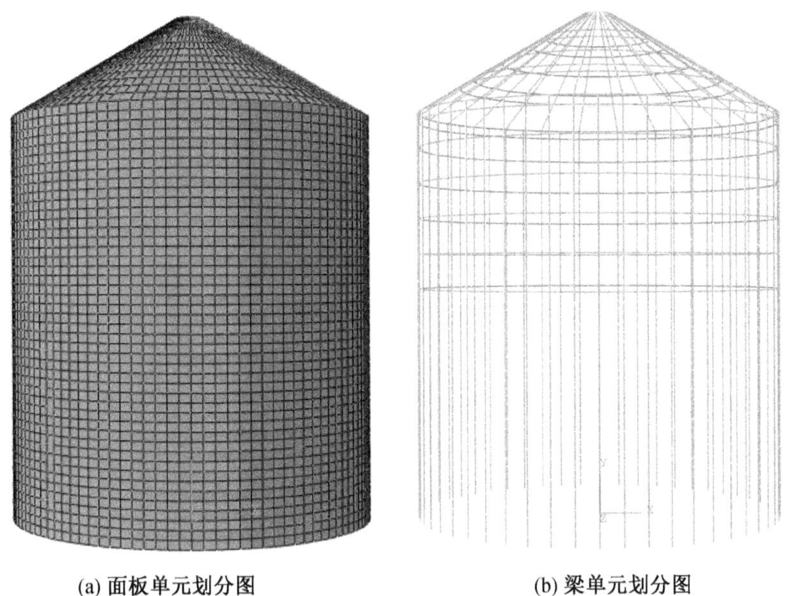

(a) 面板单元划分图　　(b) 梁单元划分图

图 6.4-4　钢仓的有限元建模

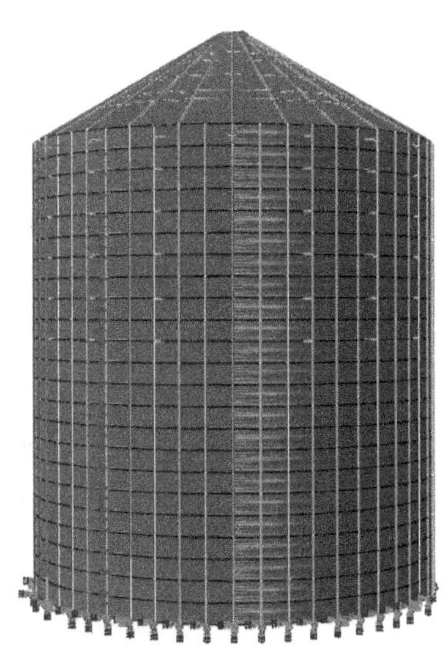

图 6.4-5　风荷载的施加图(整体情况)

6.4.3.2　有限元分析

钢板贮仓的有限元分析采用 Abaqus 程序完成。计算时分别对板单元和梁单元进行建模，而后进行整体合成和有限元计算。板单元按考虑横向剪切变形影响的壳体单元进行计算。计算中考虑了板和梁的整体作用，其中板为 6 136 个单元，梁为 3 753 个单元。有限元公式推导和辅助程序省略，在此不列出。风荷载按整体考虑，风荷载体型系数取 1.3，风速 $v=60$ m/s。

1. 钢板应力分析

图 6.4-6 和图 6.4-7 整体计算风荷载（满载）情况下的等效应力云图和俯视图，图 6.4-8 是计算的剖面应力分布图。从等效力云图俯视图来看，钢仓仓顶的等效应力在仓顶进料口处出现应力最大值，应力值为 3.47×10^5 kN/m^2（347 N/mm^2），大于材料的允许强度$[\sigma]=2.3\times10^5$ kN/m^2（230 N/mm^2），略大于材料的屈服强度$[\sigma]=3.40\times10^5$ kN/m^2（340 N/mm^2）。从等效力云图和剖面应力分布图看，钢仓的等效应力随着高度的降低，应力逐渐增大。从 1 环到 23 环应力逐渐增大，在有抗风环的部位，应力的增量减小，由于 1 环到 23 环应力钢板厚度和加强筋是逐渐变化的，应力没有明显的突变。仓壁的等效应力在 22 环（高度 1.675 8 m）出现应力峰值，应力值为 2.19×10^5 kN/m^2（219 N/mm^2），小于材料的允许强度$[\sigma]=2.3\times10^5$ kN/m^2（230 N/mm^2）。在仓的底部，由于固定端的约束，应力没有进一步的增大。由等效应力图可知，钢仓面板除仓顶进料口处，其他区域的应力均小于允

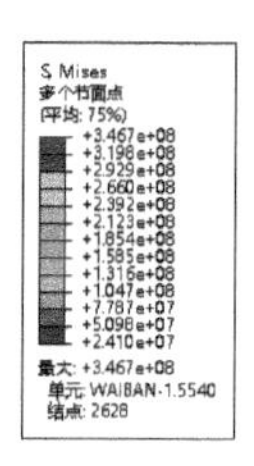

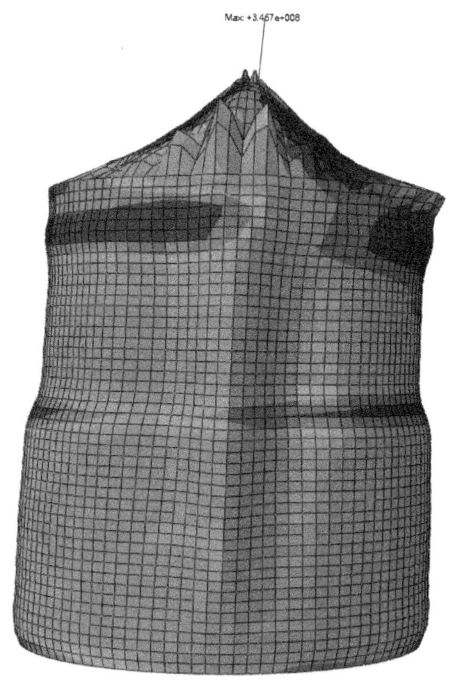

图 6.4-6 （整体计算风荷载）满仓面板的等效应力云图（单位：N/m^2）

许应力[σ]=2.3×10^5 kN/m²(230 N/mm²)。图 6.4-9 是整体计算风荷载(空载)情况下的等主应力云图。主应力分布规律与等效应力分布比较相似,但最大主应力为 2.197×10^5 kN/m²,小于允许应力[σ]=2.3×10^5 kN/m²(230 N/mm²),小于材料的屈服强度[σ]=3.4×10^5 kN/m²(340 N/mm²)。对于该工况来说,风荷载和储粮荷载是影响内力的主要因素。仓顶处风荷载最大,在仓顶进料口处应力最大。

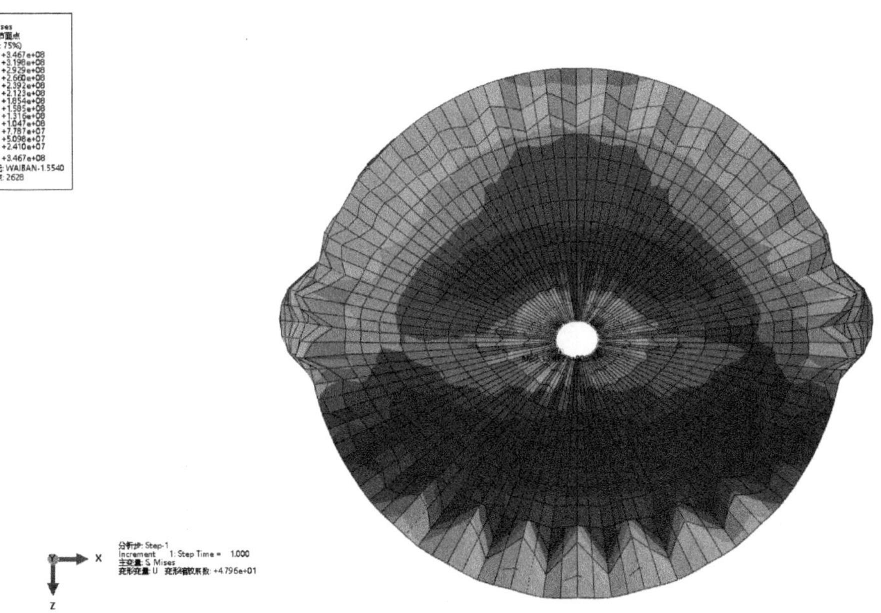

图 6.4-7 (整体计算风荷载)满仓面板的等效应力云图俯视图(单位:N/m²)

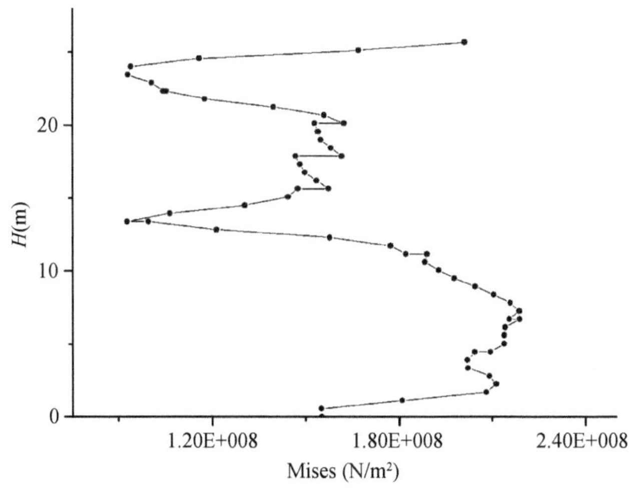

图 6.4-8 (整体计算风荷载)满仓面板的等效应力剖视图(单位:N/m²)

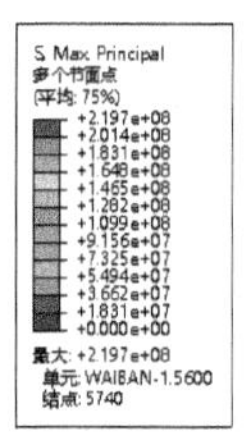

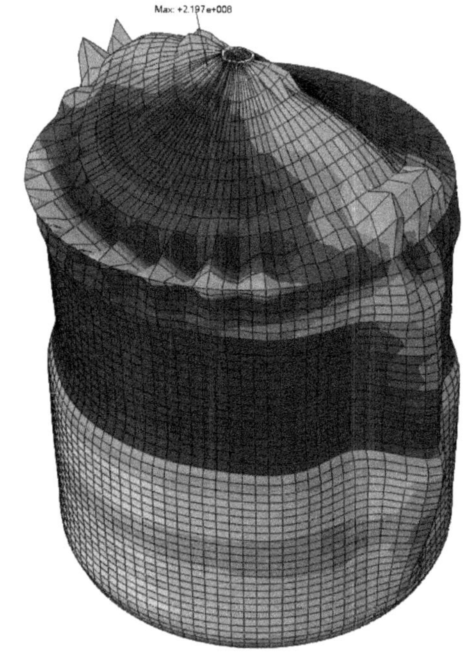

图 6.4-9 （整体计算风荷载）满仓面板的主应力立体云图（单位：N/m^2）

2. 钢仓的位移计算

图 6.4-10 是装配式钢板仓总体位移俯视图，从图上可看到，仓顶最大位移为 0.072 m，仓壁最大位移为 0.063 m。由《钢结构设计规范》和《冷弯薄壁型钢结构技术规范》可得，仓顶最大位移对应的挠度为 $\omega = 0.073 \times \frac{1}{23.630} = 0.0031 > \frac{1}{400} = 0.0025$，略大于挠度允许值；仓壁及加强筋最大相对变形为 $\omega = 0.063 \times \frac{1}{25.705} = 0.0025 < \frac{1}{180} = 0.0056$，满足要求。

3. 结论与建议

在满载（整体计算风荷载）的情况下，钢板仓除了仓顶进料口处应力大于允许应力外，其他区域应力值均小于允许应力和屈服应力。仓顶位移对应的最大挠度略大于容许值；钢板仓在受风荷载作用时，仓顶部的应力和位移较大，应当加强仓顶的刚度以改善仓体的整体稳定性。

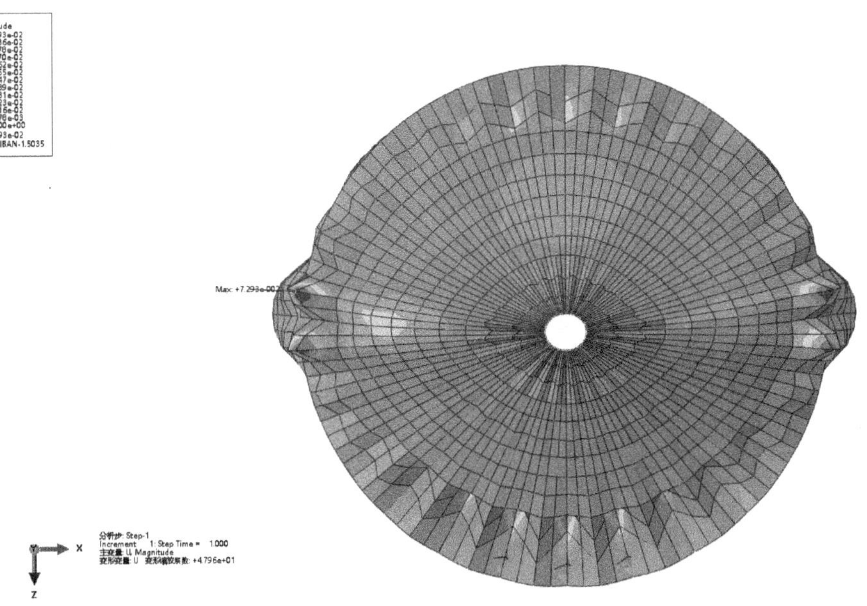

图 6.4-10 (整体计算风荷载)满仓面板的位移云图俯视图(单位:m)

6.5 北斗卫星 GNSS 水闸泵站自动变形监测技术

水利工程变形监测手段主要包括 GNSS(全球导航卫星系统)、水准仪、经纬仪和全站仪等,其中仅有 GNSS 和全站仪能够实现自动化监测,而 GNSS 观测手段具有效率高、精度高等优点,利用计算机技术、数据通讯技术及数据处理分析技术与 GNSS 技术进行集成,实现从数据采集、传输、管理到变形分析及预报的全自动化,在高精度位移监测领域的研究中得到了广泛应用,下面基于某闸设计案例进行简单介绍。

6.5.1 监测任务概述

根据相关的行业规范,以某水闸工程为例,拟从监测系统网形设计、GNSS 站点布设、数据处理中心建设、网络通信连接等方面,建立全覆盖全天候实时毫米级北斗/GNSS 高精度水闸泵站安全监管系统。监测点位如图 6.5-1 所示:①水闸闸墩,共 6 个沉降监测点;②GNSS 基准站,共 2 个。通过在线解算闸墩、两岸翼墙等沉降形变监测点的观测数据,着重分析位移量的最大、最小以及累计、间隔位移量和相对不均匀位移量的极值与异常部位,为工程安全运行和维修加固等方面提供数据参考。

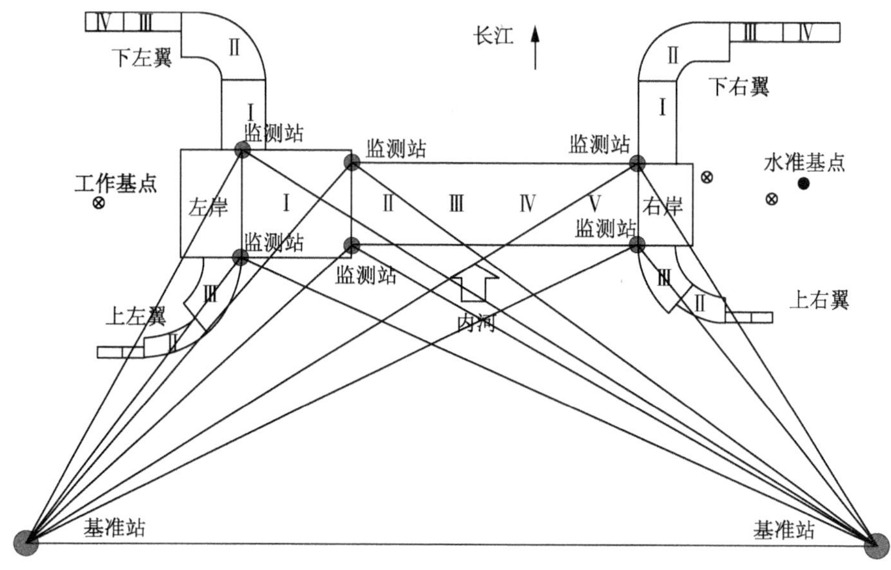

图 6.5-1 水闸监测点位分布情况

6.5.2 技术依据及指标

6.5.2.1 技术依据

本项目基准站和监测站选址建设、基准站测试应严格按照各项行业规范、行业标准以及行业规程进行,具体内容如表 6.5-1 所示。

表 6.5-1 水闸主体沉降观测技术依据

名称	编号	批准单位
《水利工程观测规程》	DB32/T 1713—2011	江苏省质监局
《水闸工程管理规程》	DB32/T 3259—2017	江苏省质监局
《水闸设计规范》	SL 265—2016	中国水利部
《水闸施工规范》	SL 27—2014	中国水利部
《水闸技术管理规程》	SL 75—2014	中国水利部
《水闸安全鉴定规定》	SL 214—98	中国水利部
《建筑地基基础设计规范》	GB 5007—2011	中国住建部
《建筑地基处理技术规范》	JGJ 79—2012	中国住建部

续表

名称	编号	批准单位
《全球导航卫星系统连续运行基准站网技术规范》	GB/T 28588—2012	国家质检总局
《卫星导航定位基准站网基本产品规范》	GB/T 35767—2017	国家质检总局
《卫星导航定位基准站网服务管理系统规范》	GB/T 35768—2017	国家质检总局
《卫星导航定位基准站网服务规范》	GB/T 35769—2017	国家质检总局
《全球定位系统(GPS)测量型接收机检定规程》	CH 8016—1995	国家测绘局
《全球导航卫星系统连续运行基准站网运行维护技术规范》	CH/T 2011—2012	国家测绘局
《全球定位系统(GPS)测量规范》	GB/T 18314—2009	国家质检总局
《国家一、二等水准测量规范》	GB/T 12897—2006	国家质检总局
《工程测量规范》	GB 50026—2007	国家质检总局
《精密工程测量规范》	GB/T 15314—1994	国家质检总局
《建筑变形测量规范》	JGJ 8—2016	中国住建部
《建筑与桥梁结构监测技术规范》	GB 50982—2014	中国住建部
《全球定位系统城市测量技术规程》	CJJT 73—2010	中国住建部
《混凝土结构设计规范》	GB 50010—2010	中国住建部
《建筑抗震设计规范》	GB 50011—2010	中国住建部

6.5.2.2 技术指标

该水闸变形监测系统建设完成后，应以满足GNSS形变监测为主，兼具服务水利测量等其他业务的能力。监测期间，仍需在特殊时期进行人工水准测量以验证GNSS沉降监测成果，比如地震时期，汛期等。参照《水闸工程管理规程》(DB32/T 3259—2017)及观测条件，该水闸按二等水准测量要求开展变形观测，具体技术指标如表6.5-2所示。

表6.5-2 水闸主体沉降观测技术指标

项目	内 容	指 标
沉降范围	最大沉降量	150 mm(水闸设计规范8.3.6)
	相邻部分最大沉降差	50 mm(水闸设计规范8.3.6)
精 度	沉降监测	满足《水闸工程管理规程》(DB32/T 3259—2017)要求

6.5.3 系统总体设计

6.5.3.1 观测网的建设

如图 6.5-1 所示，沉降观测网由基准站与监测站构成，总体遵循下述原则：①以 GNSS 实时沉降监测需求为导向，明确 GNSS 测量工作的重点地区，确定系统覆盖范围；②针对现有的水准观测网，遵循“合理分布、共建共享，互不干扰”原则，统筹考虑基准站、监测站分布的均匀性、网形结构的合理性。

6.5.3.2 系统结构设计

如图 6.5-2 所示，系统整体结构包括基准站子系统、监测站子系统、通讯子系统、控制中心子系统等 4 个组成部分。

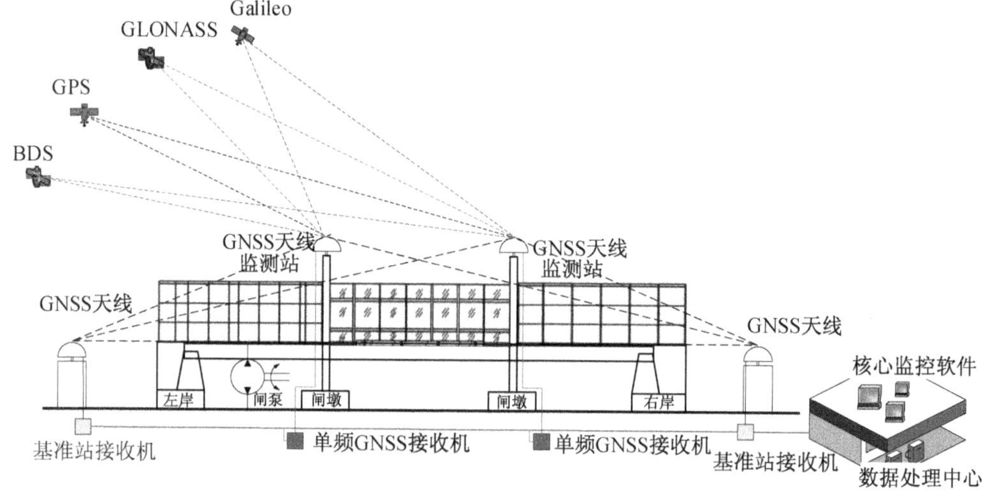

图 6.5-2 系统结构

1. 基准站子系统

基准站结构设计主要包括观测墩结构设计、室内外防雷设计、机房设计。基准站建设依据《全球导航卫星系统连续运行基准站网技术规范》(GB/T 28588—2012)执行，图 6.5-3 为基准站结构设计图。

由图 6.5-3 可以看出，基准站结构设计主要分为室外部分设计与室内部分设计。其中室外部分包括观测墩建设与室外防雷设备安装，室内部分主要是机房建设，包括基准站设备与网络设备的安装调试、室内防雷设备安装等。

2. 监测站子系统

6 个监测站均应能够很好地反应水闸的变形情况，且四周观测环境开阔，每个

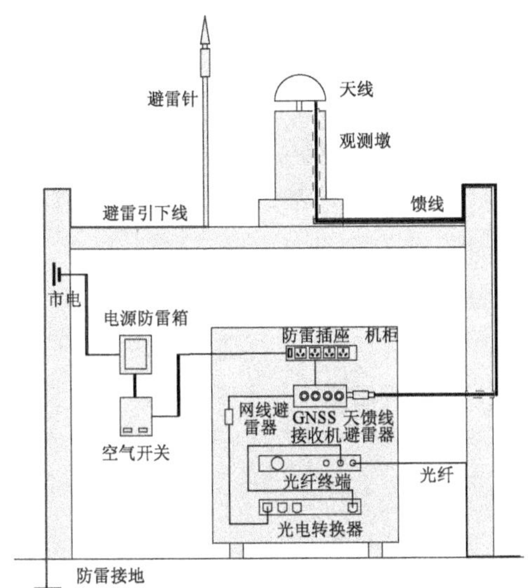

图 6.5-3　基准站结构设计图

监测站均应建设观测墩并设置强制对中装置。观测墩用于架设 GNSS 天线，连续不间断地接收 GNSS 卫星信号。要求观测墩必须牢固、稳定，观测墩一般为钢筋混凝土结构。天线应安装牢固，具有防滑动措施。利用馈线将天线与 GNSS 变形监测专用接收机相连，接收机与控制中心通过专线连接。

3. 数据通讯子系统

数据通讯子系统分为内部和外部数据流两类（分别相对于系统和潜在应用而言），内部数据流是指基准站、监测站与控制中心之间的数据交换，其主要特点是安全保密、不对外公开；外部数据流是针对潜在的应用设置的控制中心与外部潜在用户之间的数据交换。

4. 控制中心子系统

控制中心包含变形监测、数据存储与差分数据播发等功能：①变形监测功能，控制中心应实时接收基准站与监测站的 GNSS 数据进行基线解算，实时获得监测站的形变量并图形化显示出监测站的高程变化序列图，并进行设置时长的形变预测。应能够根据形变量的大小向管理员发布不同级别的预警，应能够根据管理的设置按照指定时长生成报表。②数据存储功能，控制中心应能以天为单位对实时数据流进行存储用于事后分析。③差分数据播发功能，这一功能主要用于潜在的常规 RTK 测试，控制中心应能够响应 RTK 用户的差分定位请求。

6.5.4 监测实施和评估

6.5.4.1 基准站稳定性监测

由于基准站距离变形区较近，难以保证基准站的长期稳定，因此，每隔3～6个月就需要对基准站进行复测，雨季应适当增加复测频率。如果两次复测期间，发现基准站有明显变形，应对基准站和变形监测站的各期实测高程按时间内插法进行修正。

具体做法如下：对发生明显变形的基准站，设前后两期复测的时刻为 T_1 和 T_2，实测基准站的高程为 H_1 和 H_2，对某一变形监测点 M_i 进行监测的时刻为 T，实测高差为 h_{iT}，则该变形监测点的实测高程 H_{iT} 应按如下内差公式求得：

$$H_{iT} = H_i + h_{iT} + \frac{H_2 - H_1}{T_2 - T_1}(T - T_1) \tag{6.5-1}$$

6.5.4.2 基准站沉降观测

基准站与监测站实时将GNSS观测数据传往控制中心，控制中心进行实时基线解算，获得每个监测站的高程变化序列并图形化显示，控制中心应每日生成一份当日沉降信息报表，报表内容包括当日高程相对于初始高程的变化量及相对于上一次报表生成日期的高程变化量、当日最大沉降值。当实测沉降值超过设计值的20%，应及时查明原因，必要时进行基准站坐标复测，并根据实际情况对沉降值进行修正。当出现下列情况时应加大报表生成频率，必要时采用事后静态观测或精密水准测量进行检核：①沉降发生突变；②地下水位变化、暴雨、地震等外部环境变化较大时。

6.5.4.3 监测结果评估

水闸主体监测站沉降的评估：①对于水闸主体不仅要进行单个闸墩的沉降分析，同时也要对全部水闸主体进行综合评估，控制相邻闸墩的不均匀沉降；②对于单一闸墩的观测数据分“枯季、汛期、有感地震等特殊时期”进行归纳分析；③水闸单个闸墩沉降预测采用曲线回归法。水闸各板块沉降量不应超过下列允许值：①板块累计沉降量≤150 mm；②同一块板块两侧沉降量之差≤50 mm；③相邻板块沉降量值之差≤50 mm。

6.6 农田水利设施三维实景管理平台建设技术

随着三维GIS技术的不断发展，三维GIS在水利建设、管理等领域中得到越来越广泛的应用，基于真实场景数据的地表、水下三维虚拟场景模拟，已经在水利工程建设、设施管理、故障抢修、安全检测、防汛监控等各个方面显示出非凡的作

用。利用先进的GIS、RS以及虚拟现实等技术将数字地面模型、农田水利设施的业务属性信息有机结合起来，建立水利工程设施三维地理信息平台，可实现与基础地理信息数据相结合的农田水利专业数据的查询、更新，水利设施的检修和安全检控，实现大场景内水利设施运行的空间表现和分析、管理功能，提高相关管理部门的管理能力和决策水平。

6.6.1 总体技术架构

系统总体设计坚持数据、管理、服务、应用相分离的架构思想，在保持灵活性和扩展性的前提下，实现基础空间地理数据的管理和共享，实现现有资源数据的整合、共享和交换，实现现有系统和服务的整合和综合展现应用，实现与CA认证系统的集成。如图6.6-1所示，系统框架包括：空间基础网络层、数据层、服务层、应用层、安全认证层、展现层等6个层次和空间信息资源安全保障体系、空间信息资源管理制度体系。

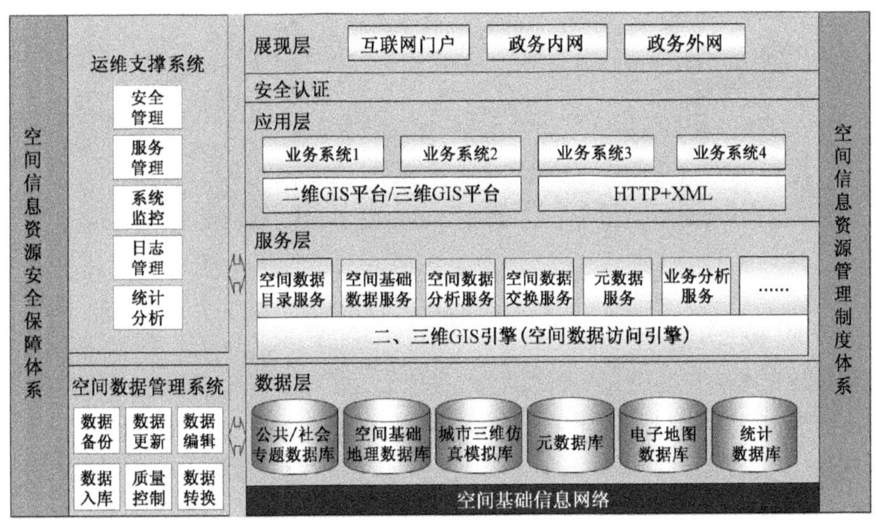

图6.6-1 系统总体架构图

6.6.2 三维场景构建

6.6.2.1 基础场景

基础三维场景将基于国家统一的2000国家坐标系框架来进行数据整合，主要利用高精度高程数据、矢量数据、航空和卫星影像数据等四大类数据资源来构建。航空和卫星影像数据经过坐标系的确定与配置、投影转换、金字塔生成、数据加载、黑边处理、白边处理、影像裁剪等处理过程，最终叠加矢量数据和高程数据合成基础三维场景。

6.6.2.2　水下三维地形扫描

利用水下多波束测深设备，获取特定河道水域的水深数据，使周边环境、水下三维地形能够集成在一起，准确表达出水利设施及河道水域的几何、物理和功能等属性信息，再通过三维建模、渲染等后期操作，更加形象直观地展示区域水下地形自然起伏状况、地形演变特征、水域周边环境要素等信息，提供一种全新的成果展现途径。图 6.6-2 所示为多波束扫描的水下地貌。

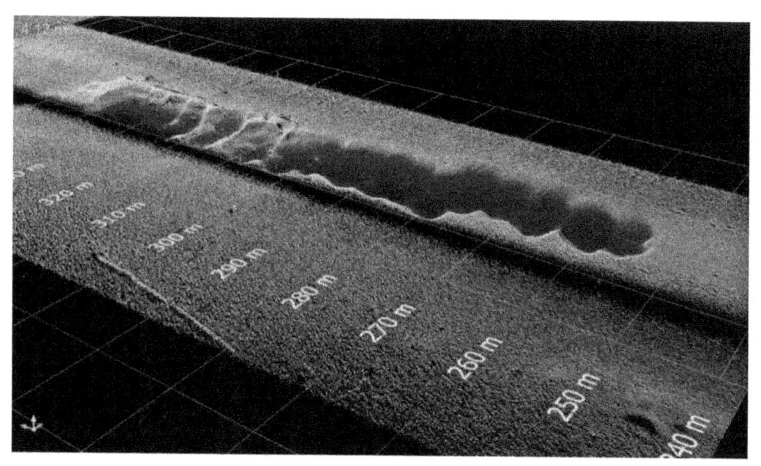

图 6.6-2　多波束扫描的水下地貌

6.6.2.3　倾斜三维摄影

针对特定水利闸站设施及周边环境，利用无人机进行倾斜摄影数据的采集，并快速构建精细化三维场景模型数据，叠加到基础三维场景中。图 6.6-3 所示为利用“M600Pro 多旋翼无人机+Riy−DG35 镜头倾斜相机”获取的某水闸倾斜摄影模型。

6.6.2.4　三维激光扫描

三维激光扫描技术能够提供扫描物体表面的三维点云数据，因此可以用于获取高精度高分辨率的物体轮廓数据。图 6.6-4 所示为利用“Trimble SX10 影像扫描仪(全站式)”获取的某水闸三维点云模型。

6.6.2.5　实景影响数据

针对特定水利设施，可利用无人机、地面架站式采集设施等采集实景影像数据，并将这些数据通过空间坐标、拍摄姿态信息融合到基础三维场景中。

6.6.2.6　设施人工建模

针对特定水利设备、设施，利用人工建模的方式，并将这些设施进行空间三维

图 6.6-3 某水闸倾斜摄影建模

图 6.6-4 某水闸三维激光扫描建模

展现，同时结合这些设备、设施的动态监控信息、巡查巡检信息等，将这些综合信息融合到基础三维场景中。

6.6.3 系统功能设计

系统应具有三维模型综合处理、三维景观创建及展示、三维空间分析、地图标绘、防汛抗旱业务处理等功能。基于三维景观，充分利用网络技术、多媒体技术、倾斜摄影技术、遥感技术、地理信息系统等技术，为管理者提供直观的决策支持。

6.6.3.1 三维模型的处理

三维建模主要包括静态环境建模和动态环境建模。对海量的三维模型转换、入库、漫游查询。利用简单图元或三维矢量数据构建复杂的三维实体,对三维实体进行修改、删除、旋转、缩放,对三维实体表面贴图,设置纹理、颜色等。

6.6.3.2　三维场景的建立

以数字航空遥感立体像对为基础,辅以地面数字近景摄影测量的方法,建立城市三维景观模型.根据遥感影像对它们之间的相互关系建立一个交会模型,得到地物点坐标,建立数字表面模型(DSM),然后通过纹理映射描述细部,并将DEM、DLG地形处理和遥感图结合,展示不同尺度的全三维场景。利用1∶25万、1∶5万、1∶1万等不同比例尺的矢量及不同分辨率遥感影像,实现远景和近景的平滑过渡。

6.6.3.3　三维地图展示与操作

利用GIS成果,在完成三维模型的基础上,可实现建模区域内三维地图的全方位展示。三维地图在设计中参考Google Map、Yahoo Map等Web GIS的界面风格和操作习惯,在交互性、灵敏性、可靠性方面具有良好的用户体验。系统支持点、线、面元素的信息标绘,提供动态标绘和信息标准功能。用户可以通过根据指定要素或绘制图形作为飞行线路,在导航状态下,通过鼠标操作,进行进退、旋转、保持高度、加速、减速等操作,调整飞行速度、高度及角度;保存任意视点并存储,方便调用并随时截图存储;可以按照顺序输入视点保存成漫游路径,设定速度播放,自动浏览;并且可以将漫游路径输出为序列图片,以便制作动画录像使用,并对定制的飞行路线配置位置和语音解说,与飞行同步播放。在WEB浏览器中可以实现三维地图缩放、旋转、指北、全屏、俯视、平视、快照等操作。三维空间分析支持洪水演进、垂直距离测量、水平距离测量、水平面积测量、剖面分析、点透视分析、等高线分析、土方计算、矢量线图层控制、模型层图层控制等功能。

7 控源截污实用技术

江苏沿海地区河流流速小，自净能力差，大多数河道达不到水功能区的目标要求，河湖水体富营养化风险严重。另外，江苏沿海地区位于长江、淮河和沂沭泗河流域的最下游，部分污染物质自上游输入，本地水环境污染问题日益突出。改善农业用水环境问题，是一个系统、长期、复杂的过程，需要行之有效的措施和治理规划。本章将着重介绍生态护岸面源污染物截污效率计算模型、基于模型试验的护岸结构截污能力检测方法、水利工程环境生态问题调查评价方法、盐碱滩涂养殖废水稻田再利用对水质的影响评价以及河湖生态疏浚工程施工技术。

7.1 生态护岸面源污染物截污效率计算模型

生态护岸是固岸技术的一种[83][84]，在保有传统硬质材料护岸形式基本功能前提下，加强了护岸的生态保护功能、水边景观功能、文化内涵表达功能等，即能达到削弱护岸工程对自然水体环境生态胁迫性的目的，又能很好地满足人们临水亲水的需求，更能体现一定的区域水文化内涵，符合现代治河理念，得到了广泛的研究和应用，并取得了丰硕的成果，其中在护岸材料、构造型式、植草技术、行洪影响分析等方面，尤显突出。以生态护岸构造型式为例，基于天然石材、木材、植被等的常用型式就有堆石[85]、石笼[86]、活木桩[87]、灌丛垫[87]、活枝捆垛[88]等数十种。20 世纪 80 年代发明的三维土工网植草技术、2000 年加拿大籍韩国人金博士与中国张逸阳博士共同发明研制的生态袋、各种生态砖[89]、生态混凝土[90]、可降解土工布[91]等绿色材料的出现，废弃物绿色材料加工工艺的发展[92]以及对生态护岸行洪影响[93]、结构安全性能[94][95]等方向研究的深入，又进一步推动了生态护岸综合技术的发展。此外，生态护岸形式的多样化，还促进了以层次分析法[96]为代表的生态护岸优化选型技术的发展。

以上研究成果显示，国内外生态护岸建设分别经过短期、长期的发展，都积累了相当的理论基础和实践经验，若只从技术应用角度来看，两者之间的差距不大，主要的存异点在设计理念上，国外发达国家更关注生态护岸的固岸抗侵蚀功能和维系河岸自然属性功能，所以侧重于生态护岸的工程材料、结构安全设计等层面。国内因为当前河流污染、生态系统退化等存在的实际问题，而更寄希望于生态护岸在河流生态系统修复、入河污染物处理等方面的建设成效，已有的研究成果，如刘盈斐[97]通过鱼类对孔隙的选择实验，提出多孔栖息单元式生态护岸结构并研究新型生态护岸修建后的鱼类数量变化趋势；蔡婧[98]针对上海城市地表径流的水质特征，研究了生态护岸提高生物多样性的效益以及生态护岸作为滨岸植被缓冲带控制面源污染的效益研究。这些都是围绕这两方面的内容进行的，但是现阶段研究成果的匮乏，理论认识又远远落后于工程实践认识，导致生态护岸的生态效益、环境效益的分析与设计更多的只是依赖定性的和经验的东西，而缺乏定量的依据，其建设成效不尽人意的实例不乏出现，这也是生态护岸建设目前面临的主要瓶颈问题。

综上，针对生态护岸在“生态修复”、“污染物处理”等方面既没有明确的建设要求，也没有规范化、标准化设计依据的现实情况，并特别考虑到降雨径流污染是河流水体污染的主要原因之一，对河流生态环境已经构成严重威胁，且在污染物处理方面，虽然国外学者早在 20 世纪 90 年代初，就针对湿地、砂滤等系统提出了一些表征污染物去除率的简易方程式，但尚不能直接应用在生态护岸上。生态护岸截污效率计算模型匮乏已成为制约生态护岸设计技术发展的障碍之一，亟待进行研究。为此，本节中定义了生态护岸的截污效率，提出了生态护岸面源污染物截污效率简化计算模型，为生态护岸环境效益定量性的分析与设计提供一种新的数学方法。

7.1.1 模型的建立

7.1.1.1 截污效率模型的初步建立

设污染物 x 任意计算时段 Δt(s)进入护岸系统的总量为 M_{It} (kg)，对应的护岸系统截留的污染物总量为 M_{Et} (kg)，则护岸系统 Δt 时段污染物 x 的平均截污效率 $\overline{P}$ (%)可用公式(7.1-1)计算：

$$\overline{P}=\frac{M_{Et}}{M_{It}}\times 100\% \qquad (7.1\text{-}1)$$

污染物 x 进入护岸系统的总量 M_{It} (kg)可以分为径流携带的可溶性部分和径流泥沙吸附的非可溶部分，按公式(7.1-2)计算：

$$M_{It}=\overline{Q}_{It}\overline{S}_{It}\overline{C}_{st}\Delta t\times 10^{-6}+\overline{Q}_{It}\overline{C}_{It}\Delta t\times 10^{-3} \qquad (7.1\text{-}2)$$

式中：$\overline{Q}_{It}$ 为计算时段 Δt 内，进入护岸系统的平均降雨径流量，m^3/s；$\overline{S}_{It}$ 为计算时

段 Δt 内，进入护岸系统的降雨径流平均含沙量，kg/m³；$\overline{C}_{x}$ 为计算时段 Δt 内，径流泥沙所含污染物 x 的平均质量浓度，mg/kg；$\overline{C}_{lt}$ 为计算时段 Δt 内，降雨径流所含的溶于水中的污染物 x 的平均质量浓度，mg/L。

污染物 x 护岸系统的截留总量 M_{Et} (kg)主要受 2 个因素的影响，包括护岸系统截砂的能力、护岸系统截留径流中可溶性污染物的能力，可以按公式(7.1-3)计算：

$$M_{Et} = M_{1t} + M_{2t} \tag{7.1-3}$$

式中：M_{1t} 为计算时段 Δt 内，截砂作用截留的污染物 x 的平均质量，kg；M_{2t} 为计算时段 Δt 内，护岸系统截留地溶在水中的污染物 x 的平均质量，kg。

M_{1t} 和 M_{2t} 分别按公式(7.1-4)和公式(7.1-5)计算：

$$M_{1t} = \overline{K}_{1t}\overline{Q}_{lt}\overline{S}_{lt}\overline{C}_{x}\Delta t \times 10^{-6} \tag{7.1-4}$$

$$M_{2t} = \overline{K}_{2t}\overline{Q}_{lt}\overline{C}_{lt}\Delta t \times 10^{-3} \tag{7.1-5}$$

式中：$\overline{K}_{1t}$ 为计算时段 Δt 内，护岸系统平均截砂效率(取值 0～1)；$\overline{K}_{2t}$ 为计算时段 Δt 内，护岸系统对溶于水中的污染物 x 的平均截污效率(取值 0～1)。

当 Δt 足够小的时候，护岸系统 Δt 时段污染物 x 平均截污效率 $\overline{P}$ 即为 t 时刻系统的截污效率，同时，各时刻的含沙量、污染物浓度等的平均值也可以理解为 t 时刻的数值，于是将上述公式(7.1-2)、公式(7.1-5)代入公式(7.1-1)，得到 t 时刻系统截污效率 P 的计算公式(7.1-6)：

$$P = \frac{K_{1t}S_{lt}C_{x} + 1\,000K_{2t}C_{lt}}{S_{lt}C_{x} + 1\,000C_{lt}} \times 100\% \tag{7.1-6}$$

式中：在计算时刻 t：K_{1t} 为护岸综合截砂效率(取值 0～1)；K_{2t} 为护岸对溶于水中的污染物 x 的综合截污效率(取值 0～1)；C_{lt} 为降雨径流所含溶在水中的污染物 x 的质量浓度，mg/L；C_{x} 为径流泥沙所含污染物 x 的平均质量浓度，mg/kg；S_{lt} 为进入护岸系统的降雨径流含沙量，kg/m³。公式中的参数受下垫面条件、降雨强度等影响很大，下面一一予以说明。

7.1.1.2 C_{lt} 求解公式推导

降雨径流所含污染物浓度的大小受下垫面条件、降雨强度、降雨量、降雨频次等综合因素的影响，理论上难以直接求解，于是根据实测数据寻求经验公式成为解决的手段。为此，基于以下实际情况：①降雨对下垫面表层污染物的冲刷、稀释和溶解等作用主要发生在降雨径流形成的初期，所以尽管径流污染物浓度会随着降雨过程呈现出一定的随机性和波动性，但总体下降的趋势不会改变。②雨强越大，雨水对地表的冲刷作用越强，则降雨径流携带的污染物就越多。所以，一定范围内，降雨量与污染物浓度呈正相关关系。但是，降雨对污染物还有稀释的作用，超出一定雨强范围后，在相同的污染物累积量条件下，雨强越大，雨水对污染物的稀释作用越强，径流中污染物的浓度就会降低，降雨量与污染物浓度呈负相关关系。③水利工程上，设计降雨重现期一般≥20 年一遇(与市政排水设计区别)，所以用于分析的实测数据应取较大降雨强度的情况，并通过在某地区不同下垫面进行人工降雨模拟试验，推求获得 C_{It} 经验公式(7.1-7)。其中人工降雨装置采用南京南林电子科技有限公司设计的 NLJY-10：降雨高度 4 m；雨滴直径分布范围为 1.7～2.8 mm；有效降雨面积为 4 m^2；试验雨强分别选择 10 mm/h、20 mm/h、50 mm/h；连续降雨历时 120 min；检测污染物仅考虑 TP、TN。

$$C_{It}=\frac{\alpha^3\ (\gamma-\beta)^2}{(i-\beta)^2+4\alpha^2}\times\frac{a^3}{(t-b)^2+a^3} \tag{7.1-7}$$

式中：α、β、γ、a、b 是参数，i 是降雨强度变量，mm/h，t 是时间变量，min。下面验证公式的合理性：

(1) 公式(7.1-7)中的 $\frac{\alpha^3\ (\gamma-\beta)^2}{(i-\beta)^2+4\alpha^2}$ 表示径流污染物浓度的峰值，根据同一场地不同雨强下人工降雨实测峰值，试算看是否能取得最佳的参数 α、β、γ 数值。本例中，如表 7.1-1 和图 7.1-1 所示：①计算的污染物峰值和实测数据几乎完全吻合；②当 $i\to+\infty$，峰值 $\to 0$，若不考虑雨水自身的污染物含量，这一趋势也是合理的；③当 $i=0$ 时，计算峰值 $\neq 0$，可以将 $i=0$ 时计算峰值作为径流污染物浓度的阈值(其余地区试验数据类似分析也显示了公式的合理性，过程省略)。

表 7.1-1　降雨径流污染物浓度计算公式参数

类别	α	β	γ	a	b
TP	8.69	32.37	33.37	9.36	14.40
TN	6.51	34.19	37.26	8.51	22.50

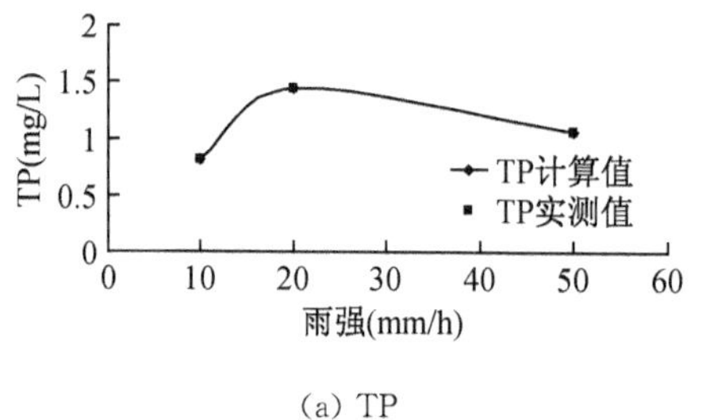

(a) TP

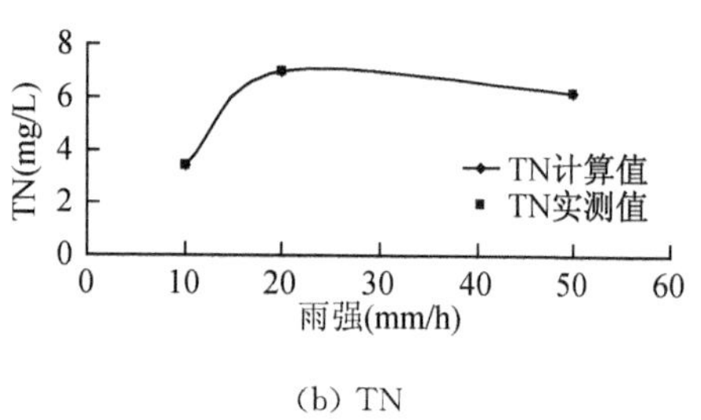

(b) TN

图 7.1-1　径流污染物峰值计算值和实测值对比

(2) 公式(7.1-7)中的 $\dfrac{a^3}{(t-b)^2+a^3}$ 表示污染物变化趋势,乘上已经确定的峰值,则可根据不同雨强下人工降雨实测污染物浓度过程,试算看是否能取得最佳的参数 a、b 值,使得按公式(7.1-7)计算出的污染物变化过程相似于实测数据。本例中,如表 7.1-1 和图 7.1-2 所示:计算的污染物过程和实测数据拟合度好,显示了公式(7.1-7)的适用性和合理性。

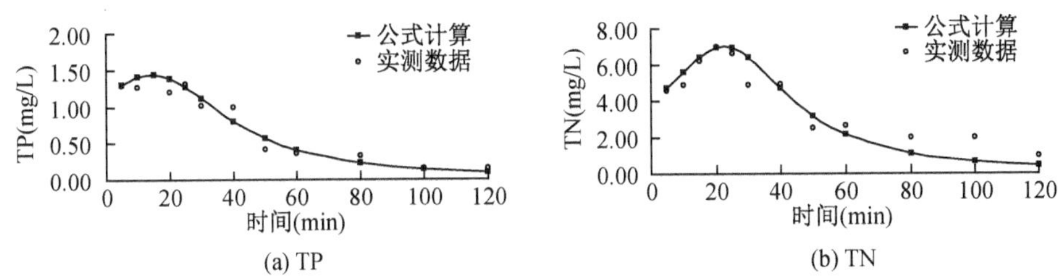

图 7.1-2　径流污染过程计算值和实测值对比(雨强:20 mm/h)

7.1.1.3　S_{lt} 求解公式推导

降雨泥沙的产生过程包括雨滴的击溅起沙、片蚀、沟蚀以及径流搬运等过程,机理上十分复杂,理论上也难以直接求解,为此,基于以下实际情况:①降雨量越大,雨滴对地表的打击扰动作用越强,则侵蚀力越大,泥沙流失也就越多,所以高强度的降雨在径流形成初期更容易形成较大的含沙量;②径流泥沙含量随着产流过程存在一定的波动,但总体随着降雨过程的渐趋结束而呈现下降趋势;③参考一般的降雨重现期设计条件,仅考虑大暴雨情况,并通过 7.1.1.2 节的人工降雨模拟试验,推求获得 S_{lt} 计算公式如下:

$$S_{lt}=[\varphi\ln(\theta i)+\varepsilon]\times(0.01ct+d)^3 \tag{7.1-8}$$

式中:φ、θ、ε、c、d 为参数,i 为降雨强度变量,mm/h,t 为时间变量,min。下面验证公式的合理性:

(1) 公式中的 $\varphi\ln(\theta i)+\varepsilon$ 表示径流泥沙含量的峰值,根据同一场地不同雨强下人工降雨实测峰值,试算看是否能取得最佳的参数 φ、θ、ε 数值。本例中,结果如表 7.1-2 和图 7.1-3 所示:①计算的径流泥沙峰值和实测数据吻合良好;②降雨强度较低阶段,峰值增长很快,随着降雨强度的不断增大,增长趋势逐渐减缓,与试验结果相似;③当 $i<0.95$ 时,计算峰值 <0,此时径流泥沙含量计算值已经没有工程意义。

表 7.1-2 降雨径流泥沙含量计算公式参数

类别	φ	θ	ε	c	d
含沙量	3.20	14.14	−8.30	−0.33	1.05

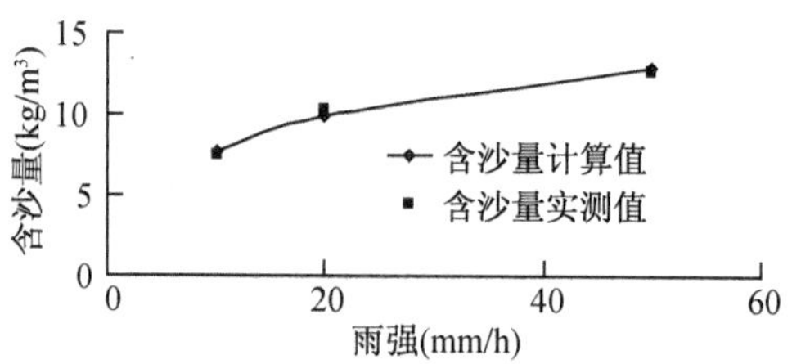

图 7.1-3 径流泥沙峰值计算值和实测值对比

(2) 公式中的 $(0.01ct+d)^3$ 表示径流泥沙变化趋势，乘上已经确定的峰值，则可根据不同雨强下人工降雨实测泥沙含量过程，试算看是否能取得最佳的参数 c、d 值，使得按公式(7.1-8)计算出的径流泥沙含量变化过程相似于实测数据。本例中，如表 7.1-2 和图 7.1-4 所示：计算的径流泥沙变化过程和实测数据拟合度好，显示了公式(7.1-8)的适用性和合理性。

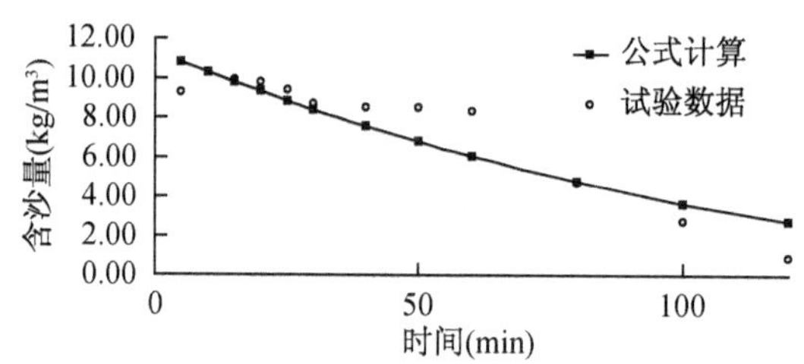

图 7.1-4 径流泥沙计算过程和实测过程对比(雨强 20 mm/h)

7.1.1.4 $C_{S可}$求解公式推导

降雨径流形成过程中，土壤中的一部分污染物质溶解于水中，由地表径流运载汇入河道；另一部分非可溶性污染物，直接通过径流泥沙载体运输汇入河道，成为潜在的污染源。将人工降雨试验区域随机采集的土样，参照相关检测规范进行前处理，之后作为待检测土样：①各取少量待检测土样做土壤 TP、TN 的检测；②各取 100 g 待检测土样，分别加入 500 mL 蒸馏水，用玻璃棒充分搅拌(如图 7.1-5 所示)，最大释放土壤中的可溶性污染物，之后检测水中的 TP、TN 含量；③所得结果按公式(7.1-9)分别计算土壤污染物 TP、TN 中各自可溶性部分占比，结果如表 7.1-3 所示。

$$\xi = V_{水} C_{水} / M_{土} C_{土} \times 100\% \tag{7.1-9}$$

式中：ξ为土壤某种污染物中可溶性部分占比，%；$M_{土} C_{土}$为土壤某种污染物质的质量，mg，其中$M_{土}$为土壤质量，kg，本例为0.1 kg，$C_{土}$为土壤中某种污染物质的含量，mg/kg；$V_{水} C_{水}$为水中某种污染物质的质量，mg，其中$V_{水}$为水体体积，L，本例为0.5 L，$C_{水}$为某种污染物质的含量，mg/L。

表7.1-3　试验区土壤TP、TN可溶性部分占比

指标	ξ(%)	
	范围	平均值
TP	0.47～0.63	0.52
TN	1.31～1.80	1.56

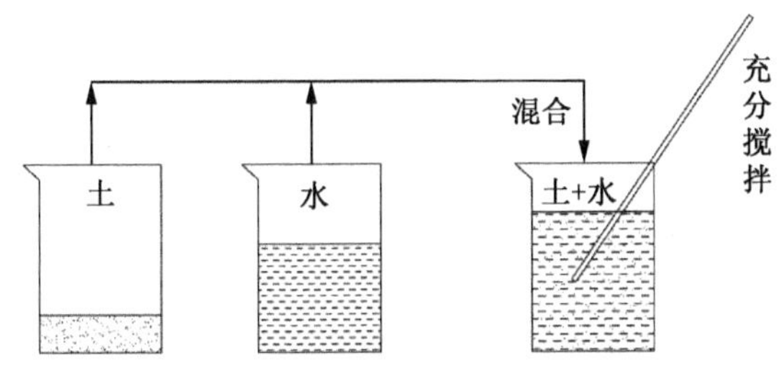

图7.1-5　土壤污染物中可溶性比例试验

以上结果显示：①试验区土壤污染物质的可溶性部分占比稳定在一定的范围内；②试验区土壤总的污染物质中，可溶性部分仅占到1%左右，其余不可溶性部分占到90%左右，也间接说明了对径流泥沙拦截的重要性。所以，可以将C_{st}表达如公式(7.1-10)，是合理的。

$$C_{st} = \xi C_{土} \tag{7.1-10}$$

7.1.1.5　*截污效率模型的说明*

综上，将C_{lt}的表达式(7.1-7)、S_{lt}的表达式(7.1-8)、C_{st}的表达式(7.1-10)代入公式(7.1-6)，同时，通过试验、经验公式等可以确定系数K_{1t}、K_{2t}数值，则可求得护岸系统的综合截污效率P。需要说明的是：①生态护岸环境效益定量分析缺乏足够的理论基础和研究成果，所以其截污效率计算公式建立在经验公式推导基础上；②水利工程上的设计降雨重现期较大，本节所分析的各类公式一般适用于一定暴雨等级的情况；③公式中主要系数的确定，还需要针对不同地域不同土地利用形式，在下一阶段展开进一步的试验研究，最终给出系数查算图表。

7.1.2 模型实例应用

因建设单位和设计单位可研需要，对某生态护岸（如图 7.1-6 所示）进行截污效率计算。其截污设计思路参考了土壤渗滤和潜流式湿地污水处理技术，不仅在其内部构筑了砂石填料和梯级跌水坎，还在外部构建了截雨沟和生态袋，其中截雨沟即用于输送降雨径流进入砂石填料，又兼顾沉砂截污的作用。连续设置的梯级跌水坎则是为了增强砂石填料去污效果，即一方面利用其阻水作用，增大污染物的水力停留时间，另一方面利用坎槽的蓄水作用，提供可吸附污染物的微生物生存或维持微生物活力的富含有机质的水体环境；砂石填料则具有比较有效的渗滤截污作用；生态袋上生长的植被也用于截污作用。

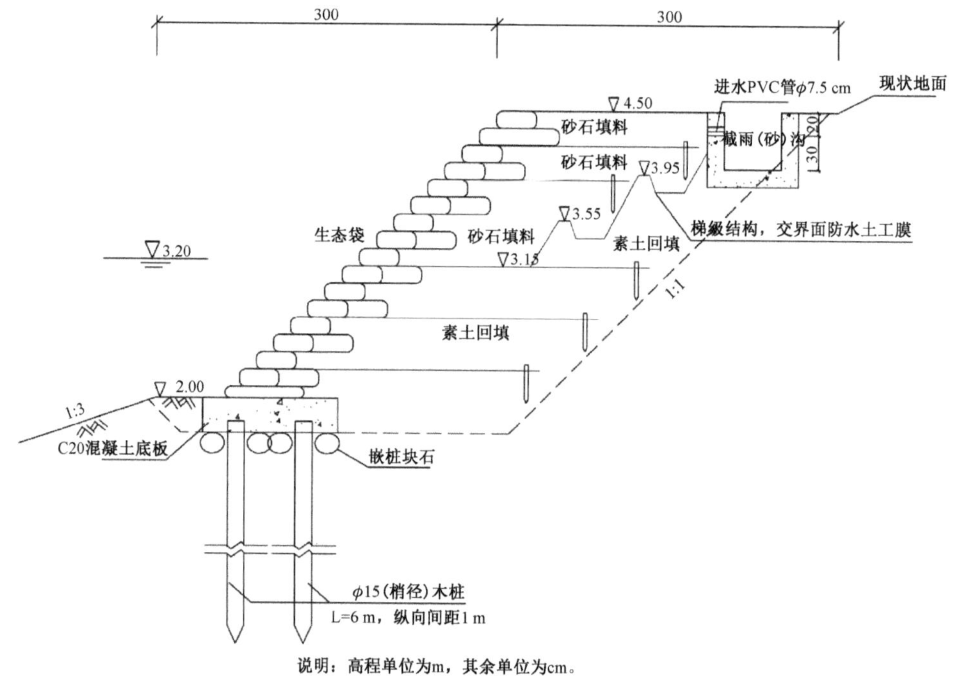

图 7.1-6 生态护岸断面结构

以 TP 为例，20 mm/h 设计降雨强度条件下，根据现场降雨试验（如图 7.1-7 所示），该生态护岸综合截砂效率 $K_{1t}=0.83$，对溶于水中的 TP 的综合截污效率 $K_{2t}=0.21$，另外 C_{It}、S_{It}、C_{st} 分别按公式（7.1-7）、公式（7.1-8）、公式（7.1-10）计算，其中主要系数参考表 7.1-1 和表 7.1-2，计算成果如图 7.1-8 所示：该生态护岸综合截污效率为 75.4%，与试验结果基本一致，因此该模型为生态护岸的合理规划和科学设计提供了数据支撑和定量分析方法。

图 7.1-7 人工降雨装置

备注：现场试验区共 3 块，每块面积为 2.0 m×2.0 m，降雨高度 4 m，降雨历时 120 min，降雨强度分为 3 种：10 mm/h、30 mm/h、50 mm/h，均达到了当地大暴雨及特大暴雨类型。模拟试验时现场无雨、有微风。雨水取自附近居民家里的自来水，降雨开始后，计径流出现的时间，然后每隔 5～20 min 取一次水样，即从产生径流开始算起的 5、10、15、20、25、30、40、50、60、80、100、120 min 进行取样。水样置于冰箱低温保存，试验完毕后分析 TP、TN、氨氮、高锰酸盐指数、含沙量等指标。

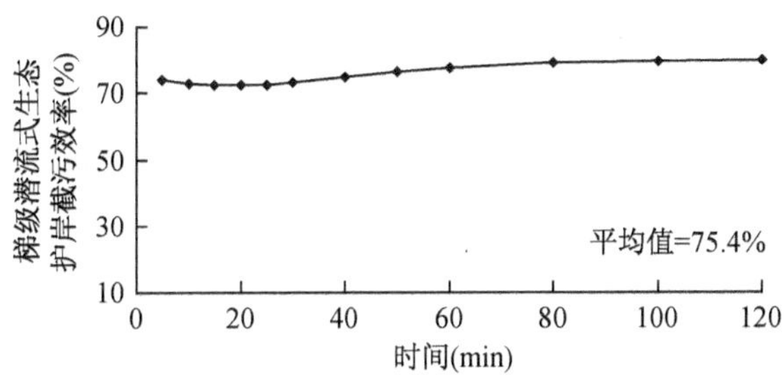

图 7.1-8 生态护岸综合截污效率

7.2 基于模型试验的护岸结构截污能力检测

以某生态护岸结构为例，按照 1∶1 的比尺关系在试验室建立护岸断面物理模型，通过试验研究结构砂滤系统对氮、磷、氨氮、高锰酸盐指数等的影响，以检测护岸结构的截污效果。

7.2.1 断面物理模型设计

如图 7.2-1,图 7.2-2 所示:模型比尺 1∶1;模型宽度 1 m,长度 3.8 m;连续设置 2 级跌水坎,坎底宽 25 cm,坎深 15 cm;设计截雨沟 1 个,截雨沟宽 50 cm,深度 20 cm;设置 1 个进水管和 1 个出水管,直径 7.5 cm,用于污水的排入和排出;按表 7.2-1分别设置 3 层不同粒径大小的砂石填料,每层厚度为 40 cm。

表 7.2-1 砂石填料组成

位置	填料组成、粒径分布
表层	粗砂、粒径ϕ 1～2 mm
中层	碎石、粒径ϕ 10～30 mm
底层	碎石、粒径ϕ 30～50 mm

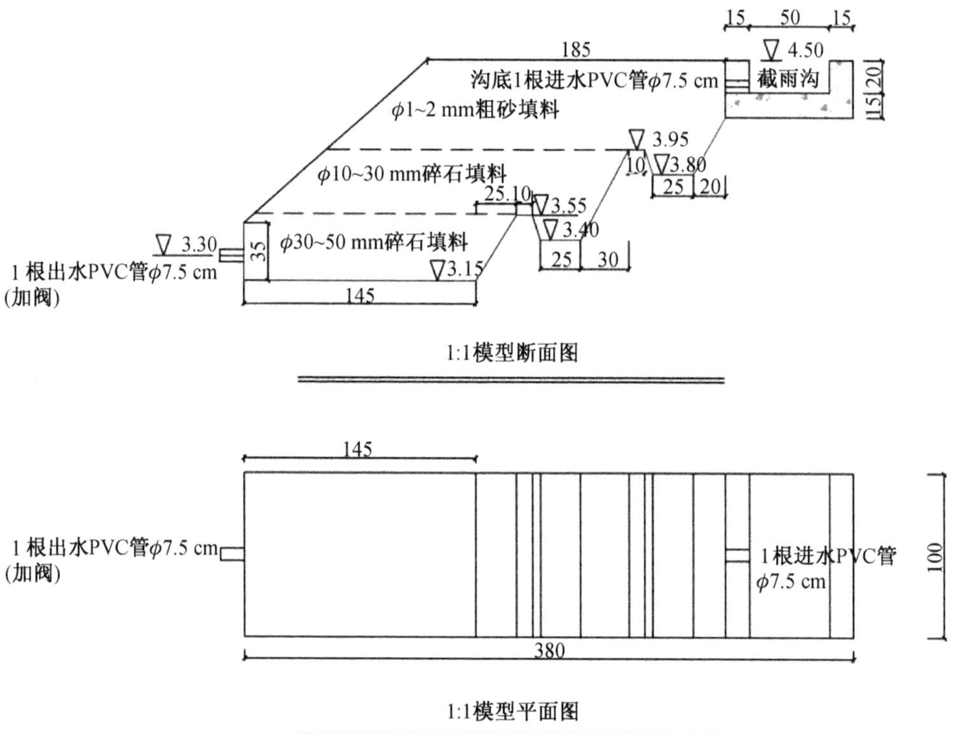

图 7.2-1 物理模型护岸结构示意图

图 7.2-2 护岸结构断面物理模型

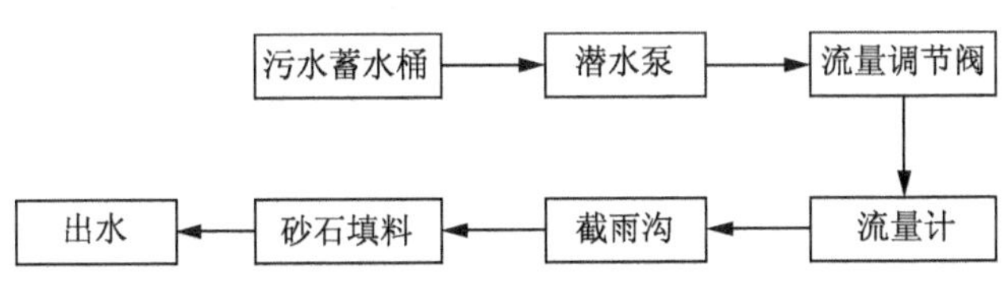

图 7.2-3 试验系统工艺流程示意图

7.2.2 试验系统工艺流程

首先进行数周的基质微生物培养工作，之后才开始正式的截污效果试验。如图 7.2-2 和图 7.2-3 所示：将事先预备好的污水盛于水桶中，由潜水泵和流量调节阀按预先设定的流量提升到截雨沟中，然后污水通过截雨沟底部 1 个直径 7.5 cm 的进水口流入 3 层砂滤系统，最后由模型出水口流出。在截雨沟前，安装有 1 个玻璃转子流量计，确保进入到砂滤系统中的流量保持一致。主要设备型号如表 7.2-2 所示。

表 7.2-2 模型主要设备

设备名称	型号	技术参数说明
单相潜水泵	QDX3-20-075	功率：0.75 kW；扬程：20 m；电压：220 V；流量：3 m^3/h
玻璃转子流量计	LZB-40	量程 0～1.6 m^3/h；公称直径 Φ40 mm；精度 1.5%

7.2.3 基质微生物的培养

基质及植物根系表面会生长大量微生物，并形成生物膜。生物膜主要由细菌菌胶团和大量真菌菌丝组成，可以吸附水中各种有机物，同时膜上的微生物群利用溶解氧将有机物分解，产生的可溶性无机物随水流走，产生的 CO_2 和 H_2 等则飘至大气中，从而使污水得到净化[99-102]，而该护岸结构坎槽的蓄水作用，可以提供微生物生存或维持微生物活力的富含有机质的水体环境。

7.2.3.1 基质微生物的培养方法

关闭模型排水口，然后就近汲取某沟渠重度富营养化污水 1 m^3(水质指标参考表 7.2-3)，让其从模型截雨沟缓缓渗入砂滤系统，以此作为培养液，并进行 7 d 一周期的“生物模量”和“生物膜厚度”连续观测，直到生物膜厚度达到最佳活性厚度。其中，最佳活性厚度参考文献[103]：在生物膜形成初期，亦即生物膜厚度较低时，随厚度增加，生物膜活性随之增加；厚度增加到一定程度后，继续增大时，生物膜活性反而降低，生物膜厚度在 150 μm 时活性最大。

表 7.2-3 培养液主要水质指标(劣 V 类水)

粪大肠菌群(个/L)	7.9×10^6	高锰酸盐指数(mg/L)	23.5
DO(mg/L)	0.21	TP(mg/L)	1.30
BOD_5(mg/L)	30	TN(mg/L)	11.34
COD_{cr}(mg/L)	123	NH_3-N(mg/L)	9.35

7.2.3.2 基质生物模的测定及分析

生物膜的测定参数包括“生物膜量”和“生物膜厚度”。

生物膜量测定[104]：样品在 105 ℃烘至恒重(w_1)，之后放置在高温电炉中300 ℃ 2 h、650 ℃ 0.5 h，称量样品重(w_2)，将处理前后的重量差，即可挥发性固体 VSS ($VSS=w_1-w_2$)作为反映生物膜量的指标。

生物膜厚度测定[104]：从样品中随机选取 50 粒附着生物膜的基质颗粒，用显微镜测量颗粒的直径 di，计算平均粒径 dp，同时测定基质本身的平均粒径 dm，则生物膜厚度为 $\delta W=(dp-di)/2$；或者直接利用显微镜观测生物膜厚度。

通过生物膜培养，测定了 0～28 d 生物膜生长状况，测试期间气温 21～23 ℃。结果表明(如图 7.2-4、图 7.2-5 所示)：在水体营养水平较高的情况下，微生物数量多，黏附事件发生的频率高，生物膜生长速度快，实际上，基质生物膜在头两周内快速增长，28 d 时已经基本形成较为稳定的生物膜量，生物膜厚度也能达到最佳要

求。此时，模型中的水质也获得了极大的改善，如表 7.2-4 所示，相对于试验初期的污水，总磷（TP）、总氮（TN）、氨氮（NH_3-N）、高锰酸盐指数的消减率分别达到了 86.7%、75.1%、80.0%和 86.8%。

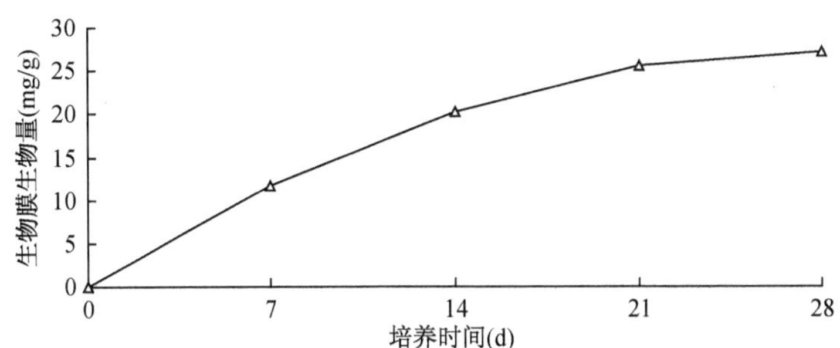

图 7.2-4　基质生物膜量随时间的增长

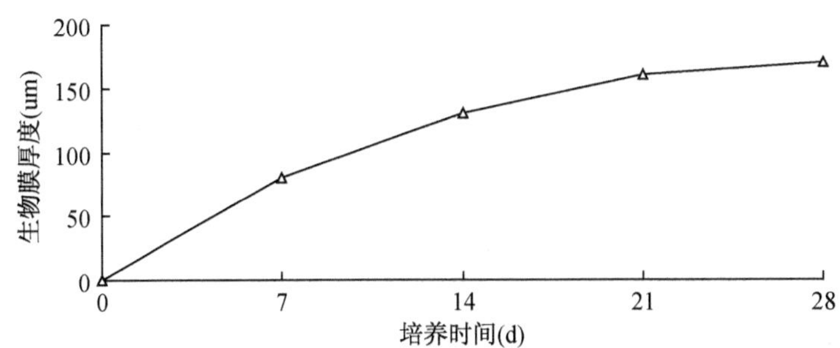

图 7.2-5　基质生物膜厚度随时间的增长

表 7.2-4　模型中的水质

指标	TP(mg/L)	TN(mg/L)	NH_3-N(mg/L)	高锰酸盐指数(mg/L)
实测值	0.173	2.819	1.867	3.103
水质标准	Ⅲ类	劣Ⅴ类	Ⅳ类	Ⅱ类
削减率(%)	86.7%	75.1%	80.0%	86.8%

7.2.3.3　微生物的观测结果与分析

相对于具有指示水体污染程度作用的水质理化指标，例如 TP、TN、氨氮和高锰酸盐指数等，微生物的种类及数量对水体污染度的指示作用更显生态意义。为此，本节将通过对坎槽水体的镜检，分析其中的微生物组成，拟从生物角度出发分析 28 d 时砂石填料对水体的净化效果。

1. 藻类观测结果与分析

坎槽采集水样中，共发现藻类 12 属 16 种，其中绿藻门 2 属 4 种，硅藻门 7 属 9 种，蓝藻门 3 属 3 种，如表 7.2-5 所示：微鞘藻(*Microcoleus sp.*)为绝对优势种；栅藻、曲壳藻、尖针杆藻、针杆藻、小颤藻的丰度也比较大，超过了 10^4cells/L，为亚优势种；从藻类的营养类型看，中-富营养型的藻类最多(9 种)，其次为中营养型藻类(3 种)，寡营养型藻类 2 种，富营养型藻类 1 种。部分藻类的图片参考图 7.2-6。

表 7.2-5　坎槽采集水体中的藻类组成、营养指示类型及丰度

种类		营养指示类型	丰度
绿藻门			
微小四角藻	*Tetraedron minimum*	中-富营养型	++
尖细栅藻	*Scenedeamus acuminatus*	中-富营养型	+
四尾栅藻	*Scenedeamus quadricauda*	中-富营养型	++
栅藻	*Scenedeamus sp.*	中-富营养型	++
硅藻门			
曲壳藻	*Achnanthes sp.*	寡营养型	+++
小环藻	*Cyclotella sp.*	中-富营养型	+
双尖菱板藻	*Hantzschia amphioxys*	未知	++
舟形藻	*Navicula sp.*	中-富营养型	++
尖针杆藻	*Synedra acus*	中-富营养型	+++
肘状针杆藻	*Synedra ulna*	中-富营养型	++
针杆藻	*Synedra sp.*	中-富营养型	++
刚毛藻	*Cladophora sp.*	中营养型	++
黄丝藻	*Tribonema sp.*	寡营养型	+
蓝藻门			
微鞘藻	*Microcoleus sp.*	中营养型	++++
小颤藻	*Oscillatoria tenuis*	中营养型	++
席藻	*Phormidium sp.*	富营养型	+

注：++++表示该藻类的丰度为 10^5 cells/L 以上，+++表示该藻类的平均丰度为 10^4～10^5 cells/L，++表示该藻类的平均丰度为 10^3～10^4 cells/L，+表示该藻类的丰度为 10～10^3 cells/L。

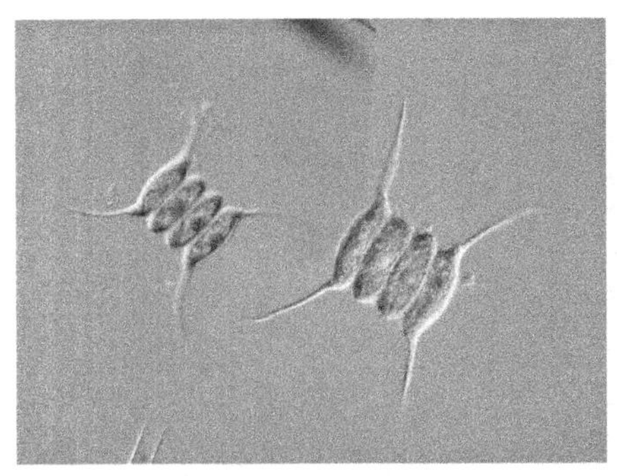

(a) 四尾栅藻

(b) 尖细栅藻

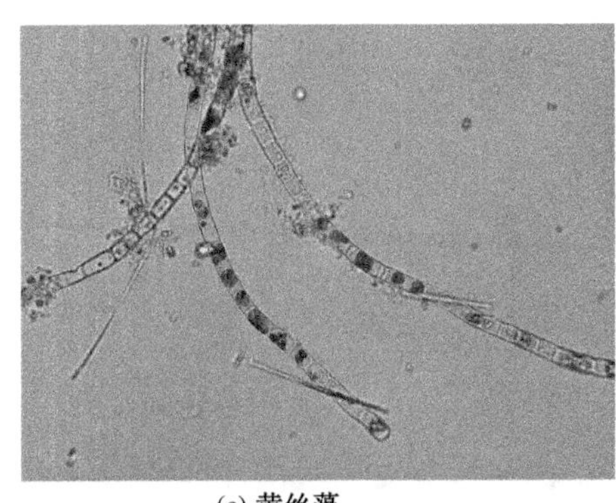

(c) 黄丝藻

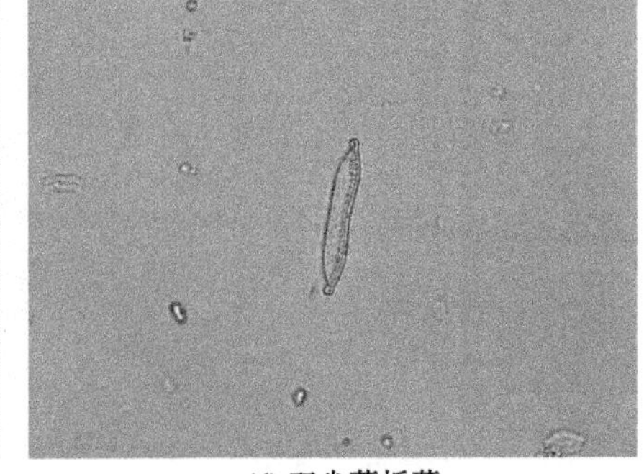

(d) 双尖菱板藻

(e) 尖针杆藻

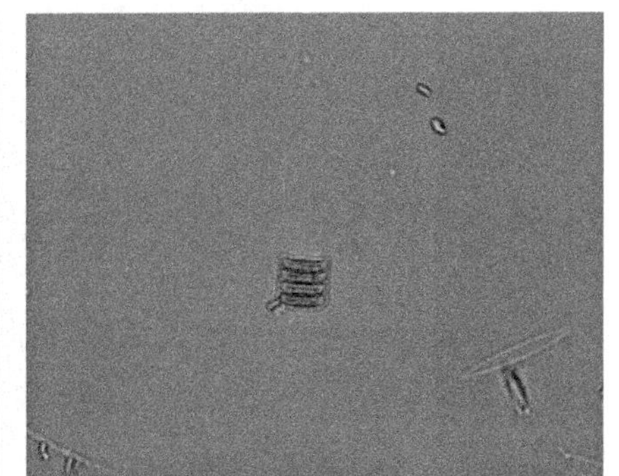

(f) 曲壳藻

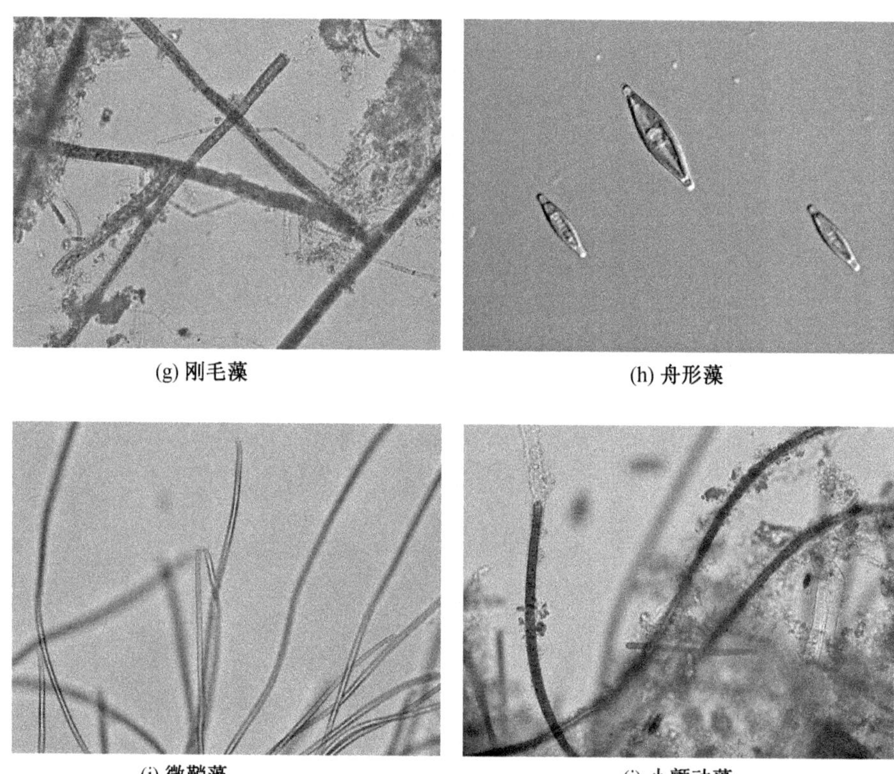

(g) 刚毛藻　(h) 舟形藻　(i) 微鞘藻　(j) 小颤动藻

图 7.2-6　坎槽内水体中藻类的观测结果

利用 Pantle-Buck 方法(1955),计算水样污染指数,对水样的水质进行评价,计算公式如下:

$$SI = \sum(s \times h)/\sum h \tag{7.2-1}$$

式中:SI 为污染指数;s 为藻类污染指示等级,其中 $s=1$,表示寡营养指示种类,$s=2$,表示中营养指示种类,$s=3$,表示富营养指示种类,$s=4$,表示超富营养指示种类;h 为该种藻类的数量级,从少到多可分为 5 级,分值为 1～5。水体污染指数 SI 数值越大,水体的富营养化水平或者污染程度越高,两者的关联关系如表 7.2-6 所示。

表 7.2-6　水体污染指数 ***SI*** 与富营养化水平的关系

SI 取值范围	1.0～1.5	1.5～2.5	2.5～3.5	3.5～4.0
SI 指示富营养化程度	中营养水平(轻度污染)	中-富营养水平(中度污染)	富营养水平(重度污染)	超富营养水平(严重污染)

根据表7.2-5中的藻类检测结果，按照公式(7.2-1)计算得知：28 d时水样的污染指数为1.36，为中营养（轻度污染）水体，相对于初期重度污染的水体（污染指数为2.97），污染程度已大大减轻，与表7.2-4中TP、TN、氨氮和高锰酸盐指数等理化指标分析的水体水质变化情况一致。

2. 浮游动物观测结果与分析

坎槽采集水样中，共发现3种浮游动物，分别为变形虫、球形砂壳虫、蹄形腔轮虫，如图7.2-7所示：其中变形虫为寡营养型（清水种类）；球形砂壳虫为中营养（轻污染）指示种类；蹄形腔轮虫为中营养-中富营养（轻-中污染）指示种类。这3种浮游动物的出现，说明水样为中营养（轻度污染）型。

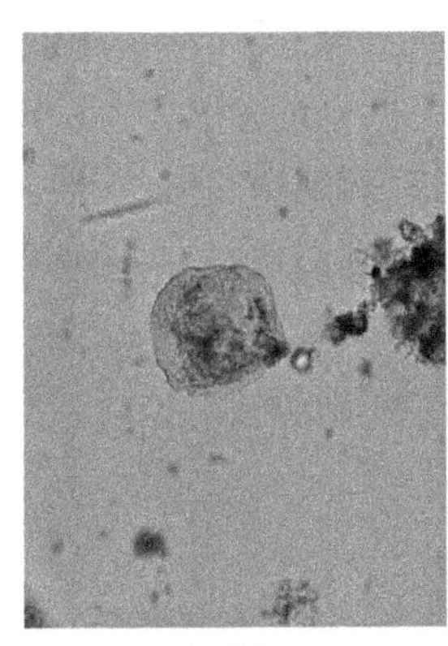
(a) 变形虫

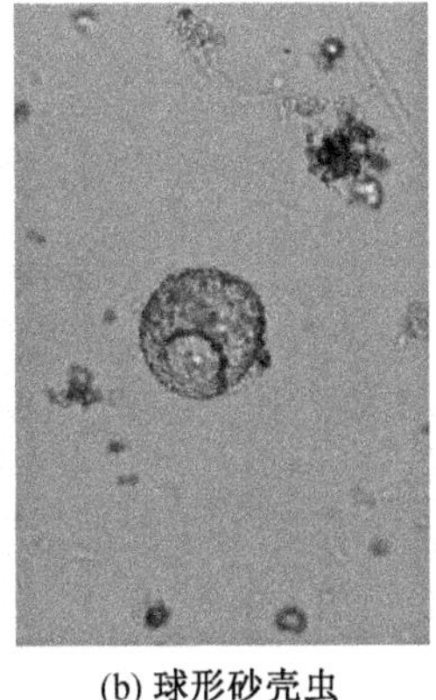
(b) 球形砂壳虫

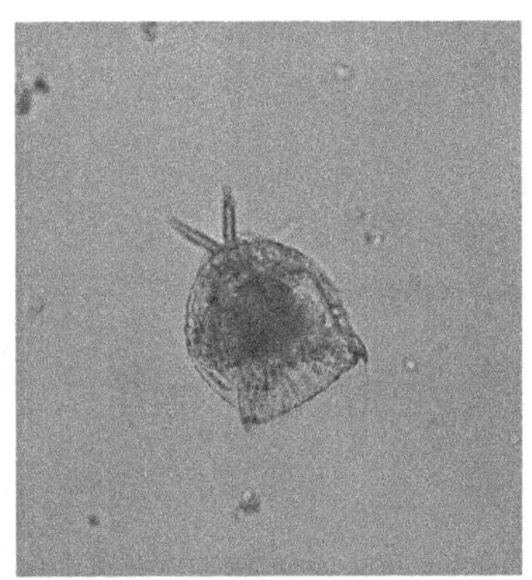
(c) 蹄形腔轮虫

图7.2-7 坎槽内水体中浮游动物观测结果

综上，从坎槽采集水样中的藻类、浮游动物的种类组成和营养类型看，初期富营养水体经过基质的净化作用，变成中营养（轻度污染）水体，水质明显变好。

7.2.4 截污效果检测分析

基质微生物培养结束，立即展开截污效果试验，试验时间总共持续9周，其中，1～4周流量0.2 m^3/h，污染负荷0.108 $m^3/(m^2 \cdot h)$；第5周休息；第6～9周流量0.5 m^3/h（模型的上限流量），污染负荷0.27 $m^3/(m^2 \cdot h)$。研究内容包括：①高低污染负荷条件下结构不同污染物质的截污效果；②截污效果的持续能力影响分析；③基质堵塞对结构截污效果的影响。

7.2.4.1 截污能力质量检测内容

检测内容包括不同污染物质的截污效率、截污效果持续能力以及基质堵塞对截污效率的影响，其中基质堵塞对结构的截污影响仅做定性的分析。研究的污染物包括 TP、TN、NH_3-N 和高锰酸盐指数，其中，氮和磷是水体富营养化最主要的诱因，分别采用碱性过硫酸钾消解紫外分光光度法和过硫酸钾消解钼锑抗分光光度法检测；高锰酸盐指数被作为水体受有机污染物和还原性无机物质污染程度的综合指标，采用高锰酸钾滴定法检测；NH_3-N 对水体造成污染，使鱼类死亡，或形成亚硝酸盐危害人类的健康，采用纳氏试剂分光光度法检测。

1. 总磷测定

在中性条件下用过硫酸钾(或硝酸-高氯酸)使试样消解，将所含磷全部氧化为正磷酸盐。在酸性介质中，正磷酸盐与钼酸铵反应，在锑盐存在下生成磷钼杂多酸后，立即被抗坏血酸还原，生成蓝色的络合物。最后采用紫外分光光度法于波长 700 nm 处，测定吸光度，扣除空白试验的吸光度后，从标准曲线上查得磷的含量。

2. 总氮测定

在 60 ℃以上水溶液中，过硫酸钾可分解产生硫酸氢钾和原子态氧，硫酸氢钾在溶液中离解而产生氢离子。分解出的原子态氧在 120～124 ℃条件下，使水样中含氮化合物的氮元素转化为硝酸盐，采用紫外分光光度法于波长 220 nm 和 275 nm 处，分别测定吸光度 A_{220} 及 A_{275}，按公式(7.2-2)计算校正吸光度 A，总氮含量与校正吸光度成正比。

$$A = A_{220} - 2A_{275} \tag{7.2-2}$$

过硫酸钾分解反应式如下：

$$\begin{cases} K_2S_2O_8 + H_2O \longrightarrow 2KHSO_4 + \frac{1}{2}O_2 \\ KHSO_4 \longrightarrow K^+ + HSO_4^- \\ HSO_4^- \longrightarrow H^+ + SO_4^{2-} \end{cases} \tag{7.2-3}$$

3. 氨氮测定

碘化汞和碘化钾的碱性溶液与氨反应生成淡红棕色胶态化合物，其色度与氨氮含量成正比，通常可在波长 410～425 nm 范围内测其吸光度，计算其含量。本法最低检出浓度为 0.025 mg/L，测定上限为 2 mg/L。

4. 高锰酸盐指数测定

样品中加入已知量的高锰酸钾和硫酸，在沸水浴中加热 30 min，高锰酸钾将样品中的无机物和无机还原性物质氧化，反应后加入过量的草酸钠还原剩余的高锰酸钾，再用高锰酸钾标准溶液回滴过量的草酸钠，最后通过计算得到样品中高锰酸盐指数。

7.2.4.2 模型试验运行的方式

试验每天持续 2 h,同时调节进水流量,从而得到不同的水力负荷。试验期间,模型用河水主要污染物水质指标如表 7.2-7 所示。试验具体运行方式及水力负荷如表 7.2-8 所示:①模型实际有污水试验的天数是 40 d,每周运行 5 d,每天运行 2 h,1～4 周流量和 6～9 周流量存在差异,以考察不同污染负荷程度下结构的截污效果;②每天稳定运行 2 h 后,分别从截雨沟和模型排水口取一定体积的水样,进行 TP、TN、NH_3-N 和高锰酸盐指数等水质指标的检测。

表 7.2-7 集庆门段秦淮河河水水质

主要指标	TP(mg/L)	TN(mg/L)	NH_3-N(mg/L)	高锰酸盐指数(mg/L)
浓度范围	0.414～1.023	5.681～8.489	3.358～4.472	14.903～18.054
平均值	0.721	6.554	3.902	16.850
水质标准	劣Ⅴ类	劣Ⅴ类	劣Ⅴ类	劣Ⅴ类

表 7.2-8 每周逐日试验运行方式

时段		持续时间(h)	进水流量(m^3/h)	水力负荷 $m^3/(m^2 \cdot h)$
第 1 天	1～4 周	2	0.2	0.108
	6～9 周	2	0.5	0.270
第 2 天	1～4 周	2	0.2	0.108
	6～9 周	2	0.5	0.270
第 3 天	1～4 周	2	0.2	0.108
	6～9 周	2	0.5	0.270
第 4 天	1～4 周	2	0.2	0.108
	6～9 周	2	0.5	0.270
第 5 天	1～4 周	2	0.2	0.108
	6～9 周	2	0.5	0.270
第 6 天	休息			
第 7 天	休息			

7.2.4.3 高低负荷下的截污效果

高低 2 种污染负荷条件下(如表 7.2-8 所示),结构对 TP、TN、NH_3-N 和高锰酸盐指数逐日检测去除率如图 7.2-8 所示,平均去除率统计如表 7.2-9,结果显示:①TP、TN、NH_3-N 和高锰酸盐指数的平均去除率分别为 26.6%、17.8%、

21.8%以及32.2%，并存在一定的波动；②高低2种水力负荷的去污效果不同，平均去除率存在约8%～21%的差异，总的来说，差异不明显。

表7.2-9 平均去除率统计

时段	平均去除率(%)			
	TP	TN	NH_3-N	高锰酸盐指数
1～4周	28.3	18.9	24.4	34.3
6～9周	24.9	16.8	19.3	30.1
1～9周	26.6	17.8	21.8	32.2

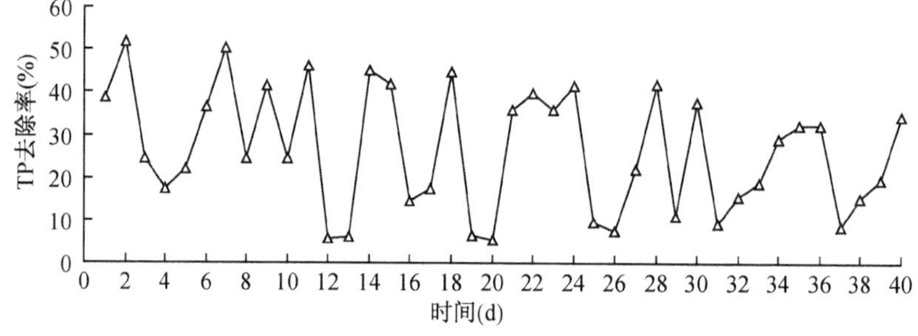

(a) TP

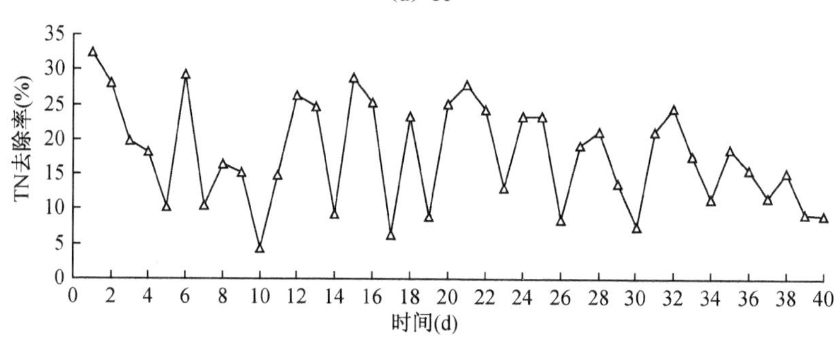

(b) TN

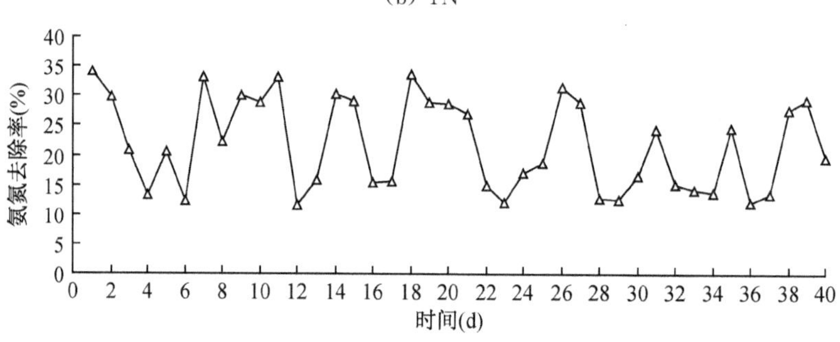

(c) NH_3-N

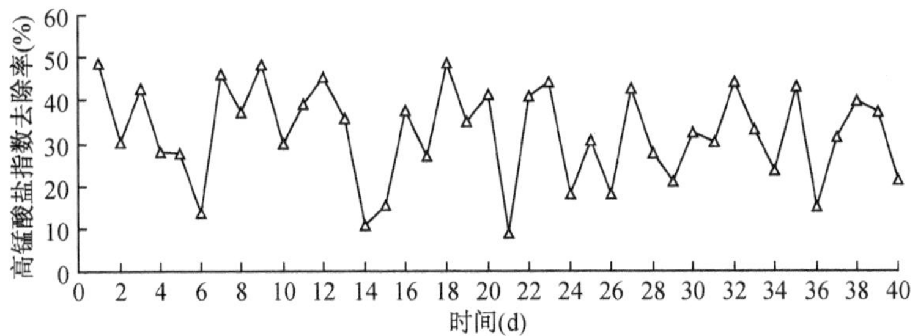

(d) 高锰酸盐指数

图 7.2-8　1～9 周试验水体中主要污染物

7.2.4.4　截污效果持续能力分析

将图 7.2-8 所示的污染物去除率做趋势线分析，结果如图 7.2-9 所示：①系统经过 2 个月的连续截污检测，净化效能总体呈现降低趋势，其中 TP 的降低幅度最大，为 33%，其余指标降低幅度相近，约 16%左右，一部分原因是因为后期污染负荷提高带来的影响；②如考虑大多数实际降雨情况，仅分析降雨持续时间 2 周且都能形成稳定降雨径流的情况，则系统平均净化效能减少率不超过 6%，能满足实际工程截污效果持续能力的需要。

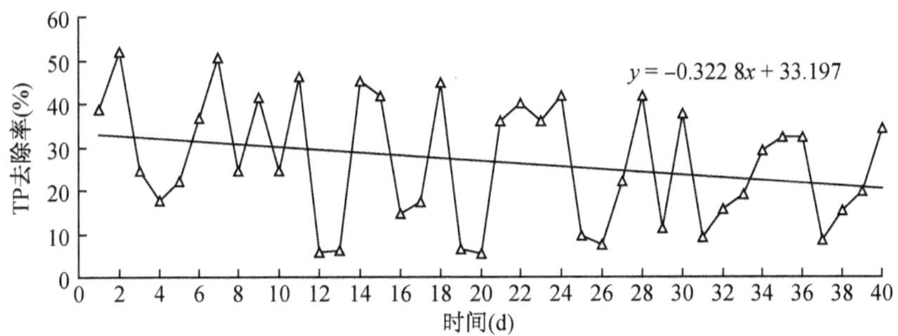

(a) TP

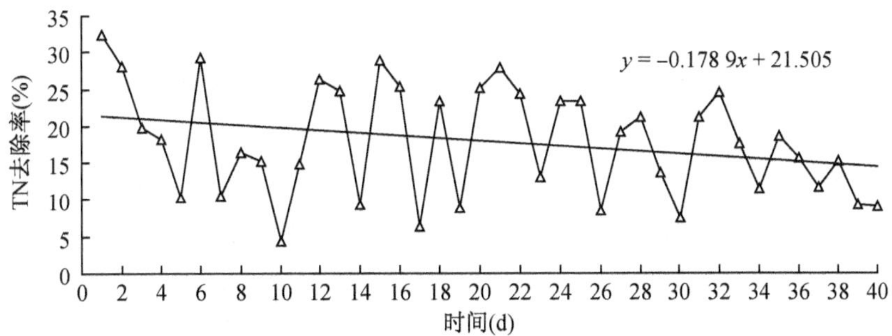

(b) TN

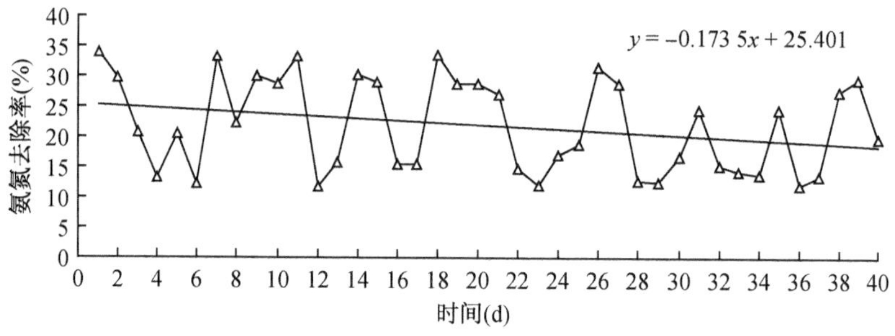

(c) NH_3-N

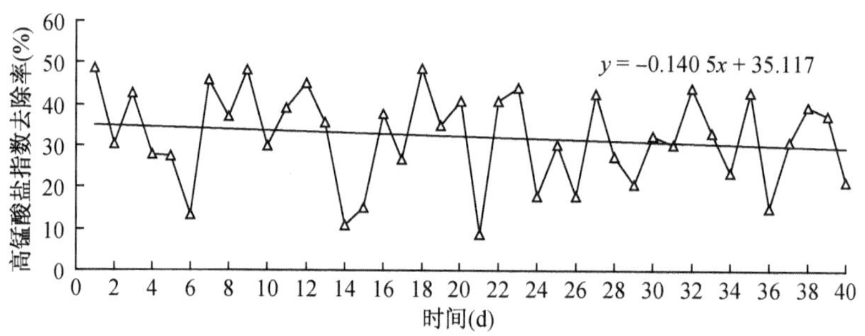

(d) 高锰酸盐指数

图 7.2-9　1～9 周试验水体中主要污染物趋势线分析

7.2.4.5　基质堵塞对截污的影响

首先谈谈湿地基质的堵塞问题，造成湿地基质堵塞的因素是多方面的，特别是当污水含较多不易降解的悬浮物(SS)成分时，堵塞极易发生，导致湿地净化效率显著下降，影响湿地长期运行时的稳定性，甚至使湿地失去其应有的功能。关键目前还没有很好的恢复对策，从而影响其应用和推广。

潘珉等[105]针对滇池湖滨福保人工湿地运行后潜流湿地基质严重堵塞的问题，分析造成基质堵塞的原因，提出“预处理-潜流湿地(垂直流)-调节池-潜流湿地(水平流)-景观氧化塘”工艺路线，并进行工程改造。改造运行 1 年后主要污染物去除率在 80%左右，且设计负荷运行情况下湿地水流畅通、污染物去除效果稳定，1 年内没有发生堵塞的迹象。

鄢璐等[106]试验研究了芦苇潜流型水平流湿地和垂直流湿地的堵塞特性，并以此比较了 2 种湿地长期运行时的稳定性，结果表明：湿地堵塞后土壤中有机质积累量较大；堵塞后水平流湿地水力停留时间较正常值缩短 21.88%，而垂直流湿地水力停留时间较正常值增长 21.44%；湿地堵塞后污染物去除效率明显降低，波动较大，2 种湿地比较发现，垂直流湿地的堵塞情况较水平流湿地更为严重。

尧平凡[107]结合多孔透水混凝土的特性及其国内外应用现状，提出一种全新的实现快速更换堵塞基质的思路，即采用多孔透水混凝土作为人工湿地布水层模块化基质，从而实现湿地堵塞后通过快速更换模块化基质来有效地恢复人工湿地的功能，并将其应用于崇明陈家镇裕安社区污水处理厂的人工湿地。

以上湿地面临的基质堵塞问题，本结构同样需要面对。因为下雨时，土壤侵蚀会带走部分松散泥沙，日积月累必然会造成结构基质堵塞。为了维持结构长期稳定的净化效果，必须做好预处理措施。因此，结构要用高空隙率的填料，另外，截雨沟也要兼顾沉积降雨径流中的悬浮泥沙作用。

7.3 水利工程环境生态问题调查评价方法

以江苏省世行贷款淮河流域重点平原洼地治理工程泰东河工程、泰州市里下河洼地治理工程为例，该工程是利用世界银行贷款，开展的淮河流域重点洼地治理工程，目的是提高区域防洪排涝标准。为了分析工程区域存在的水环境、水生态问题，为工程区后续的水环境治理提供合理的建议，对工程建设区域河道进行水质、水生态监测，掌握工程区：①河水主要物理特性，底泥的营养物质；②岸生高等植物种类、生物量及时空分布；③底栖动物种类、生物量及时空分布，形成与工程区水生态环境相关的水质土质理化指标和水生生物指标等 2 大评价体系。

7.3.1 泰东河主要理化指标

生态护岸是固岸技术的一种[83][84]，在保有传统硬质材料护岸形式基本功能前提下，加强了护岸的生态保护功能。

7.3.1.1 调查方法

在 2015 年 1 月份、8 月份、12 月份进行生态监测野外采样，除 TN、TP 外，其余理化指标用 YSI 水质分析仪当场测出并记录，另外采集 500 mL 水样带回实验室，用于实验测出 TN、TP。本次采样点 1# 点为 18 条生产河道区域，2# 点区域为农业开发区，3# 点位为金东河闸站，4# 点为许郑河整治工程，5# 点为王墩河整治工程，6# 点为大寨河整治工程，具体位置如图 7.3-1 所示。

7.3.1.2 调查结果

1. 水温

1# 至 6# 采样点水深较浅，水温空间差异不大，每个季节不同点位的温度变化较为平缓。水温的变化主要是体现在季节上，监测中最高温度出现在 2015 年 8 月份，其值为 29.5 ℃，最低温度出现在 2015 年 1 月份，其值为 4.69 ℃。平均水温为

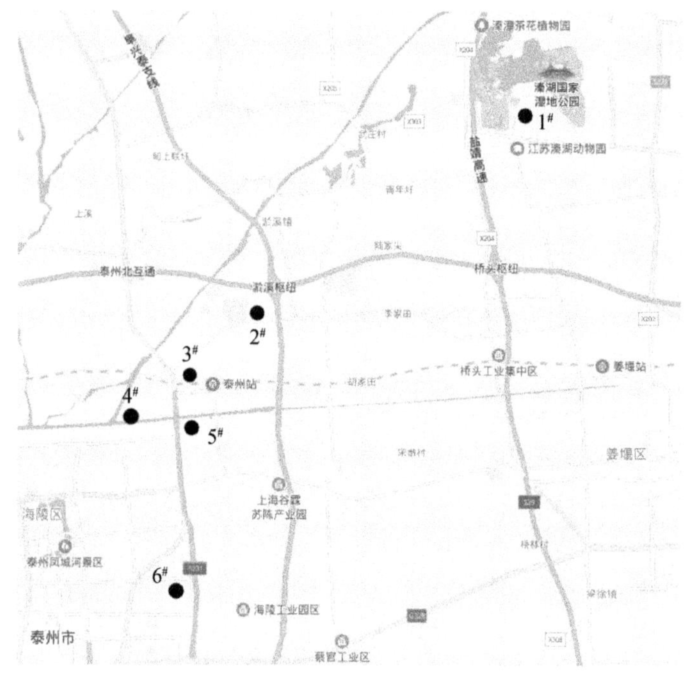

图 7.3-1　泰东河采样点

18.72 ℃。

2. 浊度

浊度是衡量水的光透射率的方法，是用于标示排放废水和天然水水质在胶体和残留悬浮物方面的一项重要指标。综合每个季节的采样结果，取平均值发现泰东河的浊度较小，这是由于河道疏浚带来的变化。比较 1# 至 6# 点的 3 次监测数据，2# 点 8 月份的浊度出现了监测值的最大值，说明该地区夏季水质较混浊，这可能是风浪较大引起的。平均浊度最高值是 2015 年 8 月份，为 26.4NTU，最低值是 2015 年 1 月份，为 3.69NTU，单个采样点浊度在各个月变化差异较大。

3. 电导率

电导率是水质分析中的一个重要指标。电导率也称比电导，通常用面积为 1 cm^2、极间距离为 1 cm 的两平行金属片插入溶液中测量两极间的电阻率大小来确定。监测结果显示：2015 年 12 月份电导率最低，为 550.23 μs/cm，最高值是 2015 年 8 月份，为 682.93 μs/cm(综合 1# 至 6# 点取平均值)。这是因为夏季降水量大，大量固体颗粒物质随地表径流被带入，其中含有的大量离子溶解入湖水中，使得湖水的电导率升高。8 月份与 12 月份各采样点变化趋势基本一致。

4. 矿化度

溶解性总固体(Total Dissolved Solids，TDS)，是溶解在水里的无机盐和有机物的总称，与饮用水的味觉直接有关。由于泰东河河水用于养殖鱼蟹、农田灌溉排水，水中有机质较高，矿化度相对较高。夏季雨水多，因此泰东河矿化度的最低值出现在 2015 年 8 月份，为 386.17 mg/L，冬季雨水较少，所以最高值出现在 1 月为 559.33 mg/L。综合各月份，下游地区的矿化度普遍高于上游地区。

5. pH

pH 作为水体关键化学指标之一，与藻类的生长有密切关系。泰东河新建生态护岸近岸水体的 pH 值均值在 8.22～9.15 之间，变化幅度不大，呈微碱性，5# 点在 8 月份 pH 为 9.15，数据值较高，可能是由于碱性金属，或者碱土金属含量过高，也有可能是污染型企业投加了如生石灰这类的物质，造成水体中 pH 偏高，而且 pH 值处于富营养化水的范围之内，如果要落实好水环境的保护工作，需要注意泰东河沿岸排污口和污染企业。

6. 溶解氧

溶解氧是保持水体良好生态环境的重要因素。泰东河各采样点平均溶解氧最大值出现在 2015 年 1 月份，为 10.76 mg/L，溶解氧含量高的可能是实施疏浚工程，清理了河道的底泥，有效减少了底泥对水体的有机质的融入，有机质耗氧量减少，所以溶解氧含量较高。最小值出现在 2015 年 8 月份，为 3.45 mg/L。但是单纯从单个采样点的溶解氧的数据可以发现 2015 年 8 月份 2#，3#，12 月份的 2#，5# 采样点位溶解氧低于 5 mg/L，8 月份是夏季温度较高，河水中含有大量的 N、P 等营养元素致使浮游植物大量繁殖，消耗大量氧气，致使水中溶解氧的含量降低。但冬天 2# 样点溶解氧过低说明该地区水体净化能力较弱，水质较差，水生生物较少，生态环境较差。

7. 叶绿素 a

富营养化已成为水体最严重的污染问题，也是全球性环境问题之一。叶绿素是使植物呈现绿色的色素，是水体中浮游植物的重要组成成分之一，是衡量浮游植物现存量、光合作用及水质状况的重要监测指标。监测结果显示：叶绿素平均值最大值出现在 1 月份，为 71.27 μg/L，最低值是 12 月份，为 16.58 μg/L，如果根据湖泊评价富营养化的标准(如表 7.3-1 所示)来衡量的话，2# 点、5# 点是重度富营养化，其他富营养化的点较多，水质问题较为严重。

表 7.3-1　中国湖泊富营养化的评价标准

营养程度	评价参数				
	Chla (mg/m^3)	TP (mg/m^3)	TN (mg/m^3)	COD (mg/L)	SD (m)
贫营养	≤1.0	<2.5	≤30	≤0.3	≥10.0
贫中营养	≤2.0	≤5.0	≤50	≤0.4	≥5.0
中营养	≤4.0	≤25.0	≤300	≤2.0	≥1.5
中富营养	≤10.0	≤50.0	≤500	≤4.0	≥1.0
富营养	≤64.0	≤200.0	≤2 000	≤10.0	≥0.4
重富营养	>64.0	>200.0	>2 000	>10.0	<0.4

8. 总氮、总磷

氮、磷是导致水体富营养化的主要营养元素，因此总氮(TN)、总磷(TP)成为衡量水质的重要指标。泰东河各监测点 TN、TP 8 月份与 12 月份的监测值如图 7.3-2 所示：2# 采样点 TN、TP 在几次监测中都较高，可能是该地区农业废水和工业废水中 TN、TP 较大；综合 6 个监测点位发现冬季的 TN、TP 比夏季的要高，这可能是因为夏季雨量充沛，水体交换较快，从而净化了水质，冬天雨水量较少造成 TN、TP 偏高；根据相关调查资料，目前泰东河主要接纳了沿线淤溪和溱潼镇的生活污水与工业废水，在采样点周边的姜堰市淤溪砖瓦厂与戴南远东不锈钢制品厂是工业废水主要来源，有关部门需要加强对其管理力度；在调查区域还存在农业污染，化肥使用的不科学、不合理和农业排水方式的改变，使得农田排水中的营养成分增加，另外，由于采样点周边还有大量居住人群，因此，生活污水的排放量较大，加上泰东河为航道，行船造成水体混合能力增强，这些都是造成 TN、TP 偏高的原因。

7.3.1.3　*评价方法*

采用单因子指数法进行河流地表水水质现状评价，单因子指数计算公式为式(7.3-1)：

$$P_i = \frac{C_i}{C_{si}} \qquad (7.3\text{-}1)$$

式中：P_i 为单因子指数；C_i 为实测值，mg/L；C_{si} 为标准值，mg/L。

pH 值的标准指数见式(7.3-2)和式(7.3-3)：

$$S_{\mathrm{pH},j} = \frac{7.0 - \mathrm{pH}_i}{7.0 - \mathrm{pH}_{sd}} \quad \mathrm{pH}_j \leqslant 7.0 \qquad (7.3\text{-}2)$$

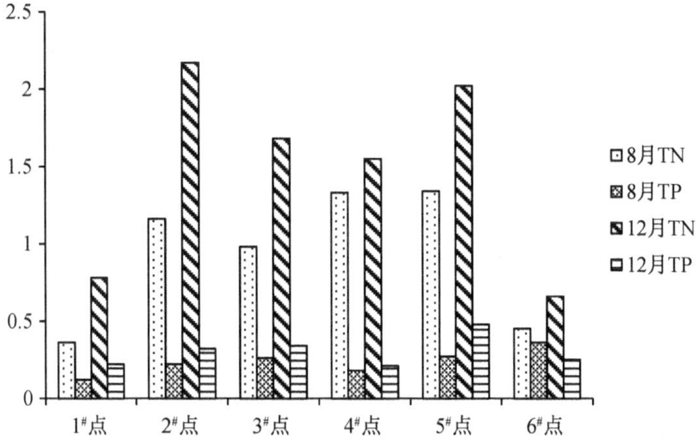

图 7.3-2 泰东河各监测点 TN 与 TP 8 月份与 12 月份的监测值

$$S_{pH,j}=\frac{pH_j-7.0}{pH_{su}-7.0} \quad pH_j>7.0 \tag{7.3-3}$$

式中：pH_j为 j 取样点水样 pH 值；pH_{sd}为评价标准规定的下限值；pH_{su}为评价标准规定的上限值。

溶解氧（DO）的单因子指数计算公式中，实测值大于标准值时见式（7.3-4），实测值小于标准值时见式（7.3-5）：

$$p_i=\frac{|DO_f-DO_i|}{DO_f-DO_{si}} \tag{7.3-4}$$

$$p_i=10-\frac{DO_i}{DO_{si}} \tag{7.3-5}$$

式中：DO_i为 i 取样点 DO 实测值；DO_{si}为 DO 评价标准值；DO_f为实测条件下 DO 的饱和值，计算公式为式（7.3-6）：

$$DO_f=468/(31.6+T) \tag{7.3-6}$$

7.3.1.4 评价结果

根据《江苏省地表水环境功能区划》，泰东河工程水环境质量评价执行《地表水环境质量标准》（GB3838—2002）Ⅲ类标准。地表水环境质量评价结果如表7.3-2和表 7.3-3 所示。从表中可以看出，除 5# 点处其余各监测断面 pH 值均能满足《地表水环境质量标准》（GB3838—2002）Ⅲ类标准要求。水体 TN，TP 部分采样点达不到标准要求，本项目所在地水体环境污染较重，2# 点和 5# 点水质较差，控制外源污染是减少水质指标超标的良策。

表 7.3-2　8 月份各监测点水环境质量现状监测及评价结果

监测因子 \ 监测断面		1# 点	2# 点	3# 点	4# 点	5# 点	6# 点	《地表水环境质量标准》Ⅲ类标准
水温(℃)	监测值	35.8	31.0	34.3	34.7	33.9	32.5	—
	单因子指数	—	—	—	—	—	—	
	达标情况	—	—	—	—	—	—	
pH 值	监测值	8.33	8.22	8.52	8.87	9.15	8.31	6～9
	单因子指数	0.665	0.61	0.76	0.935	1.075	0.655	
	达标情况	达标	达标	达标	达标	不达标	达标	
溶解氧(mg/L)	监测值	6.98	3.87	3.45	9.26	8.52	8.97	≥5
	单因子指标	0.02	3.03	3.79	0.52	0.39	0.54	
	达标情况	达标	不达标	不达标	达标	达标	达标	
总氮(mg/L)	监测值	0.36	1.16	0.98	1.33	1.34	0.45	≤1.0(湖、库,以 N 计)
	单因子指数	0.36	1.16	0.98	1.33	1.34	0.45	
	达标情况	达标	不达标	达标	不达标	不达标	达标	
总磷(mg/L)	监测值	0.12	0.16	0.26	0.19	0.27	0.36	≤0.2(湖、库 0.05)
	单因子指数	0.6	0.8	1.3	0.9	1.35	1.8	
	达标情况	达标	达标	不达标	达标	不达标	不达标	

表 7.3-3　12 月份各监测点水环境质量现状监测及评价结果

监测因子 \ 监测断面		1# 点	2# 点	3# 点	4# 点	5# 点	6# 点	《地表水环境质量标准》Ⅲ类标准
水温(℃)	监测值	12.3	10.9	12.1	11.8	11.8	13.0	—
	单因子指数	—	—	—	—	—	—	
	达标情况	—	—	—	—	—	—	
pH 值	监测值	8.79	8.55	8.67	8.75	8.71	8.98	6～9
	单因子指数	0.895	0.775	0.835	0.875	0.855	0.99	
	达标情况	达标	达标	达标	达标	达标	达标	

续表

监测因子 \ 监测断面		1#点	2#点	3#点	4#点	5#点	6#点	《地表水环境质量标准》Ⅲ类标准
溶解氧(mg/L)	监测值	7.74	5.65	8.22	7.84	3.42	6.83	≥5
	单因子指数	0.52	0.89	0.44	0.48	3.84	0.67	
	达标情况	达标	达标	达标	达标	不达标	达标	
总氮(mg/L)	监测值	0.78	2.17	1.68	1.55	2.02	0.66	≤1.0(湖、库,以N计)
	单因子指数	0.78	2.17	1.68	1.55	2.02	0.66	
	达标情况	达标	不达标	不达标	不达标	不达标	达标	
总磷(mg/L)	监测值	0.17	0.32	0.34	0.21	0.48	0.25	≤0.2(湖、库0.05)
	单因子指数	0.85	1.6	0.17	1.05	2.4	1.25	
	达标情况	达标	不达标	不达标	不达标	不达标	不达标	

7.3.2 泰东河高等植物评价

7.3.2.1 调查方法

调查6个采样点灌丛和草地的群落类型、物种组成、生境特征等,调查单个样本面积为1 m×1 m,记录:群落类型,植被高度、盖度和优势种类等。

7.3.2.2 高等植物多样性及种类组成

调查发现,泰东河治理工程近岸、岸坡共有高等植物34科77属97种。其中,乔木类优势科为杉科、杨柳科,灌木类优势科为蔷薇科、木樨科,草本、地被层优势科为禾本科、菊科、莎草科,其中禾本科共有18属21种,菊科10属15种,莎草科3属8种,为泰东河近岸区域高等植物的优势种类。

7.3.2.3 高等植物群落类型

我国生态学家在《中国植被》一书中,参照国外"群落生态"原则,采用了不重叠的等级分类法,根据群落本身的综合特征进行分类,使分类等级结果能够反映各特征,包括种类构成、群落外貌和结构、动态演替、生态环境等。所采用的主要分类单位分3级:植被型(高级单位)、群系(中级单位)和群丛(基本单位)。高级、中级和中级以下单位的分类依据侧重不同,高级单位以外貌、结构和生态地理特征为主,中级和中级以下的单位则以种类组成为主进行分类。根据上述划分标准并结合分析结果,将调查区域内近岸高等植物群落分为1个植被型,7个群系,9个群丛。具体如表7.3-4所示,采样的照片如图7.3-3所示。

表 7.3-4　泰东河近岸高等植物的主要种类

植被型	群系	群丛
草丛湿地植被型	小蓬草群系	小蓬草群丛
		小蓬草+狗尾草群丛
	葎草群系	葎草+狗尾草群丛
		葎草+小蓬草群丛
	狗牙根群系	狗牙根群丛
	广布野豌豆群系	广布野豌豆群丛
	阿拉伯婆婆纳群系	阿拉伯婆婆纳+早开堇菜群丛
	苜蓿群系	苜蓿群丛
	野老鹳草群系	野老鹳草+狗牙根群丛

图 7.3-3　高等植物采样照片

7.3.2.4　泰东河植物群落描述

1. 小蓬草群系

该群系分布广泛，主要分布在人工干预土质护坡、工程弃土堆附近，夏季生长茂盛，覆盖度高，主要伴生种包括紫菀、狗牙根、马唐、牛筋草和零星分布的芦苇。小蓬草群系常为二层结构，在有伴生种时占据群系上层，盖度 50%左右。由于其种子产量较大，亦可形成单优群系，盖度达 80%。

2. 葎草群系

该群系分布广泛，主要分布在受人为干扰较小的土质护坡上，夏秋季节覆盖度较高，主要伴生种包括小蓬草、藕草、狗尾草、钻叶紫菀等。常单层结构，主要分布在自然土质护岸上，覆盖整个生境，盖度可达 90%。

3. 狗牙根群系

该群系多由分布在经工程改造的河岸上，一般种植为草坪，覆盖度较高，伴生种主要为低矮的车前草、荔枝草、小蓬草、碎米莎草等小草本。单层结构，群系高 5～15 cm，分布在经整治过的河道堤岸高处，一般较少淹水，群系盖度大，可达78%～80%。伴生种车前草、荔枝草、小蓬草、碎米莎草等，生长良好的群系盖度可达 90%～100%，退化群系盖度 50%左右，地表常裸露。

4. 广布野豌豆群系

该群系为春季优势群系，主要分布在坡度较缓的土质护坡、石笼护岸上，覆盖度极高，偶见野老鹳草、泽漆、猪殃殃分布在群系边缘。在一些混凝土预制块生态护岸上也有分布，覆盖度较低。一般单层结构，早春常形成单优群系，在泥土出露地带生长旺盛，伴生种少，盖度可达 100%。

5. 阿拉伯婆婆纳群系

该群系为冬季-早春优势群系，主要分布在受人为干扰较小的土质护坡上，在冬季和早春季节覆盖度较高。伴生种为野老鹳草、球序卷耳、皱叶酸模。植株较矮小，常单层结构，冬季正常生长至春季在群系中占据优势，早春覆盖度 70%～80%，随群系中其他植物萌发生长优势度下降。

6. 苜蓿群系

该群系为春季优势群系，主要分布在受人为干扰较小的自然土质护坡上，常形成单优群系，覆盖度极高，伴生种主要有野老鹳草、泥胡菜、石龙芮等。该群系与野豌豆群系相似，多为单层，在早春生长旺盛，盖度可达 100%。

7. 野老鹳草群系

该群系为春季优势群系，主要分布在无乔木遮荫的土质护坡上，覆盖度较高，在工程改造后的混凝土预制块缝隙中亦能生存，但盖度较低，伴生种主要包括蛇床、狗牙根、皱叶酸模和野豌豆属植物。一般为单层结构，但常与苜蓿、广布野豌豆等形成共优群系，盖度 80%～90%。

7.3.2.5 群落分布的水平结构

泰东河岸坡植被的水平结构表现为沿水分梯度变化外，还常表现水平镶嵌和复合体结构，群落水平分布亦受工程措施的影响，主要体现在：

(1) 耐湿植物群落沿河岸呈狭窄带状分布，如芦苇群落、苔草群落、泥胡菜群落沿水位线从低到高分布。

(2) 中生及部分湿生植物群落在高水位线附近形成斑块状镶嵌结构，如葎草群落、皱叶酸模群落。

(3) 偏旱生草本植物常在河堤高处形成单优势种群落，如在受人为影响较大、水分不足的河岸，狗牙根群落、结缕草群落常生长良好，形成单优群落。

7.3.2.6 高等植物群落生物量

泰东河河岸植物群落生长状况主要与物种差异和人为干扰(工程措施)相关，主要体现在：

(1) 物种营养生长迅速、繁殖期短、繁殖速度快的植物生物量较大，如：豆科植物苜蓿、广布野豌豆萌发早，能通过固氮作用迅速生长，在其他物种尚未萌发时占据生境，常形成单优群落，生物量较大。芦苇群落主要依靠无性繁殖，在滨水区生长迅速，夏季占据优势，生物量较大。

(2) 人为干扰越严重，植物生长受限，生物量越小。在无放牧、无垦殖的自然土质护岸上，鹅观草、芦苇、小蓬草等植被能生长茂盛、生物量较大；在有放牧行为、护岸土层被压实的护岸上，多生长鼠麴草、狗牙根等植物，植株明显矮小，且难以形成大面积群落，生物量较低；在混凝土硬化护岸上，仅部分生长繁殖迅速且对土层要求不高的先锋种能生长，如卷耳、繁缕、野豌豆属植物，生物量极小。

7.3.2.7 不同护岸类型的植被差异综述

(1) 生物量上，自然土质护岸≈生态护岸>土层压实护岸>混凝土预制块护岸；

(2) 多样性上，自然土质护岸>土层压实护岸>生态护岸>混凝土预制块护岸；

(3) 株高和根系深度上，选取不同护岸类型上的同种植物测量，结果显示干扰较小的自然护岸上植物株高比混凝土预制块护岸高20%、根系长10%～15%左右。

7.3.3 泰东河底栖动物评价

7.3.3.1 调查方法

定量样品采集用改良1/16 m^2的彼德逊采泥器，每个采样点重复采集3～4次。用孔径为0.45 mm网筛在现场洗涤底泥，剩余物带回实验室进一步分拣出底栖动物标本，物种尽可能鉴定到种、计数和称重。用电子天平进行定量称重，精度为0.01 g，节肢动物、环节动物精确到0.001 g。每个采样点的多次采样实验数据以算数平均值表示。

7.3.3.2 种类组成

2015 年 1 月、2015 年 8 月、2015 年 12 月期间，泰东河共鉴定出底栖动物 6 种(属)，如表 7.3-5 所示，其中摇蚊科幼虫(节肢动物门)共计 4 种；其次为寡毛类，共 1 种，主要为寡毛纲颤蚓科的霍甫水丝蚓；蛭类 1 种，为扁舌蛭，没有检测到软体动物。由此可见摇蚊幼虫的种类数最多，占的绝对优势。如表 7.3-6 所示：密度方面，羽摇蚊所占密度较高，为 33.3%。生物量方面，由于缺少个体较大的软体动物，所以生物量都相对较低，霍甫水丝蚓占绝对优势，达到 62%。

表 7.3-5 监测期间泰东河底栖动物名录

种类	Taxa
寡毛类	*Oligochaeta*
霍甫水丝蚓	*Limnodrilus hoffmeisteri*
摇蚊幼虫	*Chironomidae*
羽摇蚊	*Chironomus plumosus*
内摇蚊属	*Endochironomus sp.*
大红摇蚊群	*T. gr. reductus*
红羽摇蚊	*Chironomus plumosus-reductus*
其他	*Others*
扁舌蛭	*Glossiphonia complanata*

表 7.3-6 2015 年 1 月、8 月、12 月泰东河底栖动物密度和生物量

种类	平均密度个(m^2)	相对密度(%)	平均生物量(g/m^2)	相对生物量(%)	出现频率	优势度指数
寡毛类						
霍甫水丝蚓	10	10.0	0.78	62	2	144
摇蚊幼虫						
羽摇纹	32	33.3	0.17	14	2	94.6
内摇蚊属	25	23.3	0.03	2	2	50.6
大红摇蚊属	16	16.7	0.10	8	1	24.7
红羽摇蚊	13	13.3	0.14	11	1	24.3
其他						
扁舌蛭	3	3.33	0.03	2	1	5.33

7.3.3.3 生物指数法评价水质

底栖动物是水生生态系统的重要组成部分，在环境检测具有突出的生态优势和极其重要的生态学作用。本次监测采用 *Goodnight* 生物指数和 *BPI* 生物学指数，其计算公式如式(7.3-7)、式(7.3-8)，其对水体污染的判别标准如表 7.3-7 所示。

$$Goodnight\ 生物指数=颤蚓类个数/底栖动物总数 \quad (7.3\text{-}7)$$

$$BPI\ 生物学指数=\log(N_1+2)/\log(N_2+2)+\log(N_3+2) \quad (7.3\text{-}8)$$

式中：N_1 为寡毛类、蛭类和摇蚊幼虫个体数；N_2 为多毛类、甲壳虫、除摇蚊幼虫以外其他的水生昆虫个体数；N_3 为软体动物个体数。

表 7.3-7 各种生物指数评价标准

Goodnight 指数	*BPI* 生物学指数
小于 0.6 为轻污染	小于 0.1 为清洁
[0.6,0.8]为中污染	[0.1,0.5)
(0.8-1.0]为重污染	[0.5,1.5)为 β-中污染
	[1.5,5.0]为 α-中污染
	大于 5.0 为重污染

本次生态调查中颤蚓科的只有霍甫水丝蚓，根据上述公式计算结果如下表 7.3-8 所示：可见 *Goodnight* 指数并不是十分合适，但是 *BPI* 指数还是能反映出一些问题，绝大部分采样点水质为 β-中污染，其中水质相对较好的还是 8 月份的 1# 点和 12 月份的 6# 点。

表 7.3-8 生物指数计算结果

时间地点＼指数		*Goodnight* 指数	*BPI* 生物学指数	*Goodnight* 指数污染判别	*BPI* 生物学指数判别
1#	1 月	0	0.5	/	β-中污染
	8 月	0	1.5	/	α-中污染
	12 月	0	1.40	/	β-中污染
2#	1 月	0	0.5	/	β-中污染
	8 月	0	0.5	/	β-中污染
	12 月	0	0.5	/	β-中污染

续表

时间地点＼指数		Goodnight 指数	BPI 生物学指数	Goodnight 指数污染判别	BPI 生物学指数判别
3#	1月	0.75	1.29	中污染	β-中污染
	8月	0	0.70	/	β-中污染
	12月	0	0.5	/	β-中污染
4#	1月	0	0.5	/	β-中污染
	8月	0	0.5	/	β-中污染
	12月	0	0.5	/	β-中污染
6#	1月	0	0.5	/	β-中污染
	8月	0	1.16	/	β-中污染
	12月	0.25	1.9	轻污染	α-中污染

7.3.4 泰东河近岸底质评价

7.3.4.1 调查方法

总氮、总磷：总氮按 GB11894—1989 用碱性过硫酸钾消解紫外分光光度法进行测定，总磷按 GB11893—1989 钼酸铵分光光法测定。

有机质：按 GB11914—1989 用重铬酸钾容量法测定。

7.3.4.2 结果与评价

TN、TP 监测值如表 7.3-9 所示，有机质监测值如表 7.3-10 所示：底泥 TP 最大值出现在 12 月份的 2# 点，为 1 024.2 mg/kg，大于 730 mg/kg，污染较严重，最低值出现在 8 月份的 4# 点，为 234.3 mg/kg，污染水平较低；总氮最大值出现在 8 月份的 1# 点，为 1 390.0 mg/kg，高于 1 100 mg/kg，污染也较重，最低值出现在 8 月份的 4# 点，为 300.0 mg/kg，污染较低；土壤有机质的含量除了 8 月份的 1# 点和 3# 采样点外，基本处于 3～4 级，6# 点的有机质含量较低。

表 7.3-9 泰东河底泥 TN、TP 8 月份与 12 月份监测值 单位：mg/kg

监测点位		1# 点	2# 点	3# 点	4# 点	5# 点	6# 点
8月	TN	1 390.0	350.0	1 330.0	300.0	/	460.0
	TP	668.0	988.1	709.9	234.3	/	756.9
12月	TN	510.0	750.0	820.0	620.0	/	1 350.0
	TP	375.8	1 024.2	572.3	510.8	/	930.3

表 7.3-10　8 月份与 12 月份岸边底泥中有机质　单位:g/kg

监测点位	1# 点	2# 点	3# 点	4# 点	5# 点	6# 点
8 月	59.80	20.05	39.36	12.37	/	5.29
12 月	17.02	19.35	18.21	22.23	/	11.15

7.4　盐碱滩涂养殖废水稻田再利用对水质的影响评价

滨海滩涂区土壤含盐量较高,淋洗脱盐需要大量的淡水,而围垦区由于缺少蓄水设施,淡水资源相对匮乏。滨海地区的养殖规模较大,如川东农场的部分养殖塘,单塘蓄水量达 100 万 m^3 以上,达到小水库级别,若被有效利用,可作为重要的灌溉和脱盐淋洗水源。另外,养殖塘排水中含有大量的氮、磷等水溶性营养元素,易被水稻吸收。从时间来看,鱼(虾)塘的排水时期与水稻生长期高度重合,采用养殖废水灌溉水稻,可使得水、肥得到充分利用。

7.4.1　试验材料与方法

小区试验于 2016 年 6—10 月在江苏省滨海东台市东川农场内(32°33′～32°57′N,120°07′～120°53′E)进行。2014 年和 2015 年对该农场的调查发现,正常养殖条件下,精养鱼塘饲料投喂量 12～15 t/hm^2,鱼塘年排水 3～5 次,排水深度在1 000～1 500 mm 左右,年排水量超过 500 万 m^3。未经处理的鱼塘排水直接流入外海,近海海域污染严重,据相关资料江苏省沿海区域属于重度富营养化地区,图 7.4-1 为东川农场精养鱼塘,试验区土壤为粉砂土,盐分以 NaCl 为主,插秧前土壤含盐量 4.1‰。

图 7.4-1　东川农场精养鱼塘

本试验为大田试验,试验田共 6 块,每块试验田长 15 m,宽 10 m,田块之间筑埂，田埂宽 0.5 m，试验田总占地 900 m²。试验田均布置进(排)水管，采用 200 mm 带闸阀的 PVC 管道，或采用蛇皮袋装土封堵。考虑到排水需要，排水管道的底部应当低于田面 10 cm，即排水管为半埋式管道，排水内侧需要挖深成沟，深度 20 cm 左右，以便于收集排水，图 7.4-2 为大田试验现场图，具体布置如图 7.4-3 所示。

图 7.4-2 试验田现场图

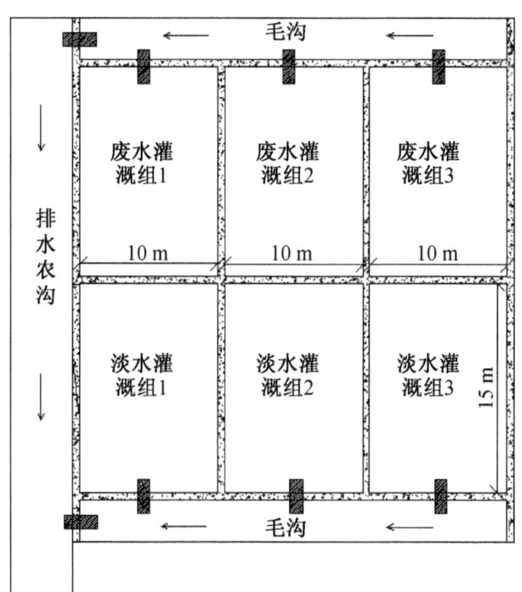

图 7.4-3 试验田布置图

试验设置 2 种灌溉水源：养殖废水灌溉、淡水灌溉；试验设置 1 种灌排模式：浅水勤灌，共计为 2 个处理，每个处理 3 个重复，不同处理间设置保护行。养殖废水来自附近鱼塘排水，鱼塘规格为 200 m×24 m；淡水灌溉水源来自附近河道。

大田试验于 2016 年 6 月 24 日在各个田块均匀插秧，水稻供试品种采用当地常用高产品种“南粳5055”,10月25日水稻收获,全生育期共123 d。淡水灌溉处理采用河道水源灌溉,基肥和追肥按当地正常施肥量;养殖废水灌溉处理,采用鱼塘排水进行灌溉,基肥按当地正常施肥量,后期追肥按当地正常施肥量的50%。因稻田中蝗虫和卷叶螟多发,在7月10日和8月10日喷洒杀虫剂,全生育期人工拔草,具体试验方案如表7.4-1所示。水层深度通过钢尺读数,除灌溉水源外,其他农技措施均相同。

表7.4-1　当地浅水勤灌水层控制标准

灌溉技术及控制指标		返青期	分蘖期	拔节孕穗期	抽穗开花期	乳熟期	黄熟期
浅水勤灌	灌水上限(mm)	30	30	30	30	30	0
	灌水下限(mm)	10	10	10	10	10	0
	蓄雨上限(mm)	80	100	150	150	100	0

7.4.2　观测内容和测试方法

7.4.2.1　试验基本资料测定

(1) 气象资料:搜集试验区附近气象站点资料,包括温度、湿度、风速、太阳辐射量、降雨量等。

(2) 土壤水分情况:水稻试验每日上午8点测定,当田面有水层时,通过钢尺读取水层深度;当田面无水层时,利用埋设在土壤中0~30 cm的TDR探头进行土壤水分测定。

(3) 灌水和排水情况:参照各处理灌排控制标准,记录每次的灌排水时间和灌排水量。

(4) 需水量和耗水量:桶栽试验采用在桶底埋置三通管,模拟蒸渗仪,保持三通管中水面在桶内土面以下30 cm左右,生育期每3 d排地下水一次,所有排水均取样进行氮磷测试。

7.4.2.2　水稻生长指标观测方法

(1) 株高:在水稻全生育期内,每个测桶内定苗连续生长的植株2穴,即每个处理8穴,共32穴。每7 d测1次株高,在水稻抽穗前测定水稻基部至最高叶尖的高度,抽穗后则测定水稻基部至最高穗尖的高度。

(2) 分蘖数:在秧苗返青期后至孕穗期末,每个处理内定苗连续生长的植株8穴,每5 d测定1次单穴植株的分蘖数。

(3) 叶面积指数(LAI):水稻返青期后至黄熟期每5 d测一次叶面积指数,叶

面积指数测定采用 Li-3000 自动叶面积仪测量叶面积，通过计算得到叶面积指数。

(4) 茎粗：在秧苗返青期后至孕穗期末，每个处理内定苗连续生长的植株 8 穴，每 7 d 测一次，选茎秆离表土 5 cm 处测量，测试工具为“申韩”电子游标卡尺和 100 cm不锈钢尺。

7.4.2.3 水稻产量测定方法

(1) 测产：在水稻收割前，对每个处理的水稻进行单打单收，自然晒干，测定该测桶内水稻的实际产量。

(2) 考种：在水稻收割前，从各处理中选取代表性植株 16 穴，进行考种分析，分别测定穗长、单穴有效穗数、每穗粒数、结实率和千粒重等指标。

7.4.3 不同灌溉水源对稻田水质的影响

7.4.3.1 鱼塘水质指标空间分布规律

以 2016 年试验区当地鱼塘水质监测数据为基础，分析鱼塘中不同水层的总氮、总磷、氨氮、硝氮、溶解氧和电导率的变化规律。其中，总氮、总磷、氨氮、硝氮分别取距岸边 3 m、8 m、12 m 处不同深度的鱼塘水样带回测定，溶解氧(DO)、电导率取距岸边 3 m、6 m、8 m、10 m、12 m 处不同深度的测点进行现场测试，具体水质测点位置如图 7.4-4 所示。

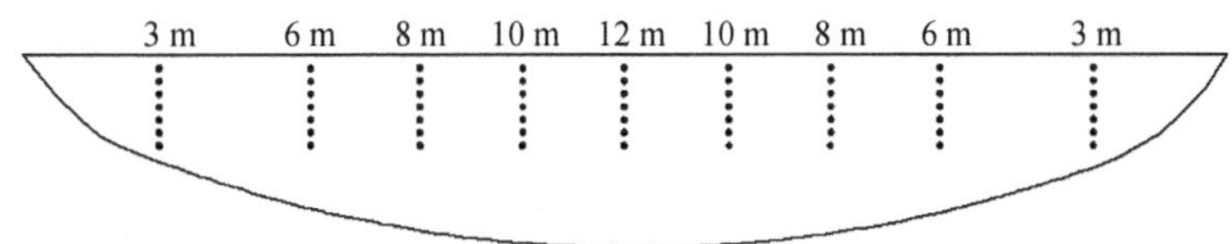

图 7.4-4 鱼塘水质测点示意图

结果及分析表明，试验区鱼塘的总氮、总磷、硝氮、电导率在水平方向上距离岸边 8 m 处浓度相对较高，溶解氧浓度相对较低。在竖直方向上总氮、氨氮、硝氮在相对底层浓度较高，溶解氧、电导率浓度较低。该鱼塘在距岸边 12 m 处设有增氧机全天连续工作，中心塘水可能产生波动，致使氮、磷在距岸边 8 m 的相对中心处富集，此处溶解氧浓度也相对较低。对鱼塘水进行净化应排除氮、磷浓度相对较高，溶解氧浓度相对较低的水层，因此按照监测数据反映的趋势，应排除距离岸边 8 m 处底层水。鱼塘适宜的取水时间为清晨，建议换水时取水位置为距离岸边 8 m 处的鱼塘底层，实际操作中取水口的位置也可结合当地鱼塘的实际情况和操作的难易程度进行灵活调整。

7.4.3.2 不同灌溉水源对稻田水质的影响

以2016年试验地稻田水质监测数据为基础，对比分析淡水灌溉处理与养殖废水灌溉处理稻田水质的各项指标，两组灌溉模式均为浅水勤灌。其中，淡水灌溉处理采用的河水电导率为3 516 μs/cm，养殖废水灌溉处理采用的鱼塘水电导率为2 971 μs/cm，当地河水电导率高于养殖废水电导率可能是由于当地土壤为盐碱土，河道未衬砌，河水中溶解较多离子所致。结果表明：在基肥相同的条件下，第一次追肥前，养殖废水灌溉处理总氮、氨氮浓度略高于淡水灌溉处理，但差异并不显著；总磷差异显著($P<0.05$)，养殖废水灌溉处理总磷浓度高于淡水灌溉处理；溶解氧浓度、电导率值和pH值等指标养殖废水灌溉处理低于淡水灌溉处理，但差异并不显著。

7.5 河湖生态疏浚工程施工技术

本技术集成了生态疏浚工程施工的一般规定、现场查勘、船舶调遣、围堰填筑、疏浚施工、施工质量、施工安全、验收准备等。适用于江苏省境内河流、湖泊、水库等(以下简称河湖)以生态清淤为目的，以环保型绞吸式疏浚船舶为主要施工机械的疏浚施工，其他机械生态疏浚施工的可参照执行。

7.5.1 一般规定

(1) 施工单位应根据工程设计文件和《疏浚与吹填工程技术规范》(SL17—2014)、《疏浚工程技术规范》(JTJ319—99)，结合河湖地质、水下地形、水文气象、航行条件等情况，编制施工组织设计，制订施工质量控制、安全生产和环境保护管理措施。

(2) 开工前，应办理水上水下施工作业许可手续。施工过程中，施工船舶应服从相关部门管理。

(3) 疏浚应采用环保型绞吸装置，绞吸时产生的悬浮物扩散范围应符合设计和规范要求。泥浆输送、淤泥存放过程中应避免产生二次污染。

(4) 施工前、施工后，施工单位应进行水下地形测量和断面测量。

(5) 施工单位应做好安全生产、文明施工和环境保护等工作。

(6) 施工过程中，应同步形成工程资料，资料应真实、齐全。

7.5.2 现场查勘

7.5.2.1 基本要求

(1) 施工前，施工单位应组织对施工现场进行查勘；

(2) 查勘时，施工单位应复测疏浚区域水下地形、污泥堆场及沉淀池地形，预评估环境影响，查验施工条件；

(3) 查勘后，施工单位应形成查勘资料。现场查勘情况与工程设计文件变化较大的，应报监理单位确认。

7.5.2.2 工程地形复测

(1) 工程地形平面测量应采用全球定位系统(GPS)，高程测量可采用水准仪，水深测量可采用回声测深仪，测量应符合《全球定位系统(GPS)测量规范》(GB/T18314—2009)、《工程测量规范》(GB50026—2007)、《水运工程测量规范》(JST131—2012)等要求；淤泥层厚度测量宜采用双频或多频回声测深仪。

(2) 测量、定位时，应建立定位系统局域工作网。系统局域工作网与原有地面控制网点的重合点不宜少于 3 个，且均匀分布。静态平面精度、静态高程精度：±5 mm+1 ppm；动态(PTK)平面精度：±1 cm+1 ppm，动态(PTK)高程精度：±2 cm+1 ppm。

(3) 水深测量时，应校对水尺或水位计零点与深度基准面间的关系，测深仪应进行声速校正和确定换能器吃水修正值。

(4) 淤泥层厚度测量时，断面内距宜为 20～25 m，测点内距宜为 10～15 m。

(5) 测量完成后，应绘制形成疏浚区域水下地形图、污泥堆场及沉淀池地形图，地形图比例宜为 1∶1 000～1∶5 000。疏浚区域水下地形图应绘制电子版地形图。

(6) 根据污泥堆场及沉淀池地形图，复核污泥堆场及沉淀池布置方案和容积。

7.5.2.3 施工条件调查

(1) 施工单位应对工程所在地水文气象、交通航运、施工补给和施工障碍等施工条件进行调查；

(2) 水文气象条件应调查生态疏浚区域内河湖水位、流速等水情资料，降雨量、风频风速、水面能见度、冰冻等气象资料；

(3) 交通航运条件应调查当地海事、航运部门的相关规定，疏浚区域附近航道、码头、避风港等情况；

(4) 施工补给条件应调查工程所在地燃油、生活用水、施工用电等供应能力和设备维修服务能力；

(5) 疏浚作业区应调查沉船、网簖、管路、线缆等水下障碍物情况，调查跨河建筑物、跨河线路等上部障碍物情况。

7.5.2.4 环境影响预评估

(1) 施工单位应预评估施工过程可能对第三方权益和周边环境产生的影响；

(2) 噪音预评估主要包括生态疏浚船舶、围堰施工机械所产生的噪音等级，及所产生的噪声对周边居民的影响程度；

(3) 水体污染预评估主要包括泥浆输送、余水处理等过程可能对周边环境的影响及其程度,尤其应对取水口、风景区和自然保护区的影响进行评估;

(4) 对可能产生的不利环境影响,施工单位应制定相应的处置措施。

7.5.3 船舶调遣

7.5.3.1 基本要求

(1) 船舶调遣前,应查勘水路和陆路调遣线路。查勘时,应了解航道等级和水深,跨河建筑物和架空线路通航条件,船闸通航情况;了解公路等级和桥梁荷载,跨路建筑物和架空线路通行条件。

(2) 根据所调遣船舶的结构类型、外形尺寸和调遣线路的查勘情况,制定调遣方案。

(3) 船舶调遣时,应遵守交通法规。必要时,向交通行政主管部门提出申请。

7.5.3.2 水上调遣

(1) 调遣前,应召开所有参与调遣人员参加的航行会议,明确人员分工、职责、相互间的联络方式与整个航程安排,以及安全注意事项。

(2) 船舶调遣应按照船舶设计使用说明书及有关规定进行封舱。疏浚船舶的定位桩应倾放、固定于甲板支架;绞刀桥架应提出水面后系牢、楔紧,并系保险缆绳;吸排泥口应用铁板封堵。

(3) 船舶编队时,排水量大的船舶应紧随拖轮,其他船舶按从大到小依次排列,最末端挂拖浮筒;双排或多排列式编队的尾端宽度不应超过前端宽度;疏浚船舶宜绞刀桥架朝后列入编队。

(4) 航行过程中,应做好值班、检查、瞭望等工作,注意水情、天气变化和航道动向,做好防风、避风的准备。

7.5.3.3 陆上调遣

(1) 疏浚船舶不具备水上调遣时,可采用陆上调遣。

(2) 陆上调遣前,设备需拆卸运输的,应按产品设计说明书对设备主要部件进行拆卸、编号和登记。精密部件、仪表及传动部件,应加油、密封、装箱。

(3) 部件装车系缚应牢固,并经专职安全员检查后方可运输。

(4) 部件现场组装时,组装场地和码头应满足车辆进出、部件堆放和组装要求。通过滑道、气囊等方式下水的,水域水深应满足要求。

7.5.4 围堰填筑

7.5.4.1 基本要求

(1) 污泥堆场和沉淀池布置应充分利用洼地、荒地,尽量少占耕地,尽量远离居住点和水源地，不应打乱当地已有的农田排灌系统；

(2) 污泥堆场围堰和沉淀池围堰的布置、填筑应符合工程设计和《堤防工程施工规范》(SL260—2014)的要求；

(3) 围堰填筑完成应经验收后，方可投入使用。

7.5.4.2 围堰布置

(1) 围堰宜布置在地面平整的地段，有条件时可利用高岗、土埂、老堤等地形地貌。

(2) 污泥堆场的泄水口应设置在远离排泥管出口、泥浆不易到达、利于絮凝剂投放设备布置的位置，并避免余水对沉淀池冲刷。

(3) 沉淀池应毗邻污泥堆场布置，尾水排放口应设置在远离堆场泄水口、利于尾水检测设备布置的位置，并避免对尾水通道及入河河床冲刷。

(4) 围堰内宜设置格梗，格梗的高度比围堰低 0.5～1.0 m；格梗的缺口应错开布置，避免对围堰的冲刷；泥浆水流通过缺口时不应有明显的壅高。

7.5.4.3 围堰设计

(1) 污泥堆场容积、沉淀池容积应与疏浚工程量、余水处理量相适应。污泥堆场容积按公式(7.5-1)计算，沉淀池容积按公式(7.5-2)计算。

$$V_p = KV + (h_1 + h_2)S \tag{7.5-1}$$

式中：V_p 为污泥堆场容积，m^3；K 为淤泥松散系数取 1.05；V 为疏浚总量，m^3；h_1 为沉淀的富裕水深，m，一般取 0.5 m；h_2 为风浪超高，m，一般取 0.5 m；S 为污泥堆场面积减去周围围堰和中间格梗面积，m^2。

$$V = Q(1 - P)T_s \tag{7.5-2}$$

式中：V 为沉淀池容积，m^3；Q 为排泥管出泥口的泥浆流量(m^3/h)；P 为排泥管出泥口的泥浆体积浓度，%；T_s 为余水投入絮凝剂后水体悬浮物沉淀所需时间，h。

(2) 围堰应按《堤防工程设计规范》(GB50286—2013)进行设计。围堰断面形式一般采用梯形，必要时可采用其他断面形式。设计时，应明确围堰填筑和防渗处理要求。污泥堆场泄水口和沉淀池排水口可采用溢流堰、跌水等结构形式，合理确定泄水口、排水口底高程，并能有效调节水位。

(3) 污泥堆场及沉淀池围堰的高度按公式(7.5-3)计算。沉淀池围堰的顶高程可比污泥堆场围堰的顶高程低 0.5～1.0 m。

$$h = h_p + h_1 + h_2 + h_3 \tag{7.5-3}$$

式中：h 为围堰高度，m；h_p 为堆场设计堆泥高度，m；h_1 为沉淀的富裕水深，一般取 0.7，m；h_2 为风浪超高，内陆地区一般取 0.5，m；h_3 为围堰沉降预留高度，m。

(4) 围堰顶宽宜为 2～2.5 m。黏性土围堰内侧边坡宜不陡于 1∶1.5,外侧边坡宜不陡于 1∶2.0;砂性土围堰内侧边坡宜不陡于 1∶2.0,外侧边坡宜不陡于 1∶2.5。

(5) 泄水口余水流量按公式(7.5-4)计算,排水口尾水流量按公式(7.5-5)计算。按照流量计算结果确定过水断面面积,一般可按排泥管断面面积的 4～6 倍确定。尾水排放通道应与尾水排放流量相适应。

$$Q_{泄} = K_1 Q(1 - P_1) \tag{7.5-4}$$

式中：$Q_{泄}$ 为泄水口余水流量即需处理的余水量,m^3/s;Q 为排泥管出泥口的泥浆流量,m^3/s;P_1 为排泥管出泥口的泥浆体积浓度,%;K_1 为修正系数,一般取 1.1～1.3。

$$Q_{排} = Q_{泄}(1 - P_2) \tag{7.5-5}$$

式中：$Q_{排}$ 为排水口尾水流量即需排出的尾水量,m^3/s;$Q_{泄}$ 为泄水口余水流量即需处理的余水量,m^3/s;P_2 为泄水口的泥浆体积浓度,%。

7.5.5 填筑作业

(1) 围堰填筑前,应将填筑范围内的杂草、树根、腐殖土层等清除;翻松表层土后,填覆新土并压实。堰基为砂性土时,应在堰基中间挖槽,并回填黏性土。

(2) 围堰填筑用土应优先选用黏粒含量 15%～30%,塑性指数 10～20,天然含水率接近填筑最优含水率的亚黏土。冻土、杂质土和腐殖土等不应用于填筑。

(3) 围堰填筑时,应分层分批填土压实,铺土厚度应控制在 20～30 cm。围堰可在处置区内取土填筑,堰脚 5 m 范围内、排泥管出泥口两侧 10 m 范围内不应取土,取土坑不应连续贯通,并应留有土埂。

(4) 围堰应做好防渗处理。污泥中有重金属污染的,应进行特殊的防渗处理。

7.5.6 疏浚施工

7.5.6.1 基本要求

(1) 施工单位应按照规范、规程、设计图纸及施工组织设计组织疏浚施工。

(2) 疏浚施工前,应进行生产试验,确定船舶前移量、横摆速度,环保绞刀头转速、下放深度等技术参数,污染物扩散距离等应满足设计要求。

(3) 疏浚过程中,应监测环保绞刀头作业位置。污泥应清除到位,并减少对原状土的破坏。

(4) 施工单位应定期检查和校验各种仪器、仪表、工器具,以满足工程施工需要。

(5) 施工过程中,应控制施工噪音、管线渗漏和尾水水质,集中处理生产、生活垃圾,符合环境保护要求。

(6) 施工单位应准确、完整地做好疏浚施工记录,并保管好电子施工记录。疏浚施工记录如表 7.5-1 所示。

表 7.5-1　疏浚施工记录

<table>
<tr><td colspan="4">工程名称</td><td colspan="3"></td><td colspan="3">施工桩号</td><td colspan="3"></td></tr>
<tr><td colspan="4">施工日期</td><td colspan="3"></td><td colspan="3">疏浚条幅</td><td colspan="3"></td></tr>
<tr><td colspan="4">施工天气</td><td colspan="3"></td><td colspan="3">水位(m)</td><td colspan="3"></td></tr>
<tr><td colspan="5">起止时间</td><td colspan="4">作业时间(h)</td><td colspan="4">非生产停歇时间(h)</td></tr>
<tr><td colspan="5"></td><td colspan="4"></td><td colspan="4"></td></tr>
<tr><td rowspan="2">仪表工作情况</td><td colspan="3">真空度(　)</td><td colspan="3">压力(　)</td><td colspan="3">油压(　)</td><td colspan="3">转速(　)</td></tr>
<tr><td colspan="3"></td><td colspan="3"></td><td colspan="3"></td><td colspan="3"></td></tr>
<tr><td rowspan="2">疏浚作业情况</td><td colspan="3">船舶前移量(　)</td><td colspan="3">横摆速度(　)</td><td colspan="3">环保绞刀头转速(　)</td><td colspan="3">下放深度(m)</td></tr>
<tr><td colspan="3"></td><td colspan="3"></td><td colspan="3"></td><td colspan="3"></td></tr>
<tr><td rowspan="3">疏浚质量情况</td><td colspan="2">质量指标</td><td colspan="3">疏浚宽度(m)</td><td colspan="2">疏浚厚度(cm)</td><td colspan="2">悬浮物扩散情况</td><td colspan="3">泥浆输送情况</td></tr>
<tr><td colspan="2">设计控制值</td><td colspan="3"></td><td colspan="2"></td><td colspan="2"></td><td colspan="3">—</td></tr>
<tr><td colspan="2">实际完成值</td><td colspan="3"></td><td colspan="2"></td><td colspan="2"></td><td colspan="3"></td></tr>
<tr><td rowspan="2">疏浚量</td><td colspan="4">疏浚断面面积(m^2)</td><td colspan="4">前移距离(m)</td><td colspan="4">疏浚土方量(m^3)</td></tr>
<tr><td colspan="4"></td><td colspan="4"></td><td colspan="4"></td></tr>
<tr><td>其他事项</td><td colspan="12"></td></tr>
<tr><td colspan="5">班组负责人:</td><td colspan="4">技术员:</td><td colspan="4">记录人:</td></tr>
<tr><td colspan="13">注:非生产停歇时间填写施工过程中接管、移锚、移船、掏泵、掏泥泵吸口及故障处理等非生产累计时间</td></tr>
</table>

7.5.6.2　施工放样

(1) 施工单位应将校验后的平面定位系统相关参数输入并校正疏浚船舶的平

面定位系统，同时将坐标数据导入质量监测系统。平面定位系统的精度为 10 cm。

(2) 施工单位设立的高程测量控制水准点不应低于四等水准测量精度的要求。

(3) 施工作业区内应设置水尺定期测量水位，满足五等水准测量精度要求。水尺间距宜不大于 500 m，宜设置在便于观测、水流平稳、波浪影响小、船艇不易碰撞的地方，必要时应加设保护桩和避浪设施。

(4) 施工单位应根据船型和设计图纸确定疏浚条幅，在电子施工图中标识出疏浚条幅的挖槽中心线、挖槽边线及分区设计高程后，将该图导入生态疏浚质量监控系统。

(5) 疏浚区域的宽度超过生态疏浚船舶的最大开挖宽度时，应采用分条疏浚。采用前后移动作业方式施工的，条幅宽度等于船宽；采用左右横移作业方式施工的，条幅宽度一般为船长和绞刀桥架总长的 1.5 倍。

7.5.6.3　管线架设

(1) 排泥管线应避免穿越公路、堤防或居民区等。必须穿越时，应制订专项方案报有关部门批准后实施。

(2) 排泥管线布设应平顺，管线拐弯处应平缓。水上排泥管线应视水流及风浪情况，每隔一定距离设置浮筒锚。输送距离较长时，应增设接力泵，接力泵的输泥能力应与疏浚船舶泥泵出泥能力相匹配。

(3) 排泥管管节接头应紧固严密，支架支撑应牢固可靠。水陆排泥管连接处应采用柔性接头。排泥管口伸出围堰坡脚外长度不宜小于5 m，并应高出排泥面 0.5 m以上。

(4) 排泥管线采用潜管的，根据地形、水情和通航等情况布置和敷设，各管节间宜采用柔性连接，钢管与橡胶管间应用法兰连接。潜放前应进行加压检查，无漏气、漏水现象；潜放时，应控制下沉速度；潜放后应在两端及其与航道岔口设立明显标志。

(5) 水上管线与潜管组合使用的，结合部位应增设呼吸阀。潜管穿越航道潜放后的水深不满足通航要求时，应在河底开槽放置潜管，潜管顶面不高于河床。

7.5.6.4　疏浚作业

(1) 按照船舶定位系统，疏浚船舶到达开挖起点后，下桩或抛锚固定船位。

(2) 采用左右横移作业方式施工的，船舶横移锚的超前角宜不大于 30°，落后角宜不大于 15°。

(3) 疏浚作业应依次逐条作业，条与条之间重叠宽度一般不小于条幅宽度的 10%。

(4) 疏浚区水流流速较小时，宜采用顺流作业，流速较大时宜采用逆流作业。

(5) 设计疏浚厚度超过 30 cm 时，应分层作业，上层宜厚，下层宜薄。

(6) 施工时，作业人员应调节密封罩与疏浚面保持平行，控制船舶前移量、横摆速度，环保绞刀头转速，减少污染物扩散；通过控制绞刀头下放深度和监视质量监测系统中绞刀头的运行轨迹，避免漏挖、欠挖和超挖。

(7) 施工过程中，水体悬浮物的扩散距离不应超过 15 m，超过 15 m 时应调整施工技术参数。通过在距绞刀头 15 m、水面以下 1.0 m 处所取水样，与疏浚船舶上游或上风口 50 m、水面以下 1.0 m 处所取水样的水体悬浮物值(SS 值)对比，判断水体悬浮物的扩散情况。

7.5.6.5 泥浆输送

(1) 输送泥浆前，应先启动泥泵低速输送清水清洗、疏通管线，检查确认泥泵、输泥管线等工作正常后，再输送泥浆；泥浆输送结束时，应输送清水清洗管线，排泥口连续出清水时间应大于 30 s。

(2) 疏浚过程中，应监测、调整泥泵进口真空度和出口压力，保持输泥管线畅通。发生堵塞时，应及时处置。

(3) 泥浆输送过程中，应定期巡查输泥管线。管线和接头不应漏水、漏泥，发现泄漏应及时紧固、维修和更换。设有潜管的，应定期检查呼吸阀工作情况。

(4) 设有接力泵的，接力泵的合泵、脱泵应服从疏浚船舶的指令。开始输泥时，疏浚船舶泥泵先合泵，接力泵再依次合泵；停止输泥时，接力泵从末级依次脱泵，最后疏浚船舶泥泵脱泵。

7.5.6.6 污泥堆放与余水处理

(1) 污泥堆放高程和范围应符合设计要求。排泥管出泥口污泥堆积过高或影响污泥堆场平整度时，应调整出泥口或续接延伸排泥管。

(2) 泄水口余水含泥量应不大于 2.5%。超过 2.5%时，应调整泄水口溢流堰堰顶高程，促进污泥堆场区污泥沉淀。

(3) 施工单位应定期巡查污泥堆场和沉淀池的围堰、出泥口、泄水口、排水口等运行情况。发现围堰渗漏、坍塌、没顶等异常情况，应及时处理。

(4) 余水处理前应对泄水口余水水体悬浮物值(SS 值)进行检测分析，根据检测分析结果确定絮凝剂的投放种类和投放剂量。一般情况下，絮凝剂投放剂量后期宜适当加大。

(5) 絮凝剂宜配制成浓度为 10%的水溶液，在泄水口采用喷淋方式均匀投放。定期检测排水口尾水水体悬浮物值(SS 值)，水体悬浮物值(SS 值)应不大于 150 mg/L；超过 150 mg/L 时，应调整絮凝剂的投放剂量和排水口溢流堰堰顶高程。

7.5.7 施工质量

7.5.7.1 基本要求

(1) 施工单位应建立质量保证体系,设立质量管理机构,制定质量管理制度。

(2) 施工单位应按设计及规范要求,编制质量保证措施,严格过程控制和质量检验。

(3) 施工单位应按《水利工程施工质量检验与评定规范》(DB32/T 2334—2013)进行质量检验与评定。施工记录及检验评定应及时,资料应真实、齐全。

7.5.7.2 项目划分

(1) 生态疏浚工程项目单位工程一般按施工合同和施工区域划分。施工合同较多时,每个合同工程宜作为 1 个子单位工程。单位工程一般划分为生态疏浚、污泥堆场及沉淀池 2 类分部工程。

(2) 生态疏浚一般每 100 000 m^2 为 1 个分部工程。污泥堆场及沉淀池一般为 1 个分部工程。

(3) 生态疏浚一般每 20 000～25 000 m^2 为 1 个单元工程。每座独立的污泥堆场及沉淀池为 1 个单元工程。

7.5.7.3 质量检验与评定

(1) 水体悬浮物的扩散情况,每个单元工程检测不少于 2 次。施工工况发生较大变化的,应增加检测频次。

(2) 尾水的水体悬浮物值(SS 值),每排水口每天检测不少于 1 次。

(3) 疏浚厚度,每 30～50 m 检测 1 个断面,每个断面 10～20 m 检测 1 个点,特殊区域应加密检测。检测断面宜垂直于疏浚区域的长边,近岸区域宜垂直于岸边。

(4) 对检测发现的欠挖区域,用测杆探测河底土质。若为淤泥质的,应疏浚至设计高程;若非淤泥质的且连续面积超过 1 200 m^2 时,应向监理单位报告。

(5) 围堰填筑压实度,每层 300～500 m^2 取样 1 次。

(6) 生态疏浚单元工程质量检验项目与标准如表 7.5-2 所示。污泥堆场及沉淀池单元工程质量检验与评定标准见《水利工程施工质量检验与评定规范》(DB32/T 2334.2—2013)表 14、表 15。

(7) 生态疏浚单元工程质量评定如表 7.5-3 所示,污泥堆场及沉淀池单元工程质量评定见《水利工程施工质量检验与评定规范》(DB32/T 2334.2—2013)的附录 A 表 A.8 及附录 B 表 B.7、表 B.8。

表 7.5-2 生态疏浚单元工程质量检验项目与标准

项次		检验项目	质量要求(允许偏差)	检验方法	检验数量
主控项目	1	疏浚厚度	±5 cm,且平均厚度≥95%设计平均疏浚厚度	测量	每30～50 m检测1个断面,每个断面10～20 m检测1个点,特殊区域加密检测
	2	尾水水体悬浮物值	SS值≤150 mg/L	取水样检测	每个排水口每天不少于1次
一般项目	1	疏浚范围	符合设计要求	测量	全数
	2	悬浮物扩散情况	≤15 m	取水样检测	每个单元工程不少于2次
	3	泥浆输送	无泄漏	观察	全数

表 7.5-3 生态疏浚单元工程质量评定表

<table>
<tr><td colspan="2">单位工程名称</td><td colspan="2"></td><td>单位工程编号</td><td colspan="2"></td></tr>
<tr><td colspan="2">分部工程名称</td><td colspan="2"></td><td>分部工程编号</td><td colspan="2"></td></tr>
<tr><td colspan="2">单元工程名称、部位</td><td colspan="2"></td><td>单元工程编号</td><td colspan="2"></td></tr>
<tr><td colspan="2">项次</td><td>检验项目</td><td>设计值</td><td>质量要求(允许偏差)</td><td>检验记录</td><td>评定
(合格率)</td></tr>
<tr><td rowspan="2">主控项目</td><td>1</td><td>疏浚厚度</td><td></td><td>±5 cm,且平均厚度≥95%设计平均疏浚厚度</td><td></td><td></td></tr>
<tr><td>2</td><td>尾水水体悬浮物值</td><td></td><td>SS值≤150 mg/L</td><td></td><td></td></tr>
<tr><td rowspan="3">一般项目</td><td>1</td><td>疏浚范围</td><td></td><td>符合设计要求</td><td></td><td></td></tr>
<tr><td>2</td><td>悬浮物扩散情况</td><td></td><td>≤15 m</td><td></td><td></td></tr>
<tr><td>3</td><td>泥浆输送</td><td></td><td>无泄漏</td><td></td><td></td></tr>
<tr><td colspan="2">施工单位自评意见</td><td colspan="5">检查项目全部符合质量要求,主控检测项目逐项检测点合格率为______%,一般检测项目检测点最低合格率为______%。
单元工程质量等级评定为:

专职质检员(签字): 年 月 日　技术负责人(签字): 年 月 日　项目经理(签字): 年 月 日</td></tr>
</table>

续表

监理单位复核意见	经抽查并查验相关检验报告和检验资料，检查项目全部符合质量要求，主控检测项目逐项检测点合格率为________%，一般检测项目检测点最低合格率为________%。 单元工程质量等级评定为： 监理工程师(签字)：　　　　年　月　日

(8) 分部工程、单位工程的质量评定按《水利水电工程施工质量检验与评定规程》(SL176—2017)、《水利工程施工质量检验与评定规范》(DB32/T 2334.1—2013)、《水利工程施工质量检验与评定规范》(DB32/T 2334.2—2013)执行。单位工程质量评定时，还应测算疏浚区疏浚土方量和堆场区堆放土方量，堆场区堆放土方量不应低于疏浚区疏浚土方量的70%。

(9) 疏浚区疏浚土方量通过施工前后测量的水下地形图和断面图计算，疏浚厚度小于20 cm且连续疏浚面积大于1 200 m^2 的，疏浚厚度按20 cm计算。堆场区堆放土方量为堆场面层积水排尽时的堆填土方量。

7.5.8 施工安全

7.5.8.1 基本要求

(1) 生态疏浚工程的施工安全应符合《水利水电工程施工通用安全技术规程》(SL398—2007)、《水利水电工程施工作业人员安全操作规程》(SL401—2007)规定。

(2) 施工单位应建立安全保证体系，设立安全管理机构，制定安全管理制度、安全度汛方案及安全生产应急预案。

(3) 施工单位应具有安全生产许可证，特种设备应具有检验合格证，安全管理人员和特种作业人员应具有水上作业经验并持证上岗。

(4) 水上作业区、堆场及沉淀池应设置必要的安全护栏和警示标志。

(5) 施工单位应按规定办理人身伤害和施工船舶保险。

7.5.8.2 人员安全

(1) 施工单位应组织施工人员进行安全培训及技术交底，做好安全文件管理工作。

(2) 施工单位应配备足够数量的劳动保护用品和救生设备，施工人员应正确佩戴和使用。

(3) 水上、高处和舷外作业应有专人指挥、监护。电焊、气焊作业应经船长、轮机长同意。燃料库、配电房、设备仓库等应由专人管理。

(4) 堆场四周应设置防护隔断栏和警示标志,非作业人员不应进入。

7.5.8.3 船舶安全

(1) 施工船舶应具有海事、船检部门核发的各类有效证书,符合施工安全要求的方可进场。

(2) 施工船舶应按海事部门确定的安全要求,设置必要的安全作业区或警戒区,并设置符合有关规定的标志,以及在明显处显示号灯和信号。

(3) 施工单位应预防发生油污泄漏事故,采取环保防护措施冲洗带油甲板。定期对船用电器设备、消防设施进行安全检查。

(4) 疏浚船舶在5级以上风力或浪高0.4 m以上,纵向流速大于1.2 m/s时应停止作业。预报强风天气时,应进港避风。

7.5.9 验收准备

(1) 工程具备验收条件时,施工单位应及时报请验收。

(2) 工程完工后,施工单位应提交符合要求的文字、图纸、图表、声像等施工记录。

(3) 工程验收资料应符合《水利水电建设工程验收规程》(SL223—2008)、《水利工程施工质量检验与评定规范》(DB32/T2334—2013)的要求。

(4) 工程验收资料应包括以下内容:

①工程设计资料(经批准的设计图纸文件及有关技术资料、设计变更材料);

②施工前后水下地形图、断面测量记录、施工交桩和控制桩记录;

③悬浮物扩散情况、尾水水体悬浮物值检测记录;

④中间(阶段)验收记录;

⑤工程质量检验与评定资料;

⑥工程量计算表;

⑦重大技术问题处理记录;

⑧施工日志等。

8 专业类试验基地简介

江苏沿海地区"洪、涝、潮、台"灾害易发频发且灾害成因复杂，水资源短缺且水资源供需矛盾突出，河湖生态承载能力不足且水体污染、生态退化严重，垦区土壤盐碱度重、沟渠易坍塌、脱盐和控盐难度大，只有依赖科技进步，才能破解江苏沿海地区农田快速发展过程中的水安全瓶颈问题。其中，尺度较大、技术先进的专业试验设施作为工程科研、技术应用研究的重要基础条件，在沿海地区水土保持、盐碱地改良与节水灌溉、水生态保护、防洪减灾、水工结构病害修复等关键问题上，发挥着其他研究手段不可替代的作用，一直都是各大科研院所学科能力建设过程中的重中之重。为此，本章以江苏省水利科学研究院农村水利与水土保持研究所东台试验基地为例，着重介绍基地仪器设备、研究方向和课题的实施与管理。

8.1 东台试验基地仪器设备

江苏省水利科学研究院沿海试验基地(如图 8.1-1 所示)位于东台市弶港镇，G228(临海高等级公路)与南干河交叉口东南角，总占地 130 亩，其中试验用地 110 亩，实验综合楼及辅助生活生产设施等占地 20 亩。

基地于 2012 年 12 月 24 日立项，2013 年 9 月，省发展改革委批复《省水利科学研究院沿海试验基地可行性研究报告》；2014 年 3 月 17 日，批复《省水利科学研究院沿海试验基地初步设计报告》。

基地已建成实验综合楼(2 474.6 m^2)、人工模拟降雨大厅(1 500 m^2)、测坑测筒试验区(6 400 m^2)、温室大棚试验区(2 560 m^2)、生态水池(5 500 m^2)、灌排设施试验区(19 200 m^2)、土壤改良技术试验区(12 800 m^2)、室外径流试验区(8 640 m^2)、共建种植与养殖区(1 600 m^2)及其他生产生活辅助设施。

图 8.1-1　东台试验基地

8.1.1　测坑系统

测坑系统由武汉美网通科技发展有限责任公司提供，系统包括防雨棚、电脑控制室、地下水位控制室、地下观测廊道、24 个 2 m×2 m×3 m 深测坑和 2 个称重式蒸渗仪（预备）等，可以开展不同条件下土壤—水—植物—空气系统、溶质运移、节水技术、作物需水规律试验、水分生产函数试验、水分胁迫试验、地下水利用量试验、蒸发量、农田渗漏量、渗漏对农田养分及土壤脱盐改良等方面的科学试验研究。图 8.1-2 所示为基地测坑测筒试验区。

图 8.1-2　测坑（左）和测筒（右）试验区

测坑地下自动供排水系统主要由：自动控制系统、供排水水柱装置、地下水水位采集系统、供排水管网、供排水管路、供水箱、集水井抽水装置组成。全部供排水装置布设在地下室内，水箱与各测坑供排水水柱装置相连，各供水水柱装置与测坑连接，采用连通器原理。图 8.1-3 所示为以单个测坑为例的灌溉控制系统拓扑图：地表水灌溉监控系统由计算机灌溉控制软件和灌溉控制器组成，灌溉控制器装于控制箱中，受控于计算机，负责控制开启和关闭电池阀，同时采集发讯水表的水流量数据。

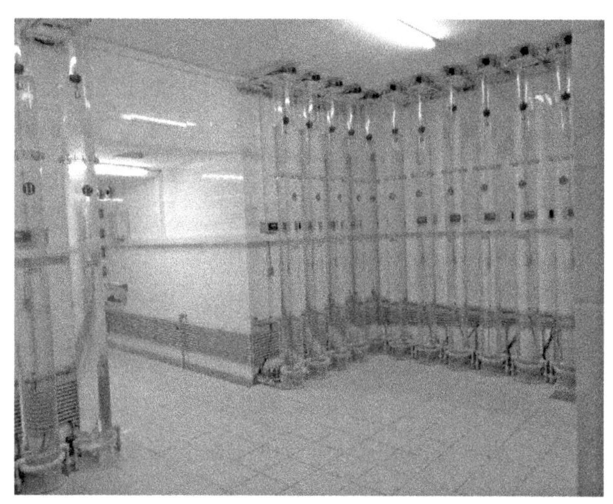

(a) 测坑供排水水柱装置

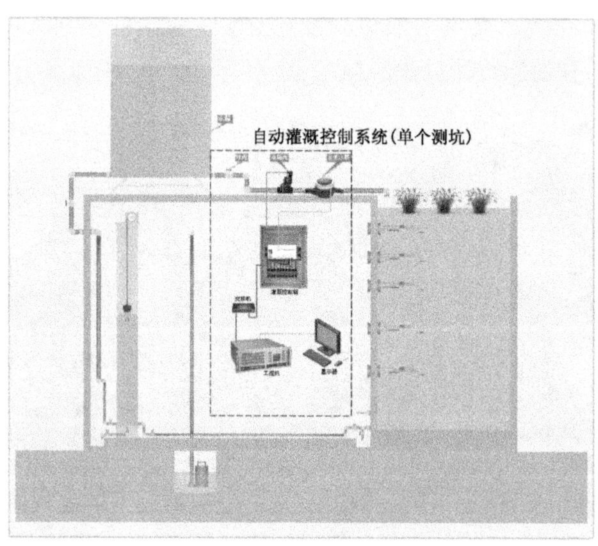

(b) 灌溉控制系统示意图

图 8.1-3 测坑地下自动供排水系统

测坑土壤参数测量系统主要由土壤水分采集系统、土壤水势采集系统、土壤温度采集系统、土壤盐分采集系统、测坑地下水位采集系统、测坑负压取水样装置组成。如图 8.1-4 和图 8.1-5 所示：在各测坑 100 mm、250 mm、550 mm、800 mm、1 100 mm、1 400 mm、1 700 mm、2 000 mm 埋深剖面埋设了水分传感器、水势传感器、温度传感器、盐分传感器、取水样陶瓷头；在测坑底部装有 1 只液位传感器；各传感器实现自动巡检自动采集。

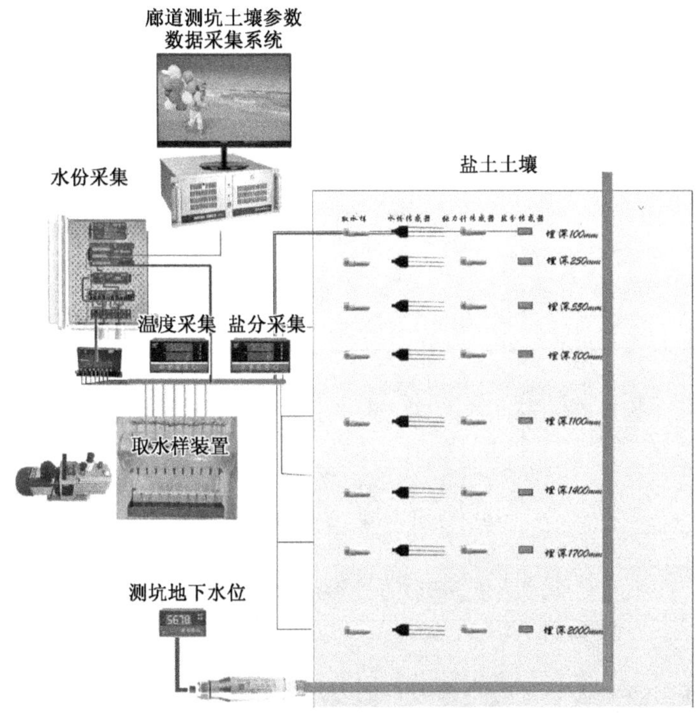

图 8.1-4　传感器分层布置示意图

图 8.1-5　廊道内传感器集线器布置照片

8.1.2 测筒系统

测筒系统由 40 只测筒(内径为 0.618 m)、防雨棚、称重小车、称重支架、地下观测室等组成,其作用与测坑系统类似,以下重点介绍其自动称重系统。测筒地下小车称重系统由小车、升降机、控制箱、称重传感器、称重变送器、接近开关、交换机、路由器、工控机组成。控制箱内装有 PLC、接触器、空气开关、继电器、电源、接线端子等。系统如图 8.1-6、图 8.1-7 和图 8.1-8 所示。

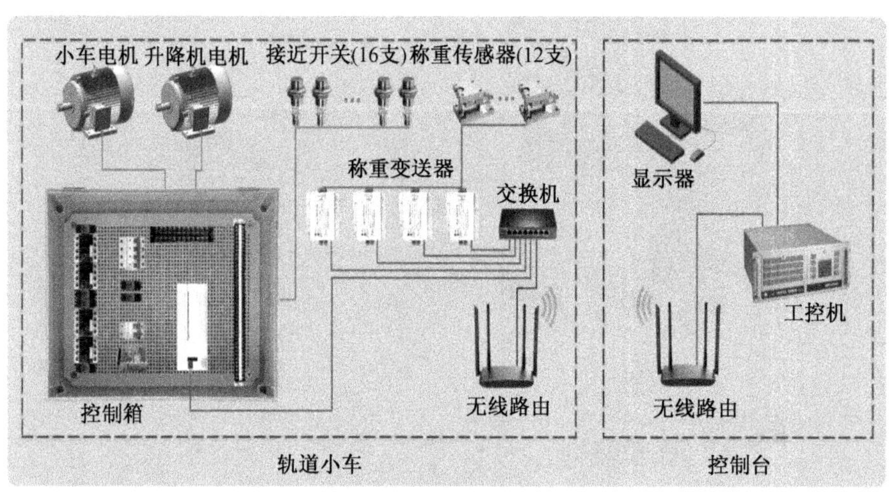

图 8.1-6 测筒地下小车称重系统拓扑图

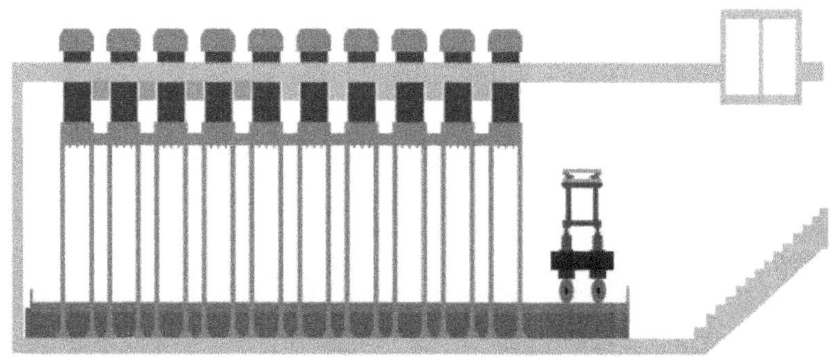

图 8.1-7 测筒地下小车称重系统立面示意图

图 8.1-8 测筒区现场照片

8.1.3 人工模拟降雨系统

人工模拟降雨大厅(图 8.1-9、图 8.1-10)位于沿海试验基地东北角,规格为 25 m×60 m,框架结构,高 21.25 m,附属设施有供水泵房、水池、自动监控室、固定和移动变坡钢槽等,可模拟自然界的主要降雨特征,进行降雨冲刷实验、溅蚀实验及相关土壤侵蚀及水土流失的基础理论及基本原理的研究。

图 8.1-9 降雨大厅外观现场照片

8.1.4 温室大棚系统

温室大棚(图 8.1-11)试验区紧邻人工模拟降雨大厅,面积为 2 560 m^2,配备

图 8.1-10　降雨大厅内部现场照片

有可移动天窗、遮阳系统、保温系统、喷滴灌系统、苗床系统等自动化设施，采用计算机网络控制结构对温室内空气温度、湿度、光照等实时自动调节，为植物生长创造最佳环境。主要用于作物育苗和作物栽培试验研究。

图 8.1-11　温室大棚现场照片

8.1.5 物理模型试验系统

该系统还处于规划之中，建设重点是完成通用的多功能综合试验大厅，仪器设备精良，配套设施齐全，满足对热点、难点工程问题开展应用研究的需要，也满足开展前瞻性、战略性的基础理论研究的需要，使江苏省水利科学研究院具有一定的沿海地区农田水利相关的物理模型试验研究基础和应用先进技术设备展开水安全、水环境、水生态等问题的研究能力，同时开放试验平台，造就一批具有创新能力、能跟踪国内外高水平、复合型高层次的人才队伍，以此创造一定的经济社会效益。

8.1.5.1 建设要求

(1) 试验厅的设备布局基本合理，软硬件整体功能相对齐全，实现测控系统和数据采集、传输、存储、处理、生成、显示等的自动化。

(2) 具有承担省内重大科技攻关任务的能力和自身发展能力，使试验厅成为江苏省水安全、水环境、水生态研究的典范，显著提高科研技术水平和成果质量。

(3) 在保持江苏省水科院原有优势和传统研究领域基础上，拓展以新型学科、交叉学科为支撑的适应未来江苏省水利事业发展需求的新的研究领域。

(4) 为国内外水安全、水环境、水生态研究领域内的科研人才提供先进的试验研究平台，为培养和造就一批高水平、高素质的青年骨干人才奠定基础。

8.1.5.2 建设规模

从物理模型试验要求的发展趋势看，水流泥沙以及水环境等问题所研究的范围越来越大，模型的比尺也越来越大，占用的试验场地随之增大，宽敞的试验厅可以为模型布置提供较好的基本条件，因此，综合试验厅规模可设置为长 100 m、跨度 50 m、室内净高 10 m，厅内无结构性支柱，屋顶设置天桥，供通行、摄像、安装仪器用。图 8.1-12 所示为规划的物理模型综合试验厅平面布置示意图。其中，设置 L 型或 U 型水库，水库宽约 3 m，深约 2 m，长约 150 m，可兼用做模型试验中的过水廊道。

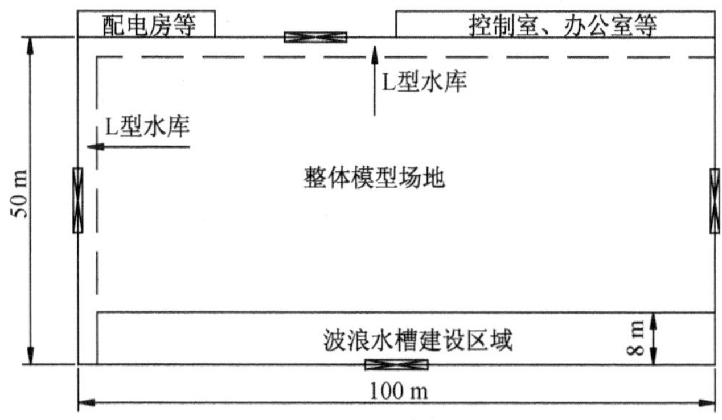

图 8.1-12 物理模型综合试验厅平面布置

8.1.5.3　基本配置

根据试验对象和研究内容的不同,可分批分期引进和配备先进的流量控制系统、潮汐控制系统、潮流控制系统、生波系统、水位流速采集系统、泥沙测控系统、污染物测控系统等模型测控系统,以及水安全、水环境、水生态等相关的实验测试设备,具体如表 8.1-1 所示。

表 8.1-1　物理模型综合试验厅基本配置

序号	名称	建设内容	备注
1	试验大厅	包括:土建、给排水、消防、通风、电气、水库等	100 m×50 m×10 m
2	波浪水槽	包括:土建、双向泵、鼓风机、造波机、波高仪、测力仪器套、计算机测控软硬件系统等	根据实际工程需要配置
3	水位、流场实时测量系统	包括:流速仪、水位仪、自动跟踪测桥、计算机测控软硬件系统等	
4	非恒定流测控系统	包括:潜水泵、量水堰或流量计、流量调节设备、计算机测控软硬件系统等	模拟河道非恒定流过程,根据实际工程需要配置
5	潮汐潮流生波系统	包括:水泵、电机、推波板、尾门控制系统或模型边界变频生潮系统、计算机测控软硬件系统等	模拟潮汐、潮流、波浪,根据实际工程需要配置
6	泥沙、污染物等测控系统	包括:测沙(污染物)仪、加沙(污染物)装置、计算机测控软硬件系统等	用于泥沙动床或相关的污染物释放规律试验,根据实际工程需要配置
7	其他辅助仪器	包括:水准仪、水准尺、水位测针、测针筒等	根据实际工程需要配置
8	试验测试设备	包括:水安全、水环境、水生态等相关的试验测试设备	根据实际工程需要配置

8.2　拟优先开展的研究方向

融合江苏省水利科学研究院水下检测、卫星遥测、生态监测、土壤改良、节水灌溉、安全鉴定等优势技术,以东台试验基地为平台,建立数学模型和物理模型技术体系,并优先展开沿海地区防灾减灾、水环境水生态保护、盐碱地改良和节水灌溉、病害水工结构安全鉴定及修复等方面的研究工作。

8.2.1　沿海地区的防洪减灾

江苏沿海地区位于 3 大流域水系尾闾,废黄河以北属沂沭泗水系,流域面积

8 961 km²，占沿海地区总面积的 27.59%；废黄河以南至 328 国道、如泰运河为淮河下游区，流域面积 17 684 km²，占 54.51%；如泰运河以南属长江流域，流域面积 5 813 km²，占 17.90%。除北部连云港市有低山丘陵分布外，其他大部分为黄淮海与滨海平原区。地面高程在 1.5～5.0 m，局部洼地地面高程不足 1 m。江苏省沿海地区具有四季分明的气候特征，苏北灌溉总渠以南属亚热带气候，以北属暖温带气候。水气充沛，气候湿润，台风活动频繁，台风雨、对流性强降雨和梅雨多且强度大。因此，受地势低洼、上游来水、台风、暴雨、天文大潮等多因素影响甚至是叠加影响，极易引发洪涝灾害，其具有发生频率高、突发性强、危害范围广、损失严重的特征。建议优先开展的研究内容如表 8.2-1 所示。

表 8.2-1　沿海地区防洪减灾

序号	主要研究内容	备注
1	沿海地区洪涝灾害特征分析、致灾因子的联合致灾风险分析、灾害的预警预报	江苏洪涝灾害的水文致灾因子主要包括台风、暴雨、天文大潮等，如果以上要素中有两个甚至更多要素共同作用，极易引发洪涝灾害。为此，对这些要素进行联合遭遇概率、联合致灾能力分析，并建立相关的风险预警预报体系，对沿海地区防洪减灾具有十分重要的意义
2	沿海地区海堤设计、施工、防护、管理等关键技术、难点问题	海堤研究应主要集中在海堤工程设计标准、海堤工程施工技术、海堤防护工程措施以及海堤工程管理等方面，以此提升筑堤标准和施工质量，提高堤防的防护能力，确保海堤工程安全，最大限度地发挥其工程效益
3	沿海地区挡潮闸闸下淤积特性、机理及治理措施	通过现场调查、地形资料的对比，采用理论分析、物理模型、数学模型等研究手段，形成闸下港道冲淤预报技术，并研究适宜的闸下淤积治理措施

8.2.2　水环境、水生态保护

党的十八大把生态文明建设纳入中国特色社会主义事业“五位一体”总体布局，提出大力推进生态文明建设，建设美丽中国。2016 年 10 月，中央全面深化改革领导小组第 28 次会议审议通过《关于全面推行河长制的意见》，对河湖管理、生态文明建设进行了制度设计和创新。2017 年 3 月，江苏省委办公厅、省政府办公厅印发《关于在全省全面推行河长制的实施意见》。江苏省水利科学研究院以此为契机，紧扣“生态河湖”行动计划，坚持问题导向，突出技术创新，着力解决江苏河湖面积萎缩、水质恶化、生态退化等水问题。建议优先开展的研究内容如表 8.2-2 所示。

表 8.2-2　水环境、水生态保护

序号	主要研究内容	备注
1	与水质改善相关的工程技术问题，包括区域水资源优化利用、调度等	水资源优化利用和调度是解决区域洪涝灾害、水资源短缺、水环境恶化的重要措施，其中，通过水利工程的调度，可以实现水资源时空的重新分布，满足地区经济发展所需的防洪安全、供水保障、生态改善等的要求
2	与水生态修复相关的理论机理、技术措施等	江苏地区过去具有多样的水生态环境，但由于经济社会的快速发展，导致河湖生态退化问题严重。在经济进入新常态、资源环境约束趋紧的新形势下，迫切需要加大河湖治理和管护力度，让河湖休养生息，还河湖健康生态
3	水体污染特征、污染物质的来源、迁移转化以及污染物质的环境影响因子研究	含黑臭水体、地下水污染问题
4	江苏沿海地区盐水入侵问题	与沿海地区水资源利用、盐碱地改良等结合考虑
5	突发性、重大水环境污染事件的紧急响应与预警预报问题(含蓝藻问题)	突发性、重大环境污染事件随机性强，污染途径多样，破坏严重，是水环境安全保障面临的重大难题。但是，我国对此类环境污染事件的甄别预警水平较低，在环境风险场预警技术方面的研究和应用还非常薄弱，缺乏系统化的预警技术体系和技术平台
6	配套“河长制”“一河一策”等环境生态保护制度的河湖健康量化指标、技术措施、预警预报研究	2017 年，省河长办印发了《省河长办关于印发〈江苏省河长制“一河一策”行动计划编制指南〉的通知》，要求各设区市河长办严格按照《指南》要求推进“一河一策”编制工作

8.2.3　盐碱地改良和节水灌溉

根据《江苏省沿海地区综合开发战略研究》，江苏沿海滩涂拟建设成为我国农业现代化发展基地，其滩涂开发利用方向，主要以农、林、牧、水产用地为主，其中农业开发利用的土地面积占 60%左右，主要安排发展水产业、种植业、林(经济林、工业用林)草(饲草)业、能源及灌(木)等。生态保护用地占 20%左右，主要用于扩大自然保护区、天然湿地、水域和建设沿海防风林、护岸林草，维护海岸生态平衡。建设用地的土地面积 20%左右，主要是用于城镇、港口和临港产业。但江苏沿海地区存在的淡水资源不足、土壤脱盐和控盐难度大、现状灌排系统占地多、效率较低的问题，成为制约其现代农业发展的桎梏。建议优先开展的研究内容如表 8.2-3 所示。

表 8.2-3 盐碱地改良和节水灌溉

序号	主要研究内容	备注
1	沿海地区节水灌溉相关的关键技术、难点问题	江苏沿海垦区处于淮河、沂沭泗水系，长江下游，东临黄海，特殊的自然地理条件和经济社会发展水平决定了该地区特殊的水资源特点：一是水资源时空分布不均。二是过境水量丰沛，但利用难度较大。淮河、沂沭泗河来水虽然较多，但丰枯差异很大，有时甚至长期断流，且丰枯时间又往往与江苏省沿海北部地区丰枯时段相同，难以利用。三是区域间水系联系复杂，水管理任务艰巨。因此，为了保障江苏沿海围垦区的淡水需求，引进、开发适宜的节水灌溉技术，重要而迫切
2	沿海地区盐碱土的改良技术、难点问题	江苏沿海地区长期受海水入侵影响，土壤含盐量以及地下水矿化度高，土壤结构差，低洼的地势和较高的地下水位，作物易受盐、渍、涝威胁，加上农田水利基础设施不完善，严重制约了江苏沿海垦区农业的发展。为此，对江苏沿海地区盐碱土的改良技术、包括种稻洗盐、排盐降渍、化学改良等进行较为系统的、创新性的研究，有着极大的市场推广应用前景

8.2.4 水工结构病害鉴定及修复

江苏地处江淮，濒临黄海，属亚热带向暖温带过渡地区，气温正负交替频繁，水环境复杂，水利工程混凝土易受碳化、冻融、氯离子侵蚀、化学侵蚀等劣化作用的影响，同时，受施工因素、材料因素等的干扰，沿海地区钢筋混凝土构造物往往会出现钢筋锈蚀、混凝土破坏的现象，结构的耐久性、安全性受到严重影响，造成了重大的经济损失。实际上，受限于当时的认识水平和防护技术，江苏沿海早期修建的水工建设物(水闸、围堤等)普遍都存在此类安全隐患。建议优先开展的研究内容如表 8.2-4 所示。

表 8.2-4 水工结构病害鉴定及修复

序号	主要研究内容	备注
1	沿海水工结构老化病害的机理、安全鉴定	江苏沿海地区的混凝土结构长期处于荷载和氯盐侵蚀的双重作用下，难免出现各种劣化现象，裂缝的产生又加剧了氯离子的侵入过程，并最终影响整个结构的耐久性。应积极研究相关的试验、数值模拟技术、安全鉴定方法，为沿海混凝土耐久性设计提供参考
2	沿海地区老化病害水工结构修复技术、修复材料	江苏沿海地区的混凝土结构，受海洋环境的腐蚀，加上存在一些设计、施工以及管理问题，导致部分混凝土结构耐久性能的降低，而损坏的结构需要花费大量的财力进行维修补强，已成为实际工程亟待解决的问题，因此，修补加固工艺和修复新材料的研究，具有普遍的市场应用前景

8.3 课题的实施与管理

依托东台试验基地，应建立严密的课题组织管理体系，同时，建立科学的课题质量保证体系。

8.3.1 建立严密的课题组织管理体系

以基地为依托，成立课题实施工作组。工作组负责编制课题实施计划，并负责实施。另外，成立院领导小组，对课题实施的全过程进行协调、指导、监督和管理，确保计划如期完成。

8.3.2 建立科学的课题质量保证体系

为确保课题实施质量，要加强对外的技术交流与合作，成立由各类相关业务方面的国内专家组成的专家组，把握技术发展方向，对相关课题的实施进行技术指导。特别是对一些重大关键技术问题进行专题咨询、技术把关，并建立严格的技术档案。同时，建立完善的课题考核制度和验收制度，并通过中期评估和后期评估跟踪课题进展，保证研究技术路线的实施和预期目标的实现，从而保证课题实施的质量。

8.3.3 建立规范的试验仪器设备、设施使用和维护体系

为保证课题实施过程中、试验仪器设备、设施的正常运行和提高仪器设备的高效使用率，必须加强仪器设备的管护力度，应建立大型仪器设备专管共用制度、使用登记制度、预约使用制度和损坏赔偿制度等，并设立专项资金，用于试验仪器设备、设施的日常维护。

参考文献

[1] 韩雪,黄祖英.江苏主要海洋灾害特征及防灾减灾对策[J].海洋开发与管理,2015,32(9):75-77.
[2] 都金康,史运良.未来海平面上升对江苏沿海水利工程的影响[J].海洋与湖沼,1993,24(3):279-285.
[3] 杨桂山,施雅风.江苏沿海地区的相对海平面上升及其灾害性影响研究[J].自然灾害学报,1997(1):88-96.
[4] 李加林,王艳红,张忍顺,等.海平面上升的灾害效应研究——以江苏沿海低地为例[J].地理科学,2006,26(1):87-93.
[5] 王伟.江苏沿海潮汐特征及对海平面上升的响应[D].南京:河海大学,2008.
[6] 孙佳,左军成,黄琳,等.东海沿岸台风及风暴潮灾害特征及成因[J].河海大学学报(自然科学版),2013(5):461-465.
[7] 梁晓红,彭模,赵爱博,等.江苏海域台风风暴潮灾害特征及影响分析[J].江苏科技信息,2016(17):37-39.
[8] 李小敏.基于 Monte Carlo 与水动力模型的沿海风暴潮极端水位预测研究[D].南京:东南大学,2012.
[9] 徐宿东,殷锴,黄文锐,等.基于波流耦合模型的江苏沿海风暴潮数值模拟[J].东南大学学报(英文版),2014(4):489-494.
[10] 罗锋,盛建明,潘锡山,等.江苏沿海精细化风暴潮模式研究与应用[J].南京大学学报(自然科学),2014,50(5):687-694.
[11] 陆丽云,陈君,张忍顺.江苏沿海的风暴潮灾害及其防御对策[J].灾害学,2002,17(1):26-31.
[12] 于文金,王志红,郭品文,等.江苏海岸带风暴潮灾害经济评估[J].气象软科学,2008(2):121-130.
[13] 游珍,蒋庆丰.基于江苏沿海风暴潮风险区划的土地利用防灾规划研究[J].安全与环境学报,2013(6):254-258.
[14] 陈才俊.从近期几例海堤垮堤分析江苏的海堤工程[J].海洋通报,1997(2):37-43.
[15] 蒋太宏,樊继岭.浅谈海堤施工的质量管理[J].江苏水利,2000(7):16-17.

[16] 胡玉植,潘毅,陈永平.海堤背水坡加筋草皮抗冲蚀能力试验研究[J].水利水运工程学报,2016(1):51-57.

[17] 李远,安树青,孙庆业,等.生态学方法在海堤防护中的应用[J].南京大学学报(自然科学),2004,40(2):219-225.

[18] 钱道华.匡围海堤雏形棱体阶段管涌的防范与对策[J].江苏水利,2007(6):22-22.

[19] 夏军.江苏强侵蚀性海岸整体防护设计新构架[J].江苏水利,2008(6):10-11.

[20] 杨星,何勇,王蔚,等.江苏省海堤工程不同重现期风潮组合优化设计[J].排灌机械工程学报,2013,31(4):313-317.

[21] 龚政,张茜,赵亚昆,等.江苏沿海无资料地区海堤工程设计潮位推算方法[J].水利水电科技进展,2013,33(3):14-17.

[22] 王灶平,刘桂平,龚政,等.考虑风、潮联合概率分布的海堤超越频率分析[J].水利水电科技进展,2014,34(6):18-22.

[23] 闫昊晨,王春美.新型植被海堤波浪溢流破坏的堤形敏感性研究[J].江苏水利,2017(1):51-55.

[24] 陈才俊.江苏沿海闸下港道的发育和减淤措施[J].泥沙研究,1991(4):53-58.

[25] 王义刚,席刚,施春香.川东港挡潮闸闸下淤积机理浅析[J].江苏水利,2005(3):28-29.

[26] 陈静.射阳河口挡潮闸闸下淤积分析与治理开发研究[D].南京:南京水利科学研究院,2006.

[27] 施春香.挡潮闸下游河道淤积原因分析及冲淤保港措施研究——以王港闸为例[D].南京:河海大学,2006.

[28] 江苏省水利厅.江苏沿海闸下港道淤积防治对策研究[M].北京:海洋出版社,2007.

[29] 丁玉前.王港闸下游港道淤积成因分析与冲淤保港对策[J].江苏水利,2009(8):27-27.

[30] 龚政,窦希萍,张长宽,等.江苏沿海滩涂围垦对闸下港道淤积的影响[J].水利水运工程学报,2010(1):73-78.

[31] 陈德贵,刘云英,梅义清,等.东台市沿海闸下裁弯保港措施浅析[J].江苏水利,2013(5):34.

[32] 杨树滩,张文新,贾锁宝.江苏沿海地区水资源配置探讨[J].人民长江,2011,42(18):54-57.

[33] 尹庆民,顾华玉,许长新.江苏沿海3市水资源量与经济增长关系研究[J].中国农村水利水电,2014(2):63-67.

[34] 蒋咏,杨树滩,韦诚.江苏省沿海地区水资源供给保障浅析[J].中国水利,2008(3):34-36.

[35] 杨树滩,贾锁宝.江苏沿海地区水资源开发利用的几点思考[J].江苏水利,2010(1):17-17.

[36] 杨树滩,张文新,贾锁宝.江苏沿海地区水资源配置探讨[J].人民长江,2011,42(18):54-57.

[37] 马倩,刘俊杰,毛晓文,等.江苏省沿海地区水环境保护对策措施研究[J].水利发展研究,2011,11(5):12-14.

[38] 陈序，董增川，杨光. 沿海围垦区水资源管理决策系统开发研究[J]. 南水北调与水利科技，2016(1)：72-77.

[39] 朱海波，俞双恩，王君. 沿海新垦区灌水和降雨条件下暗管排水洗盐效果试验研究[J]. 中国农村水利水电，2015(2)：99-104.

[40] 扬州大学. 改良沿海滩涂垦区农田夹层土壤的水平与垂直组合地下排水装置：CN204157245U[P]. 2015-02-18.

[41] 南江宽，陈效民，王晓洋，等. 不同改良剂对滨海盐渍土盐碱指标及作物产量的影响研究[J]. 土壤，2013，45(6)：1108-1112.

[42] 潘德峰，闫少锋，尚洁. 江苏垦区种稻洗盐添加化学改良剂加速脱盐效果研究[J]. 现代农业科技，2014(20)：199—200.

[43] 李欢. 氯化物与硫酸盐侵蚀作用下预应力混凝土构件腐蚀机理研究[D]. 镇江：江苏大学，2012.

[44] 张邵峰. 氯离子在弯曲开裂混凝土构件内的侵蚀作用研究[D]. 镇江：江苏大学，2012.

[45] 张志华，吕同根. 海水环境中钢筋混凝土结构的防腐技术[J]. 建筑技术开发，2009，36(1)：3-4.

[46] 朱炳喜，许旭东. 浅谈提升水工混凝土耐久性的技术措施[J]. 江苏水利，2014(S1)：7-9.

[47] 顾文菊，朱炳喜. 江苏沿海涵闸混凝土耐久性分析与提升措施探讨[J]. 粉煤灰综合利用，2015，(4)：34-37.

[48] 蒋春祥，潘荣生. 混凝土耐久性防护材料在沿海挡潮闸除险加固工程中的应用[J]. 水利建设与管理，2011，31(5)：64-67.

[49] 胡海波，森文棣，张金池. 江苏沿海平原沙土区土壤侵蚀规律的研究[J]. 南京林业大学学报(自然科学版)，1992，(2)：29-34.

[50] 王资生. 滩涂围垦区的水土流失及其治理[J]. 水土保持学报，2001，15(5)：50-52.

[51] 郭相平，郝树荣，姚俊琪，等. 沿海滩涂蓄淡与引排工程关键技术[J]. 水利经济，2012，(30)：40-44.

[52] 戴亚南，张鹰. 江苏沿海地区海洋灾害类型及其防治探讨[J]. 生态环境，2006，15(6)：1417-1420.

[53] 樊恒辉，高明霞，高建恩. 高钠盐渍土分散性的探讨[J]. 西北农林科技大学学报(自然科学版)，2005，33(7)：77-81.

[54] 张以森，郭相平，吴玉柏，等. 扰动高沙土侵蚀规律的试验研究[J]. 河海大学学报(自然科学版)，2010，38(5)：522-526.

[55] 余冬立，刘冬冬，彭世彰，等. 海涂围垦区排灌工程边坡土壤侵蚀过程的水动力学特征[J]. 水土保持学报，2014，28(1)：1-5.

[56] 徐向红. 江苏省淤长型海岸滩涂水土流失及其防范[J]. 水利经济，2002，20(6)：58-61.

[57] 殷炳政，张怀东，周彬. 农业综合开发治理盐碱地措施和方法初探[J]. 山东省农业管理干部学院学报，2013，30(4)：38-39.

[58] 孙厚才，李青云，陈智勇，等. 南水北调中线工程总干渠水泥土衬砌试验研究[J]. 人民长江，1997，28(3)：23-26.

[59] 王力，韩继荣. 浅析水泥土护底在小开河灌区中的应用[J]. 水利建设与管理，2014，(8)：51-53.

[60] 储诚富，洪振舜，刘松玉，等. 用似水灰比对水泥土无侧限抗压强度的预测[J]. 岩土力学，2005，26(4)：645-649.

[61] 张元德，杨绍根. 宝钢长江水源工程-避咸蓄淡-优化取水基本规律及应用[J]. 宝钢技术，1992，(4)：10-16.

[62] 刘小梅，王晓鹏，关许为，等. 青草沙避咸蓄淡水库库容与特征水位研究[J]. 水利水电技术，2009，40(7)：05-08.

[63] 刘远红. 东台沿海垦区水体含盐量分析[J]. 治淮，2005，(9)：20-21.

[64] 王淑英，高永胜，叶碎高，等. 合理水面率的研究方法与框架初探[J]，水力学报，2007(S1)：568-572.

[65] 蒋瓒曾，黄存白，周尔森，等. 江苏沿海砂土区河坡防护措施及其效益调查研究[J]. 江苏水利科技，1995，(1)：11-15

[66] 李国栋. 苏北主要入海河流排涝设计潮位与潮型分析[J]. 人民长江，2010，41(1)：21-24

[67] 张志飞，郭宗楼，王士武. 区域合理水面率研究现状及探讨[J]. 中国农村水利水电，2006(4)：56-58.

[68] 杨树滩，仲兆林，华萍. 江苏省适宜水面率研究[J]. 长江水科院院报，2012，29(7)：31-34.

[69] 李善同，许新宜，南水北调与中国发展[M]. 北京：经济科学出版社，2004.

[70] 冒建华. 草地集中水流土壤侵蚀室内模拟试验及聚丙烯酰胺(PAM)对草地出苗影响试验研究[D]. 杨凌：中国科学院、水利部水土保持研究所，2003.

[71] 张婉璐. PAM对河套灌区盐渍化土壤物理水力特性影响的初步研究[D]. 呼和浩特：内蒙古农业大学，2012.

[72] 单志杰，张兴昌，赵伟霞，等. EN-1固化剂对土壤抗蚀性的影响[J]. 水土保持学报，2010，24(5)：6-9.

[73] 关胜超. 松嫩平原盐碱地改良利用研究[D]. 长春：中国科学院东北地理与农业生态研究所，2017.

[74] 赵可夫，范海，江行玉，等. 盐生植物在盐渍土壤改良中的作用[J]. 应用与环境生物学报，2002，8(1)：31-35.

[75] 王晓洋，陈效民，李孝良. 不同盐渍化程度滨海盐土的饱和导水率[J]. 江苏农业科学，2011(4)：446-448.

[76] 韩建均. 滨海盐渍土地区土壤水盐调控和改良措施的研究[D]. 南京：南京农业大学，2012.

[77] 张健，陈惠，李敏，等. 江苏沿海盐碱地主要性状指标测定[J]. 安徽农学通报，2011，17(14)：63-65.

[78] 方精云，王襄平，沈泽昊，等. 植物群落清查的主要内容、方法和技术规范[J]. 生物多样性，

2009,17(6):533-548.

[79] 刘曾美,陈子燊,李粤安.感潮河段洪潮遭遇组合风险研究[J].中山大学学报(自然科学版),2010,49(2):113-118.

[80] 侯芸芸,宋松柏,赵丽娜,等.基于 Copula 函数的 3 变量洪水频率研究[J].西北农林科技大学学报(自然科学版),2010,38(2):219-228.

[81] 熊立华,郭生练,肖义,等.Copula 联结函数在多变量水文频率分析中的应用[J].武汉大学学报(工学版),2005,38(6):16-19.

[82] Li M H,Eddleman K E. Biotechnical engineering as an alternative to traditional engineering methods: A biotechnical streambank stabilization design approach[J]. Landscape and Urban Planning,2002,60(4): 225-242.

[83] Sudduth E B,Meyer J L. Effects of bioengineered streambank stabilization on bank habitat and macroinvertebrates in urban streams[J]. Environmental Management, 2006, 38(2): 218-226.

[84] Line Bariteau,Denis Bouchard,Guylaine Gagnon,et al. A riverbank erosion control method with environmental value[J]. Ecological Engineering,2013,58:384-392.

[85] 王艳颖,王超,侯俊,等.木栅栏砾石笼生态护岸技术及其应用[J].河海大学学报(自然科学版),2007,35(3):251-254.

[86] Li X,Zhang L,Zhang Z. Soil bioengineering and the ecological restoration of riverbanks at the Airport Town,Shanghai,China[J]. Ecological engineering,2006,26(3): 304-314.

[87] Frothingham K M. Evaluation of stability threshold analysis as a cursory method of screening potential streambank stabilization techniques[J]. Applied Geography, 2008, 28(2): 124-133.

[88] 郝伟,武雷,李清曼.基于生态砖构建的新型河堤结构及位移分析[J].水利与建筑工程学报,2012,10(5):41-44.

[89] Fennis S. Design of ecological concrete by particle packing optimization[D]. Delft:Delft University of Technology,2011.

[90] Vishnudas S,Savenije H H G,Zaag P,et al. The protective and attractive covering of a vegetated embankment using coir geotextiles[J]. Hydrology and Earth System Sciences,2006, 10(4):565-574.

[91] 何池全,智光源,钱光人.建筑垃圾制作植被生态混凝土的实验研究[J].建筑材料学报,2007,10(5):592-597.

[92] 张玮,钟春欣,应瀚海.草皮护坡水力糙率实验研究[J].水科学进展,2007,18(4):483-489.

[93] 谭水位,陈文学,吴一红,等.柔性护坡袋抗冲性能试验研究[J].水利学报,2013,44(3):361-366.

[94] 魏林春,樊建超,罗仁安,等.绿化生态混凝土双向力学性能实验研究[J].上海大学学报(自然科学版),2006,12(6):647-655.

[95] 王越.河道不同生态护岸型式的适用性研究[D].武汉:长江科学院,2012.

[96] 刘盈斐.多空隙生态护岸的实验分析与设计研究[D].大连:大连理工大学,2007.

[97] 蔡婧.河道生态护岸的工程设计与生态效益研究[D].上海:上海大学,2008.

[98] 李今,马剑敏,张征,等.复合垂直流人工湿地中基质生物膜的特性[J].长江流域资源与环境,2006,15(1):54-57.

[99] 张金莲,张丽萍,武俊梅,等.不同营养源对人工湿地基质生物膜培养液 pH 值的影响[J].农业环境科学学报,2009,28(6):1230-1234.

[100] 章艳红,叶淑君,吴吉春,等.孔隙介质中生物膜空间分布及其对渗透性影响研究[J].环境科学学报,2012,32(5):1072-1234.

[101] 夏四清,梁郡,李海翔,等.利用氢基质生物膜反应器同步去除多种污染物[J].同济大学学报(自然科学版),2012,40(6):876-881.

[102] 颜蓉,姬红利,吴永红,等.稻草基生态护坡板及其拦截污染物效率的实验研究[J].土壤,2010,42(6):998-1002.

[103] 刘雨,赵庆良,郑兴灿.生物膜法污水处理技术[M].北京:中国建筑工业技术出版社,2000.

[104] 潘珉,李滨,冯慕华,等.潜流式人工湿地基质堵塞问题对策研究[J].环境工程学报,2011,5(5):1015-1020.

[105] 鄢璐,王世和,黄娟,等.潜流型人工湿地基质堵塞特性试验研究[J].环境科学,2008,29(3):627-631.

[106] 尧平凡.人工湿地基质模块化工艺研究[D].上海:同济大学,2008.